Diogenes Taschenbuch 24408

F. Scott Fitzgerald
Früher Erfolg

ESSAYS

Über Geld und Liebe, Jugend und Karriere,
Schreiben und Trinken
Aus dem Amerikanischen
von Melanie Walz, Bettina Abarbanell
und Renate Orth-Guttmann

Diogenes

Titel der 2005 bei
Cambridge University Press, Cambridge,
erschienenen Originalausgabe:
›My Lost City‹
Die deutsche Erstausgabe
erschien 2012 im Diogenes Verlag
Covermotiv: Foto F. Scott Fitzgerald am Schreibtisch
Copyright © The Arthur Mizener
Collection

Veröffentlicht als Diogenes Taschenbuch, 2017
Alle Rechte an dieser Ausgabe vorbehalten
Copyright © 2012
Diogenes Verlag AG Zürich
www.diogenes.ch
30/17/852/1
ISBN 978 3 257 24408 3

Inhalt

***

Wer es zu etwas bringt – und warum

Die Geschichte meines Lebens ist die Geschichte des Widerstreits zwischen einem überwältigenden Drang zu schreiben und einer Verkettung von Umständen, die dem entgegenwirken.

Als ich in St. Paul wohnte und etwa zwölf Jahre alt war, schrieb ich den ganzen Schulunterricht hindurch hinten in mein Erdkundebuch und in meine Lateinfibel und auf die Seitenränder von Aufsätzen und Deklinationstabellen und Mathematikaufgaben. Zwei Jahre später entschied ein Familienrat, der einzige Weg, mich zum Lernen zu zwingen, bestehe darin, mich in ein Internat zu stecken. Das war ein Fehler. Es lenkte mich von meinem Schreiben ab. Ich beschloss, Football zu spielen, zu rauchen, aufs College zu gehen, alles mögliche Nebensächliche zu tun, das nichts mit dem zu tun hatte, worauf es wirklich ankam, nämlich der richtigen Mischung von Beschreibung und Dialogen in der Short Story.

In der Schule schlug ich jedoch einen neuen Kurs ein. Ich sah ein Musical mit dem Titel *The Quaker Girl*, und von jenem Tag an bog sich mein Schreibtisch unter Gilbert-&-Sullivan-Libretti und Dutzenden von Arbeitsheften mit Keimen für Dutzende von Musicals.

Gegen Ende meines letzten Schuljahrs sah ich zufällig

eine neue Musical-Partitur auf dem Klavier liegen. Es war ein Stück namens *His Honor the Sultan*, und der Titelseite war zu entnehmen, dass es vom Triangle Club der Universität Princeton aufgeführt worden war.

Das genügte. Von da an war die Wahl der Universität keine Frage mehr. Princeton war mein Ziel.

Ich verbrachte mein ganzes erstes Studienjahr damit, eine Operette für den Triangle Club zu schreiben. Um das zu tun, fiel ich in Algebra durch, in Trigonometrie, in analytischer Geometrie und in Hygiene. Aber der Triangle Club nahm mein Stück an, und mittels Nachhilfe einen stickigen August hindurch gelang es mir, in das zweite Jahr vorzurücken und als Ensembletänzerin in meinem Musical mitzuspielen. Kurz danach kam es zu einer Unterbrechung. Ich erkrankte schwer, verließ eines Dezembers das College und verbrachte den Rest des Jahres im Westen, um mich zu erholen. Ich erinnere mich, wie ich kurz vor meiner Abreise mit hohem Fieber auf der Krankenstation lag und einen letzten Songtext über die Triangle-Aufführung jenes Jahres verfasste.

Zu Beginn des nächsten Jahres – 1916–17 – war ich wieder am College, doch inzwischen vertrat ich die Ansicht, Lyrik sei das einzig Wahre, und während in meinem Kopf Algernon Swinburnes Versformen und Rupert Brookes Versinhalte klingelten, verbrachte ich das Frühjahr mit dem frühmorgendlichen Verfertigen von Sonetten, Balladen und Rondeaus. Irgendwo hatte ich gelesen, jeder bedeutende Dichter habe vor dem Erreichen des einundzwanzigsten Lebensjahrs bedeutende Gedichte geschrieben. Ich hatte nur noch ein Jahr Zeit, und außerdem stand der Krieg vor der Tür. Ich musste ein Buch mit aufsehenerregenden Dichtungen veröffentlichen, bevor ich im Mahlstrom verschwand.

Im Herbst befand ich mich in einem Infanterieoffiziersausbildungslager in Fort Leavenworth, mit der Lyrik in der Schublade und einem nagelneuen ehrgeizigen Vorhaben im Sinn: Ich wollte einen unsterblichen Roman schreiben. Jeden Abend, den Notizblock hinter dem *Ratgeber für Infanteristen* versteckt, schrieb ich Absatz um Absatz einer leicht geschönten Geschichte, die mich und meine Phantasie zum Inhalt hatte. Der Entwurf für zweiundzwanzig Kapitel, vier davon in Versform, war fertig; zwei Kapitel waren abgeschlossen – da wurde ich erwischt, und das Spiel war vorbei. Ich konnte während des Unterrichts nicht mehr schreiben.

Das war eine merkliche Erschwernis. Mir blieben nur noch drei Monate Lebenszeit – in jenen Tagen waren alle Infanterieoffiziere überzeugt, dass ihnen nur noch drei Monate Lebenszeit blieben –, und ich hatte der Welt noch keinen Stempel aufgeprägt. Aber ein so verzehrender Ehrgeiz war durch einen bloßen Krieg nicht zu bändigen. Jeden Samstag um ein Uhr nachmittags, wenn die Arbeitswoche vorbei war, flitzte ich in den Offiziersclub, wo ich drei Monate lang jedes Wochenende in der Ecke eines Zimmers inmitten von Zigarettenqualm, Unterhaltungsfetzen und Zeitungsgeraschel an einem Roman von einhundertzwanzigtausend Wörtern schrieb. Überarbeitet habe ich ihn nicht; dafür hatte ich keine Zeit. Jedes Kapitel, das ich beendete, schickte ich einer Schreibkraft in Princeton zum Abtippen.

In jener Zeit waren die bleistiftverschmierten Blätter mein ganzes Leben. Der Drill, das Exerzieren und der *Ratgeber für Infanteristen* waren nichts weiter als ein schemenhafter Traum. Mit dem Herzen war ich ganz und gar bei meinem Buch.

Schließlich begab ich mich glücklich zu meinem Regiment – ich hatte einen Roman geschrieben. Jetzt konnte der Krieg weitergehen. Ich vergaß Absätze und Anapäste, Synonyme und Syllogismen. Ich wurde zum Oberleutnant befördert, wurde für den Einsatz in Übersee eingeteilt – und dann schrieb mir ein Lektor, *The Romantic Egotist* sei zwar das originellste Manuskript, das seit Jahren eingereicht worden war, doch er könne es nicht veröffentlichen. Es sei inhaltlich zu vage und führe nirgendwo hin.

Sechs Monate später kam ich in New York an und überreichte meine Visitenkarte den Büroboten von sieben Zeitungsredakteuren mit dem Begehr, bei ihnen als Reporter genommen zu werden. Ich war gerade zweiundzwanzig geworden, der Krieg war zu Ende, und ich wollte tagsüber Mördern nachspüren und nachts Short Stories schreiben. Aber bei den Zeitungen konnte mich niemand brauchen. Sie schickten ihre Büroboten vor, die mir sagten, dass sie mich nicht brauchen konnten. Der Anblick meines Namens auf einer Visitenkarte löste in ihnen die definitive und unverrückbare Gewissheit aus, dass ich mich nie und nimmer zum Reporter eignen würde.

Stattdessen wurde ich Reklameschreiber für neunzig Dollar im Monat und verfasste die Reklamesprüchlein, die Kurzweil in die öden Stunden in ländlichen Bussen bringen. Nach der Arbeit schrieb ich Geschichten – von März bis Juni. Es waren insgesamt neunzehn; eine davon hatte ich innerhalb von nur anderthalb Stunden geschrieben, für eine andere drei lange Tage gebraucht. Niemand wollte sie haben, niemand schickte mir auch nur einen persönlichen Brief. Ich hatte einhundertzweiundzwanzig Absagen als Fries an meine Zimmerwände geheftet. Ich schrieb Filmdrehbücher. Ich schrieb Songtexte. Ich schrieb komplizierte Reklameentwürfe. Ich schrieb Gedichte. Ich schrieb Sketche. Ich schrieb Witze. Ende Juni verkaufte ich eine Erzählung für dreißig Dollar.

Am Nationalfeiertag ging ich zurück nach Hause, nach St. Paul, zutiefst angewidert von mir selbst und von allen Lektoren, Redakteuren und Herausgebern, und teilte meiner Familie und meinen Freunden mit, dass ich meine Stelle aufgegeben hatte und nach Hause gekommen war, um einen Roman zu schreiben. Sie nickten höflich, wechselten das Thema und sprachen sehr freundlich über mich. Doch dieses Mal wusste ich, was ich tat. Endlich war mir klar, welchen Roman ich schreiben wollte, und zwei heiße Monate hindurch schrieb und überarbeitete, ergänzte und kürzte ich. Am fünfzehnten September wurde die Eilzustellung von *Diesseits vom Paradies* vom Verlag entgegen- und angenommen.

In den nächsten zwei Monaten schrieb ich acht Erzählungen und verkaufte neun. Die neunte wurde von derselben Zeitschrift gekauft, die sie vier Monate zuvor abgelehnt hatte. Und im November verkaufte ich meine erste Erzählung an die Redaktion der *Saturday Evening Post*. Bis zum Februar hatte ich ihnen ein halbes Dutzend ver-

kauft. Dann erschien mein Roman. Dann habe ich geheiratet. Und nun wundere ich mich, wie das alles passiert ist.

In den Worten des unsterblichen Julius Cäsar: »Das ist
alles; mehr gibt es nicht.«

Princeton

In der Schule und bis zur Mitte meines ersten College-jahrs machte mir zu schaffen, dass ich nicht nach Yale gehen würde und nicht nach Yale gegangen war. Ließ ich mir eines der großen amerikanischen Geheimnisse entgehen? Über Yale lag ein Glanz, der Princeton fehlte; Princetons Flanellhosen waren über eine Woche nicht gebügelt worden, sein Haar war immer ein wenig windzerzaust. Nichts in Princeton kam an die Perfektion heran, mit der in Yale der Abschlussball der jüngeren Semester oder die Wahlen in die Verbindungen der Älteren durchgeführt wurden. Vom dilettantischen Gezänk bei den Clubwahlen, deren Snobismus Narben und jugendliches Herzeleid hinterließ, bis zum Rätsel am Ende des letzten Studienjahrs, dem Rätsel, was Princeton eigentlich *war* und wofür es stand, von Plattitüden und Phrasen einmal abgesehen, präsentierte es sich nie mit dem harten, klaren, faszinierenden Leuchten Yales. Nur wenn man sich einen Teil der eigenen Vergangenheit aus dem Herzen reißen will, wie ich es einmal versucht habe, wird man sich der Macht dieser Vergangenheit bewusst, tiefe und unverwüstliche Liebe zu wecken.

Princeton-Absolventen nehmen Princeton als selbstverständlich hin und sind für Analysen nicht zu haben.

Schon 1899 wurde Jesse Lynch Williams mit dem Bann-
strahl belegt, weil er berichtet hatte, der Wein von Princeton vergolde die Minuten. Hätte der Princetonianer be-
ständig versichern wollen, sein College sei die wahre
Krönung amerikanischer Demokratie und sei selbstverständlich und inbrünstig Amerikas Maßstab für Benimm
und Erfolg, hätte er in Yale studiert. Sein Bruder und viele
seiner Mitschüler haben dort studiert. Er hingegen ent-
scheidet sich für Princeton, weil die Furien, die auf die
amerikanische Jugend einpeitschen, für den Geschmack
des Siebzehnjährigen etwas zu aufdringlich wurden. Er
wünscht sich etwas Ruhigeres, Milderes, weniger Über-
wältigenderes. Er sieht sich in einem zügellosen Wettbe-
werb gefangen, der ihn Hals über Kopf nach New Haven
bringen und ihn restlos verwirrt in die Welt hinausbeför-
dern wird. Die vielen Auszeichnungen, die dem Gewinner
jedes Rennens winken, sind zweifellos verlockend, aber
er wünscht sich den Genuss friedlicher Weiden und eine
Ruhepause, in der er tief durchatmen und nachdenken
kann, bevor er sich in den lärmenden Kampf des amerikanischen Lebens begibt. In Princeton trifft er auf andere
seines Schlages, und so kommt es zu Princetons spötti-
scher und leicht ironischer Haltung gegenüber Yale.

Harvard existiert für Princeton nicht einmal als Vorstellung. Harvard-Leute waren immer »Bostoner mit
affektiertem Akzent« oder »dieser Isaacs, der das Hoch-
schulstipendium zu Hause bekommen hat«. Lee Higgin-
son & Company mietete die Sportler für sie an, aber wie
viel man auch für Harvard tat, konnte man weder zu Fly
noch zu Porcellian gehören, ohne Groton oder St. Mark's

besucht zu haben. Solche Vorstellungen waren befriedigend, wenn auch unzutreffend, denn Cambridge war in mehr als nur einer Hinsicht meilenweit entfernt. Harvard bedeutete sporadische Beziehungen, manchmal erfreulich, manchmal feindselig – mehr nicht.

Princeton liegt mitten im flachen Land New Jerseys, wo es sich als grüner Phönix aus einer denkbar hässlichen Landschaft erhebt. Das trostlose Trenton schwitzt und schwärt ein paar Meilen weiter südlich; im Norden sind Elizabeth und die Erie-Eisenbahn und die Vorortslums von New York; im Westen erstreckt sich der öde Oberlauf des Delaware River. Doch rings um Princeton liegt wie ein Schutzwall ein Ring der Stille – staatlich anerkannte Molkereien, große Ländereien mit Pfauen und Wildgehegen, hübsche Bauerngehöfte und Wälder, die wir im Frühjahr 1917 als Vorbereitung auf den Krieg abschritten und kartierten. Der geschäftige Osten ist bereits abgeschüttelt, wenn der Zug vom Knotenpunkt mit vertrautem Rattern auf die Nebenstrecke abzweigt. Zwei hohe Kirchtürme, und dann breitet sich um einen herum mit einem Mal die bezauberndste Ansammlung neugotischer Architektur in Amerika aus, Brustwehr reiht sich an Brustwehr, Herrenhaus an Herrenhaus, durchbrochen von Bögen und berankt – üppig und lieblich auf zwei Quadratmeilen grünen Rasens. Keinerlei Eintönigkeit, nicht die Spur des Eindrucks, all das wäre gestern erst als Laune des neuesten neureichen Millionärs erbaut worden; Nassau Hall war bereits zwanzig Jahre alt, als hessische Kugeln seine Mauern durchbohrten.

Alfred Noyes hat Princeton mit Oxford verglichen. Für

mich unterscheiden die beiden sich deutlich. Princeton ist magerer und frischer, sowohl weniger tiefgründig als auch flüchtiger. All seiner Vergangenheit zum Trotz erhebt Nassau Hall sich hohl und leer, nicht wie eine Mutter, die Söhne geboren hat und die Spuren ihrer Geburtsmühen trägt, sondern wie eine geduldige alte Amme, misstrauisch und liebevoll im Umgang mit den Pflegekindern, die als Amerikaner an keinen Ort unter der Sonne gehören.

In meinen romantischen Tagen habe ich versucht, das Princeton Aaron Burrs, Philip Freneaus, James Madisons und Light-Horse Harry Lees heraufzubeschwören, gewissermaßen Anschluss an das achtzehnte Jahrhundert zu finden, an die Menschheitsgeschichte. Doch die Kette riss beim Bürgerkrieg, der wie immer das gerissene Glied in der Kontinuität amerikanischen Lebens war. Das Princeton der Kolonialzeit war letzten Endes eine kleine konfessionelle Hochschule. Das Princeton, das ich gekannt und zu dem ich gehört habe, erhob sich in den siebziger Jahren aus Rektor McCoshs großem Schatten, wuchs zusammen mit den großen Nachkriegsvermögen in New York und Philadelphia und umfasste zuletzt Nachhilfepartys und Bierpartys und das spätere Gewissen Amerikas und Booth Tarkingtons Triangle Club und Wilsons klösterliche Pläne für ein Utopia der Bildung. Und an irgendeiner Stelle war damit der Aufstieg des American Football verbunden.

Denn Football wurde damals in den neunziger Jahren in Princeton wie in Yale fast zu einem Symbol. Und wofür stand dieses Symbol? Für die ewige Gewalttätigkeit des amerikanischen Lebens? Für die ewige Unreife des amerikanischen Volkes? Für das Scheitern einer Kultur innerhalb der eigenen vier Wände? Wer weiß. Football war zuerst etwas Befriedigendes und dann etwas Notwendiges und Schönes. Lange bevor die unersättlichen Millionen ihn wie Gertrude Ederle und Mrs. Snyder ins Herz schlossen, wurde er zum eindringlichsten und dramatischsten Schauspiel seit den Olympischen Spielen. Johnny Poes Tod im Black-Watch-Regiment in Flandern bringt für mich die Zimbeln zum Erklingen und zupft an den Saiten nervöser Violinen, wie es kein geistiges Abenteuer in Princeton je vermochte. Vor einem Jahr kam ich auf den Champs-Élysées an einem schlanken, dunkelhaarigen jungen Mann vorbei, der einen für ihn charakteristischen trägen Gang hatte. Ich drehte mich um und sah ihm nach. Es war der romantische Buzz Law, den ich zuletzt im Dämmerlicht eines kalten Herbstes im Jahr 1913 gesehen hatte, als er mit einem blutigen Kopfverband den Ball hinter der Endlinie nach vorn kickte.

Neben der Schönheit seiner Türme und der Dramatik seiner Spielfelder zeichnet sich Princeton durch eine dritte weithin bekannte Besonderheit aus: seine »Klientel«.

Einen Großteil der Jeunesse dorée, die bereit ist, sich Bildung einflößen zu lassen, treibt es nach Princeton. Goulds, Rockefellers, McCormicks, Wannamakers, Cudahys und DuPonts lassen sich dort für eine Saison nieder, mehr oder weniger wohlgelitten. Verführerisch klingen die Namen Pell, Biddle, Van Rensselaer, Stuyvesant, Schuyler und Cooke in den Ohren der nachfolgenden Mamas und Papas mit gesellschaftlichen Ambitionen in Philadelphia oder New York. Ein durchschnittliches Semester setzt sich aus drei Dutzend Absolventen solcher vergoldender Institute wie St. Paul's, St. Mark's, St. George's, Pomfret und Groton zusammen, dazu einhundertfünfzig Abgänger von Lawrenceville, Hotchkiss, Exeter, Andover und Hill und vielleicht weiteren zweihundert Eleven weniger bekannter Internate. Die restlichen zwanzig Prozent kommen von den Highschools, und aus diesem Kontingent bezieht Princeton den größten Teil seiner späteren Führungskräfte. Für diese Studenten war es sowohl finanziell als auch intellektuell eine größere Leistung, den Weg nach Princeton zu finden. Sie sind durchtrainiert und kampfbereit.

Zu meiner Zeit, vor einem Jahrzehnt, waren die Prüfungen im Winter des ersten Studienjahrs ein gewaltiges Aussieben. Schwächere Athleten, reiche Söhne, die geistig schwerfälliger waren als ihre Vorfahren, fielen scharenweise am Wegesrand. Oft waren sie im Alter von zwanzig oder einundzwanzig Jahren und mit Hilfe spezieller Vorbereitungsschulen bis zu den Pforten der Universität gelangt und mussten dann feststellen, dass schon die erste Prüfung zu schwer war. Diese frühen Ausfälle waren meistens fünfzig oder sechzig nette Leute, und man sah sie ungern scheiden.

Heutzutage kommen nur sehr wenige Exemplare dieser Spezies nach Princeton. Unter den neuen Zulassungsbestimmungen sind ihre ersten universitären Verrenkungen und Pleiten so verräterisch, dass sie umgehend davon informiert werden, Princeton sei nur für jene bestimmt, deren Gehirn das durchschnittliche Gewicht erreicht. Der Grund dafür ist, dass es vor einigen Jahren erforderlich wurde, eine Zugangsbeschränkung auszusprechen. Der kriegsbedingte Wohlstand ermöglichte vielen Jungen den Besuch eines Colleges, und im Jahr 1921 überstieg die Zahl der Anwärter, die das Minimum an Voraussetzungen für Princeton erfüllten, die Kapazitäten der Universität bei weitem.

Und deshalb muss der Anwärter neben seinen Prüfungsergebnissen vom College auch seine Schulakte vorlegen, ein Empfehlungsschreiben seiner Hochschule und von zwei Princeton-Absolventen, und er muss sich einem psychologischen Intelligenztest unterziehen. Etwa sechshundert Kandidaten, die unter diesen Voraussetzungen den günstigsten Eindruck auf das Aufnahmekomitee machen, werden zugelassen. Jemand, der auf einem akademischen Gebiet völlig versagt, kann im Einzelfall einen anderen übertrumpfen, der alles bestanden hat. Ein junger Mann mit guten Noten in Naturwissenschaften und Mathematik und einer schlechten Note in Englisch wird eher aufgenommen als einer mit durchschnittlich guter Allgemeinbildung, aber ohne besondere Begabung. Dieses Vorgehen hat das Niveau der Gelehrsamkeit erhöht und hat Männer wie A. ferngehalten, die zu meiner Zeit in vier verschiedenen Seminaren als dauerhafte Beleidigung der Intelligenz auftauchten.

Ob das sprichwörtlich engstirnige Urteilsvermögen der Schulleiter über Heranwachsende ausreichen wird, die Goldsmiths, die Byrons, die Whitmans und die O'Neills fernzuhalten, dies zu beurteilen ist es noch zu früh.

Ich ertappe mich bei der Hoffnung, dass einige verrufene Existenzen sich einschmuggeln werden, um das Salz der Erde zu salzen. Dünkel macht Princeton keine Ehre. Zu meiner Zeit verkörperte so etwas der Polity Club. Das war eine Gruppe, die sich alle vierzehn Tage feierlich zu Füßen eines Mr. Schwab oder Judge Gary oder eines anderen hochmögenden Gönners der Universität versammelte, die für den Anlass angekarrt wurden. Hätten diese wortgewaltigen Plutokraten Kniffe ihres Gewerbes verraten oder wenigstens den Schlüssel zu zynisch-forschem Geschäftssinn, dann hätte die Peinlichkeit sich noch in Grenzen gehalten, doch sie speisten den Polity Club mit dem aufgewärmten seichten Gefasel über die Werkzeitschrift und die paradiesischen Produktionsbedingungen ab, angereichert mit ein paar Brocken über »künftige Führer der Menschheit«. Wenn ich in einer Ausgabe des letzten Jahrbuchs blättere, finde ich keinen Polity Club mehr. Vielleicht widmet er sich inzwischen würdigeren Anliegen.

Rektor Hibben ist eine Mischung aus »Normalheit« und Scharfsinn, aus sturem Festhalten am Status quo und einer bemerkenswerten Toleranz, die fast an intellektuelle Neugier heranreicht. Ich habe ihn schon eine Sprechblasenrede voll rhetorischer Klischees der ärgsten Dürftigkeit halten hören, aber ich habe noch nie erlebt, dass er innerhalb Princetons schäbig, engstirnig oder kurzsichtig gehandelt hätte. Als Reaktion auf den Idealismus Wilsons wurde Hibben 1912 zum Thronerben, und ich glaube, dass er seitdem seinen Horizont ganz nebenbei verblüffend erweitert hat. Er befand sich in einer nicht unähnlichen Situation wie Harding zehn Jahre später, doch indem er Leute wie Gauss, Heermance und Alexander Smith gewinnen konnte, zeigte er Tatkraft und leitete die Universität auf fortschrittliche und oft genug sogar herausragende Weise.

Unter ihm erblüht eine vorzügliche Philosophische Fakultät, eine herausragende Fakultät der Altphilologie, betreut von dem verehrungswürdigen Dekan West, eine Naturwissenschaftliche Fakultät, der Namen wie Oswald Veblen und Conklin Glanz verleihen, und eine überraschend blasse Fakultät des Englischen, kopflastig, öde und mit einem geradezu erschreckenden Händchen dafür, jungen Männern jede Freude an der Literatur auszutreiben. Dr. Spaeth war eine der wenigen Ausnahmen; in seinen vormittäglichen und nachmittäglichen Kursen vermochte er Interesse an den romantischen Dichtern und sogar Begeisterung für sie zu wecken – ein Interesse, das später in den Vorlesungen wieder abgetötet wurde, in denen lauwarm poetisch gestimmte Gentlemen sich gegen jede temperamentvolle Äußerung verwahrten und die Studenten aus besseren Kreisen beim Vornamen nannten.

Das *Nassau Literary Magazine* ist die älteste Zeitschrift an einem amerikanischen College. In ihren Annalen findet man die erste Craig-Kennedy-Geschichte ebenso wie Prosa oder Poesie aus der Feder Woodrow Wilsons, John Grier Hibbens, Henry van Dykes, David Graham Phillips', Stephen French Whitmans, Booth Tarkingtons, Struthers Burts oder Jesse Lynch Williams' – kurz, von fast jedem Schriftsteller, der in Princeton studiert hat, bis auf Eugene O'Neill. Princeton hatte das Pech, dass O'Neill seine studentische Laufbahn auf eigenes Verlangen drei Jahre zu früh beendete. Die Tageszeitung *The Princeto-*

nian ist nicht weiter bemerkenswert, obwohl sie bisweilen tatsächlich zusammenhängende Gedanken zu verfolgen imstande ist, insbesondere unter der Leitung von James Bruce, Forrestal und John Martin, mittlerweile Mitarbeiter der *Times*. Die satirische Zeitschrift *Tiger* kann im Allgemeinen ihren Konkurrenten *Lampoon*, *Record* oder *Widow* nicht das Wasser reichen. Wenn es knapp wurde mit dem Drucktermin, verfassten John Biggs und ich ganze Nummern zwischen Abenddämmerung und Morgenröte.

Der Triangle Club (Theater, Gesang und Tanz) ist Princetons typischste Erscheinung. Von Booth Tarkington anlässlich der Aufführung seines Librettos *The Honorable Julius Caesar* gegründet, erblüht er seither jedes Jahr zur Weihnachtszeit in einem Dutzend Städte. Alles in allem ist er eine bemerkenswerte Einrichtung, und unter den Fittichen Donald Clive Stuarts hat er sich im Unterschied zu dem Mask and Wig Club der Pennsylvania University zu einer völlig universitätsinternen Sache entwickelt. Seine größten Erfolge feierte er mit so begabten Stegreifkomikern unter den Studenten wie Tarkington, Roy Durstine, Walker Ellis, Ken Clark und Erdman Harris. Zu meiner Zeit war sein Ruf etwas zweifelhaft, aber angesäuselte Komiker oder »Nachtproben« gibt es schon lange nicht mehr. Mittlerweile tummelt sich darin eine zunehmende Zahl von Jazzvirtuosen, und die Nachfrage nach Rollen in den Stücken und im Tanzensemble beweist seine Beliebtheit und seine Ausstrahlung.

Princetons geheiligte Tradition ist der Ehrenkodex, eine Art Selbstverpflichtung, die zur Verblüffung Außenstehender tatsächlich funktioniert und Misstrauen und Überwachung überflüssig macht. Die Studienanfänger werden innerhalb der ersten Woche mit diesem moralischen Gesetz vertraut gemacht. Ich persönlich habe nie erlebt, dass ein Princetonianer in einer Prüfung betrogen hätte, obwohl ich gehört habe, die wenigen Fälle seien erbarmungslos und ohne viel Federlesens erledigt worden. Ich entsinne mich so mancher Gelegenheit, wenn der Blick auf eine Seite voller Notizen in der Toilette für mich den Unterschied zwischen Scheitern und Erfolg ausgemacht hätte, doch ich kann mich keines moralischen Zauderns entsinnen. So etwas zu tun war undenkbar, genauso undenkbar, wie die Brieftasche des Zimmergenossen zu plündern. Vielleicht war das, was einem an der unerfreulichen Ausgabe des *Lampoon* vom vergangenen Herbst am meisten unter die Haut ging, der Spott und die gehässigen Anspielungen auf den Ehrenkodex.

Keine Erstsemester dürfen sich auf der Prospect Street blicken lassen, wo sich die achtzehn Clubs befinden, in denen die älteren Studenten verkehren. Ich habe das erste Mal vor fast zwanzig Jahren in einem Artikel in *Collier's* von ihnen gelesen, er muss von Owen Johnson gewesen sein. Bilder vom Ivy, Cottage, Tiger Inn und Cap and Gown lachten mich von der Zeitungsseite an, nicht etwa wie Grabmäler von Raubrittern am Rhein, sondern eher wie friedliche und achtbare Zufluchtsorte, an denen jüngere und ältere Semester dreimal täglich in mehr oder weniger privater Atmosphäre speisen konnten. Später bedeutete Prospect Street für mich das Licht der Fackeln bei der Parade der Erstsemester, deren unsteter Schein auf die ehrfurchtgebietenden Fassaden der Häuser fiel, und die weißen Hemdbrüste der älteren Studenten und das Funkeln in den Champagnerkelchen, die erhoben wurden, um auf die Mitglieder meines Jahrgangs anzustoßen, die sich bereits hervorgetan hatten.

In Princeton gibt es keine studentischen Verbindungen; gegen Ende jedes Jahres nehmen die achtzehn Clubs jeweils an die fünfundzwanzig Neulinge auf, etwa drei Viertel eines Jahrgangs. Das übrige Viertel isst weiterhin in den Speisesälen der Universität, und dieser Sachverhalt hat schon Revolutionen ausgelöst, war Anlass für Proteste und Eingaben und für zahllose Leitartikel im *Alumni Weekly*. Aber die Clubs stehen für eine Investition von zwei Millionen Dollar der Alumni, und die Clubs bleiben bestehen.

Der Ivy Club wurde 1879 gegründet, und in vier von fünf Jahren ist er der gesuchteste Club von Princeton. Sein Ansehen ist so überwältigend, dass er zwanzig Studenten eine Mitgliedschaft antragen könnte, und fünfzehn würden zusagen. Nicht selten kommt es dabei aber auch zu Katastrophen. Cottage, Tiger Inn und Cap and Gown – drei Clubs, die zusammen mit Ivy lange als die »großen Clubs« bekannt waren – nehmen zehn oder fünfzehn der Jungstudenten auf, die Ivy gern hätte, und für Ivy bleiben ein Gerippe von einem Dutzend Studenten und ein Gefühl beträchtlicher Bitterkeit gegenüber den erfolgreicheren Rivalen. Der University College Club, gefürchtet und in politischer Hinsicht verhasst, hat solche Fischzüge wiederholt erfolgreich unternommen. Cottage Club, der architektonisch eindrucksvollste aller Clubs, wurde 1886 gegründet. Seine Anhänger stammen vorwiegend aus den Südstaaten, vor allem aus St. Louis und Baltimore. Im Unterschied zu diesen Clubs befleißigt sich Tiger Inn einer unverblümten Schlichtheit. Die Mitglieder sind hauptsächlich solche, die sich sportlich auszeichnen, und obwohl man so tut, als gäbe man nichts auf Herkunft und Ansehen, hat der Club strenge Auswahlkriterien. Cap and Gown, der vierte große Club, war zu Anfang ein Zirkel ernsthafter und mehr oder weniger religiös gesinnter junger Männer, doch in den letzten zehn Jahren hat das wachsende Prestige des Clubs die ursprünglichen Ideale zunehmend in den Hintergrund gedrängt. Noch 1916 konnte sein Vorsitzender ein Publikum aus unentschlossenen Zweitsemestern mit der überzeugenden Losung »Schließ dich Cap and Gown an, und komme zu Gott« vom Stuhl reißen.

Die einflussreichsten unter den anderen Clubs sind Colonial, ein alter Club mit einer Geschichte aus Höhen und Tiefen, der verhältnismäßig neue Charter Club und der Quadrangle Club, der als Einziger ein dezidiert intellektuelles Flair pflegt. In den Kriegswirren ist ein Club verschwunden. Zwei neue wurden seitdem gegründet, beide in einem kleinen alten Gebäude, das die Geburt vieler Clubs erlebt hat. Ihre besonderen Merkmale sind so unbeständig, dass es an Tollkühnheit grenzen würde, sie zu beschreiben. Einer dieser Clubs, dessen Mitglieder zu meiner Zeit unermüdliche Besucher der Nassau Inn Bar waren, wurde, soweit ich weiß, zu einer Art Mensa für die Philadelphian Society.

Die Philadelphian Society ist Princetons Christlicher

Verein Junger Männer, und wenn sie vernünftig ist, bescheidet sie sich damit. Aber hin und wieder überkommt sie der messianische Drang, die Universität zu bekehren. Zu meiner Zeit ließ sie zu diesem Zweck einen berüchtigten Demagogen kommen, einen Dr. Soundso, der allen Ernstes ein geläutertes »übles Subjekt« mitbrachte. Die Studenten, die sich aus Frömmigkeit oder Neugier einfanden, wurden in der Alexander Hall versammelt und erlebten dort eine der abgeschmacktesten Obszönitäten, die jemals unter dem Dach einer bedeutenden Bildungseinrichtung veranstaltet wurde. Als die Predigt Dr. Soundsos in einen inbrünstigen Singsang überging, erhoben sich mehrere Dutzend Studenten so unerschütterlich wie farbige Gentlemen und traten vor, um sich bekehren zu lassen. Darunter ein beliebter Freigeist und Schluckspecht, dessen Ernsthaftigkeit in dieser Sache wir später zu ergründen versuchten, allerdings ohne Erfolg. Der Höhepunkt der Veranstaltung war der Bericht des üblen Subjekts über die Verfehlungen seiner Vergangenheit, deren Tiefpunkt oder Krönung sein unfreiwilliger Abstieg in einen veritablen Straßengraben darstellte, gefolgt von seiner Bekehrung und seinem Aufstieg zum schlechten Beispiel im Dienst des Wanderzirkus unseres Dr. Soundso.

Zu diesem Zeitpunkt war den zarter besaiteten Zuhörern bereits merklich unwohl geworden, während die weniger zart besaiteten aufbegehrten – einige verließen sogar den Schauplatz. Das Salbungsvolle der Veranstaltung war selbst in jenen zaghafteren Zeiten zu viel des Guten, und später wurden gegen solche Darbietungen Vorbehalte schlicht aus Gründen des guten Geschmacks vorgebracht.

Im vergangenen Jahr war die »Oxford-Bewegung« als harmlosere Ausprägung des gleichen Phänomens Anlass für ziemlich offene und unnachsichtige Kritik in Studentenzeitschriften.

Vieles, was Princeton ausmacht, habe ich gar nicht erwähnt. Aber vielleicht sind einzelne charakteristische Eindrücke die beste Annäherung an ein allgemeines Bild. Dieses farbenprächtige Bild war im Winter und im Frühjahr von 1917 kurz vor Kriegseintritt in besonders helles Licht getaucht.

Nie zuvor war das, was die Universität ausmacht, so kraftvoll und so deutlich zutage getreten. An die achtzig Zweitsemester hatten sich demokratisch geweigert, in Clubs einzutreten, angeführt von David Bruce (einem Sohn des Senators Bruce), Richard Cleveland (einem Sohn Präsident Clevelands) und Henry Hyacinth Strater aus Louisville, Kentucky. Letzterer, der Erste in seinem Studienjahr, der sich am *Princetonian* beteiligte, und leidenschaftlicher Anhänger Tolstois und Edward Carpenters, gab sich mit diesem Protest nicht zufrieden, sondern wurde Pazifist. Er war ein herausragender Student und überaus beliebt; er wurde von vielen Seiten protegiert, von anderen missbilligt, aber nie auch nur entfernt gemaßregelt. Er scharte eine spärliche Anhängerschaft um sich, die zu den Quäkern übertrat und pazifistisch blieb.

Das *Nassau Literary Magazine* versuchte, unter der Leitung von John Peale Bishop einen größeren Leserkreis zu erobern – mit Erfolg. Jack Newlin, der später in Frankreich fiel, zeichnete Frontispize im Stil von Beardsley; ich schrieb Stories über beliebte Mädchen, Geschichten, die später in einen Roman einflossen; John Biggs stellte sich den Krieg so gekonnt vor, dass er sogar Veteranen damit täuschte; und John Bishop unternahm einen letzten Anlauf, den seinerzeitigen Kreuzzug metrisch mit der Amerikanischen Revolution zu verbinden, während wir alle, die wir darauf warteten, einberufen zu werden, die aufgeblasene Rhetorik jener Tage nach Kräften verabscheuten. Wir veröffentlichten eine satirische Ausgabe unserer Zeitschrift, eine Parodie auf das *Cosmopolitan Magazine*, mit der wir die geistig weniger beweglichen Mitglieder der Fakultät für Englische Literatur erzürnten. Wir – in diesem Fall die Redaktion des *Tiger* – veröffentlichten eine freche Ausgabe, in der wir uns über den Lehrstuhl, die Bewegung gegen die Clubs und die Clubs selbst unter Verwendung ihrer richtigen Namen lustig machten. Um uns herum war alles in Aufruhr begriffen. Es war eine Zeit voller Verheißungen; am Horizont drohte der Krieg; nichts würde jemals wieder so sein wie vorher, und man scherte sich um nichts. In den folgenden zwei Jahren scherte man sich tatsächlich um nichts. Fünf Prozent meiner Kommilitonen, einundzwanzig junge Männer, fielen im Krieg.

Von jenem Frühling habe ich späte Abende im Nassau Inn in Erinnerung, wenn Bill Coan, der Prorektor, draußen vor der Tür wartete, um ausgewählte Exemplare am nächsten Tag vor den Rektor zu komplimentieren. Ich entsinne mich der langen Nachmittage des Militärdrills auf Fußballfeldern, vielleicht zusammen mit einem militärischen Ausbilder vom Vormittag. Wir kicherten über Professor Wardlaw Miles' Bemühungen, den schroffen

Kommandoton des Ausbildungshandbuchs mit seinem korrekten und pedantischen Gebrauch der englischen Sprache zu vereinbaren. Als er zwei Jahre später einbeinig und mit einer Brust voller Auszeichnungen aus Frankreich zurückkehrte, wurde nicht mehr gekichert. Tausende Studenten jubelten ihm bei seiner Heimkehr zu. Ich entsinne mich des letzten Abends im Juni, als unser Jahrgang – zwei Drittel von uns in Uniform – auf der Treppe von Nassau Hall sein Abschiedslied sang und manche von uns weinen mussten, weil wir wussten, dass wir nie wieder so jung sein würden, wie wir es hier gewesen waren. Und mir ist, als entsänne ich mich einer Menge persönlicherer Dinge, die mittlerweile so verwischt und undeutlich geworden sind wie der Rauch unserer Zigaretten oder der Efeu am Gebäude von Nassau Hall an diesem letzten Abend.

Princeton ist Princeton. Williams College ist nicht, »was Princeton einmal war«. Williams ist für behütete Knaben, deren weibliche Verwandte sie vor der Wirklichkeit abschirmen wollen. Princeton ist kein Wolkenkuckucksheim und gehört in gewisser Weise zur »oberen Liga«, und es hat sich seit schätzungsweise sechzig Jahren dort nichts verändert. Heute wird weniger gesungen und mehr getanzt. Bierpartys gibt es nicht mehr, aber Verehrer stehen Schlange, um die junge Lois Moran abzupassen. Es gibt keinen Elizabethan Club wie in Yale, der eine Vorliebe für Lyrik gesellschaftsfähig – manchmal vielleicht zu gesellschaftsfähig – machen könnte; außergewöhnliche Begabung muss in Princeton ihr eigenes Publikum finden, wie sie es im Leben auch tun muss. Allen Überredungsversuchen zum Trotz trägt der Unisportler sein P in konservativer Manier an der Innenseite seines Pullovers, und bislang ist unter den Alumni weder ein Justizminister Palmer noch ein Richter Thayer aufgetaucht. Rektor Hibben hat manchmal laute Meinungsverschiedenheiten mit Finanzminister Mellon, und im vergangenen Jahr haben sich nur zweiundneunzig Studenten des Abschlusssemesters trocken bekannt.

Wenn man nach einem Jahrzehnt zurückblickt, wird das Idealbild einer Universität zu einem Mythos, einer Vision, einer Feldlerche zwischen Fabrikschloten. Und dennoch ist es in Princeton vielleicht lebendig, nur weniger greifbar als unter dem Himmel des preußischen Rheinlands oder Oxfordshires, und vielleicht stoßen die einen unversehens darauf und können es sich aneignen, während es anderen für alle Zeiten unzugänglich bleibt. Und selbst sie versuchen als gestandene Männer vergebens, etwas von jener Republik zu erhaschen, die so viel von dem bewahrt, was am amerikanischen Leben edel, anmutig, bezaubernd und ehrenhaft ist.

Was ich mit fünfundzwanzig denke und fühle

Der Mann hielt mich auf der Straße an. Er war alt, aber kein Seefahrer. Er hatte einen langen Bart, und sein Auge funkelte. Ich glaube, er war ein Freund der Familie oder etwas Ähnliches.

»Hören Sie, Fitzgerald«, sagte er, »hören Sie! Eins müssen Sie mir mal erklären! Was zum Teufel reitet einen – einen Mann Ihres Alters, dass Sie so pessimistische Sachen schreiben? Was soll das?« Ich versuchte, es mit einem Lachen abzutun. Er sagte, er sei ein Jugendfreund meines Großvaters. Daraufhin wollte ich ihn auf keinen Fall mit meinem Pessimismus anstecken. Also versuchte ich, es mit einem Lachen abzutun.

»Ha, ha, ha!«, sagte ich entschieden. »Ha, ha, ha!« Und dann: »Ha, ha! Tja, ich muss jetzt weiter.«

Ich wollte gehen, aber er packte meinen Arm mit festem Griff, und alles deutete darauf hin, dass er den Nachmittag in meiner Gesellschaft zu verbringen gedachte.

»In meiner Jugend –«, setzte er an, und dann entwarf er das Bild von der herrlichen, glücklichen, sorglosen Zeit, die er als Fünfundzwanzigjähriger erlebt hatte, wie alle es immer tun. Anders gesagt, erzählte er mir Dinge, von denen er sich einbildete, er hätte sie in der nebelumflorten Vergangenheit gedacht.

Ich ließ ihn reden. Ich brummte sogar hin und wieder höflich, um mein Erstaunen kundzutun. Denn eines Tages werde ich genauso sein. Ich werde für die Nachgeborenen einen Scott Fitzgerald erfinden, den – so viel ist sicher – keiner meiner Zeitgenossen gegenwärtig wiedererkennen würde. Aber auch sie werden dann alt sein, und sie werden meine Erfindung genauso akzeptieren wie ich die ihre …

»Und Sie«, schloss der glückliche Alte, »sind jung, Sie sind gesund, Sie sind zu Geld gekommen, Sie sind außerordentlich glücklich verheiratet, Sie haben beträchtlichen Erfolg in einem Alter, in dem Sie noch genug Zeit haben, ihn zu genießen – können Sie einem unwissenden alten Mann bitte erklären, warum zum Teufel Sie diese –«

Ich konnte nicht widerstehen. Ich würde es ihm sagen. Ich setzte an: »Nun ja, verstehen Sie, Sir, ich habe den Eindruck, dass man mit zunehmendem Alter immer verletz …«

Aber weiter kam ich nicht. Kaum hatte ich zu sprechen begonnen, schüttelte er mir hastig die Hand und ging. Er wollte mir nicht zuhören. Er wollte nicht wissen, warum ich dachte, was ich dachte. Er hatte einfach nur das Bedürfnis gehabt, eine kleine Ansprache zu halten, und ich war sein Opfer gewesen. Seine Gestalt entfernte sich und entschwand unsicheren Schrittes um die nächste Ecke.

Das war der erste Vorfall. Der zweite ereignete sich neulich, als jemand von einem großen Zeitungskonsortium zu mir kam und sagte: »Mr. Fitzgerald, in New York geht das Gerücht um, dass Sie und – äh – Sie und Mrs. Fitzgerald sich mit dreißig Jahren das Leben nehmen wollen, weil Sie das mittlere Alter fürchten und verabscheuen. Ich will etwas Reklame für Sie machen und die Sache als

Geschichte für den Unterhaltungsteil von fünfhundertvierzehn Sonntagszeitungen ausbauen. In einer Ecke der Seite wird –«

»Halt!«, rief ich. »Ich weiß: In einer Ecke wird das lebensmüde Paar stehen, sie mit einem Arsencocktail, er mit einem orientalischen Dolch. Beider Blicke sind auf eine große Uhr geheftet, deren Zifferblatt mit Totenschädel und gekreuzten Knochen versehen ist. In der anderen Ecke ist ein großer Kalender mit rot markiertem Datum abgebildet.«

»Ganz genau!«, rief der Konsortiumsmann begeistert. »Sie haben es erfasst! Was wir als Erstes –«

»Jetzt passen Sie mal auf!«, sagte ich streng. »An diesem Gerücht ist nichts dran. Überhaupt nichts. Mit dreißig werde ich nicht mehr mein jetziges ICH, sondern jemand anders sein. Ich werde einen anderen Körper haben, denn das steht so in einem Buch, das ich einmal gelesen habe, und ich werde eine andere Haltung zu allem und jedem haben. Ich werde sogar mit einer anderen Person verheiratet sein –«

»Aha!«, unterbrach er mich mit gierig aufleuchtenden Augen und zog ein Notizbuch aus der Tasche. »Das ist wirklich interessant.«

»Nein, nein, nein!«, rief ich schnell. »Ich will damit sagen, dass meine Frau eine andere geworden sein wird.«

»Verstehe. Sie haben eine Scheidung im Auge.«

»Nein! Ich will –«

»Na ja, wie auch immer. Was wir auf jeden Fall brauchen, damit diese Geschichte eine runde Sache wird, sind eine Menge Bemerkungen über Knutschpartys. Halten Sie die – äh – Knutschparty für eine ernsthafte Gefahr für unsere Verfassung? Und wollen wir als Überleitung sagen, dass der Hauptgrund für Ihren Selbstmord frühere Knutschpartys sind?«

»Augenblick!«, versuchte ich ihn verzweifelt zu stoppen. »Verstehen Sie doch bitte. Ich weiß nicht, was Knutschpartys damit zu tun haben sollen. Ich habe mich immer vor dem Alter gefürchtet, weil es zwangsläufig die Verletz ...«

Doch wie im Fall des Familienfreundes gelangte ich über diese Silbe nicht hinaus. Der Konsortiumsmann nahm meine Hand mit festem Griff. Er schüttelte sie. Dann murmelte er etwas über ein Interview mit einer Revuetänzerin, die eine Fußkette aus reinem Platin haben sollte, und machte sich davon.

Das war der zweite Zwischenfall. Verstehen Sie, es war mir gelungen, zwei verschiedenen Männern zu sagen, dass das »Alter zwangsläufig die Verletz ...«. Aber keiner der beiden hatte es hören wollen. Der alte Mann hatte von sich selbst gesprochen, und der Konsortiumsmann hatte von Knutschpartys gesprochen. Als ich von der »Verletz ...« zu sprechen begann, hatten beide auf einmal dringende Verabredungen gehabt.

Und deshalb habe ich mit einer Hand auf dem achtzehnten Verfassungszusatz und mit der anderen auf dem ernstzunehmenden Teil unserer Verfassung feierlich gelobt, irgendjemandem meine Geschichte zu erzählen.

Wenn ein Mann älter wird, wird er zwangsläufig verletzlicher. Vor drei Jahren war ich zum Beispiel nur auf eine einzige Weise zu verletzen, nämlich durch mich selbst.

Wären der Ehefrau meines besten Freundes von einer elektrischen Waschmaschine die Haare ausgerissen worden, hätte mich das natürlich bekümmert. Ich hätte dem Freund eine lange Ansprache gehalten, immer wieder »alter Junge« gesagt und mit einem Absatz aus Washingtons Abschiedsbotschaft geendet; aber danach hätte ich ein gutes Restaurant besucht und wie gewohnt mein Abendessen verzehrt. Wäre dem Ehemann meiner Cousine zweiten Grades die Pulsader aufgeschlitzt worden, während er sich die Fingernägel manikürn ließ, dann will ich nicht leugnen, dass ich das ganz sicher bedauerlich gefunden hätte. Doch ich wäre bei einer solchen Nachricht keineswegs in Ohnmacht gefallen und hätte nicht etwa mit einem zufällig vorbeikommenden Wäschereiwagen nach Hause gebracht werden müssen.

Alles in allem war ich ziemlich unverwundbar. Ich beklagte es gebührend, wenn ein Schiff versenkt wurde oder wenn ein Zug entgleiste, aber ich glaube nicht, dass ich eine schlaflose Nacht verbracht hätte, wenn ganz Chicago von der Erdoberfläche getilgt worden wäre – solange ich nicht Grund zu der Annahme gehabt hätte, dass St. Paul als Nächstes dran sei. Und selbst dann hätte ich mein Gepäck nach Minneapolis befördern lassen und eine ungestörte Nachtruhe genießen können.

Doch das ist drei Jahre her, und ich war noch ein junger Mann gewesen. Ich war erst zweiundzwanzig. Wenn ich etwas sagte, was den Rezensenten nicht gefiel, konnten sie sagen: »Verdammt: So etwas Unreifes!« Man musste mich nur unreif nennen, und schon war ich erledigt.

Jetzt bin ich fünfundzwanzig und nicht mehr unreif –

zumindest kann ich nichts davon in meinem Spiegelbild erkennen. Stattdessen bin ich verletzlich. Verletzlich in jeder Hinsicht.

Allen Steuerinspektoren und Filmregisseuren, die möglicherweise diese Zeitschrift lesen, erkläre ich an dieser Stelle, dass verletzlich zu sein bedeutet, dass man leicht zu verwunden ist. Ja, das heißt es. Ich bin inzwischen leichter zu verwunden. Nicht nur in meiner Brust, meinen Gefühlen, meinen Zähnen und meinem Bankkonto kann man mich verwunden, sondern auch in meinem Hund. Können Sie mir folgen? In meinem Hund.

Nein, das ist kein neuer Körperteil, den das Rockefeller Institute vor kurzem entdeckt hat. Ich spreche von einem echten Hund. Ich will sagen, dass jemand, der meinen Hund einem Hundefänger übergibt, mich selbst damit fast ebenso sehr trifft wie den Hund. Er verwundet mich in dem Hund. Und wenn unser Arzt morgen zu mir sagt: »Ihr Kind wird niemals blond sein«, dann, ja dann hat er mich auf eine Weise verwundet, auf die ich nie zuvor hätte verwundet werden können, weil ich nie zuvor ein Kind gehabt hatte, durch das man mich hätte verwunden können. Und wenn meine Tochter heranwächst und als Sechzehnjährige mit einem Burschen aus Zion City durchbrennt, der glaubt, die Welt wäre eine Scheibe – so etwas würde ich nicht schreiben, wenn ich nicht wüsste, dass sie erst sechs Monate alt ist und ganz sicher noch nicht lesen kann und deshalb auf keine dummen Gedanken kommen kann –, nun ja, dann wird auch das mich verwunden.

Auf Verwundungen durch die eigene Ehefrau will ich nicht weiter eingehen, denn das ist ein heikles Thema. Das gilt auch in meinem Fall. Aber ich habe am eigenen Leib erfahren, was es bedeutet, wenn jemand aus heiterem Himmel zu meiner Frau sagt, wie bedauerlich es sei, dass sie *partout* Gelb tragen wolle, obwohl sie dadurch so verhärmt aussehe. Keine sechs Stunden später erleidet man selbst Schreckliches für das, was dieser Jemand gesagt hat.

»Verletze ihn über seine Frau«, »Entführe sein Kind!«, »Binde seinem Hund eine Blechdose an den Schwanz!« Wie oft hören wir das im Leben und erst recht im Kino. Und jedes Mal zucke ich zusammen! Vor drei Jahren hätte man so etwas eine ganze Sommernacht hindurch vor meinem Fenster rufen können, und ich hätte nicht mal die Augen aufgeschlagen. Um mich auf die Beine zu bringen, hätte man schon sagen müssen: »Warte mal. Ich glaube, ich kann ihn von hier aus abschießen.«

Früher hatte ich ungefähr drei Quadratmeter Haut, die empfindlich auf Kälte und Fieber reagierten. Inzwischen hat sich die Fläche fast verzehnfacht. Doch nicht ich bin größer geworden – die dreißig Quadratmeter beinhalten die Haut meiner ganzen Familie, aber es macht keinen großen Unterschied, denn sobald Kälte oder Fieber diese dreißig Quadratmeter Haut angreifen, beginne ich zu frösteln.

Und so sickere ich fast unmerklich ins mittlere Alter, denn das wahre mittlere Alter besteht nicht im Ansammeln von Lebensjahren, sondern im Ansammeln einer Familie. Mit dem Einkommen eines kinderlosen Paares kommt man erstaunlich weit. Zwei Leute benötigen ein Zimmer mit Bad; ein Paar mit Kind benötigt die Millionärssuite auf der Sonnenseite des Hotels.

Den ernsthaften Teil dieses Artikels will ich deshalb damit eröffnen, dass ich sage, wenn der Herausgeber dachte, er würde etwas Jugendliches und Fröhliches bekommen – und natürlich etwas Unreifes –, dann muss ich ihn an meine Tochter verweisen, falls sie sich dazu bequemt zu diktieren. Falls irgendjemand mich für unreif halten sollte, dann kann ich ihm nur empfehlen, einen Blick auf sie zu werfen – sie ist so unreif, dass ich lachen muss. Sie muss selbst lachen, wenn sie daran denkt, wie unreif sie ist. Wenn irgendwelche Literaturkritiker sie sähen, bekämen sie auf der Stelle einen Nervenzusammenbruch. Andererseits muss sich jeder, der mir schreibt, darüber im Klaren sein, ob Lektor oder sonst wer, dass er es mit einem Mann mittleren Alters zu tun hat.

Nun gut, ich bin fünfundzwanzig Jahre alt, und ich muss zugeben, dass ich mit einigen dieser Jahre ganz zufrieden bin. Die ersten fünf waren ganz in Ordnung – aber die letzten zwanzig! Nichts als Gegensätze! Tatsächlich begann ich sogar, ab und an Listen zu führen, um herauszufinden, wann ich am glücklichsten war. Bis ich mich so aufgeregt habe, dass ich die Listen zerriss.

Wenn ich all die Fehler übergehe, die zusammengenommen meine Kindheit ergeben, würde ich damit beginnen, dass ich mit fünfzehn auf die Highschool kam und dass meine zwei Jahre dort vergeudet waren, eine ausgesprochen sinnlose und unglückliche Zeit. Ich war unglücklich, weil ich mich in einer Situation gefangen sah, in der alle erwarteten, dass ich mich wie sie verhielte – und ich hatte nicht den Mut, mich abzusondern und das zu tun, was ich wollte.

Es gab beispielsweise einen ziemlich einfältigen Jungen namens Percy an der Schule, dessen Beifall ich aus einem unerfindlichen Grund für unbedingt erstrebenswert hielt. Und um mir diese jämmerliche Null gewogen zu machen, ließ ich das bisschen Geist, das ich entwickelt hatte, in einen Zustand der Verrohung zurücksinken. Ich verbrachte Stunden in einer stickigen Turnhalle, wo ich mich mit einem muffigen Basketball abplagte und mich in einen wilden Zorn steigerte, statt draußen spazieren zu gehen, was ich lieber getan hätte.

All das, um es Percy recht zu machen. Für ihn war es das, was man zu tun hatte. Wenn man nicht jeden Morgen diese stickige und muffige Angelegenheit hinter sich brachte, war man »morbid«. Das war sein Lieblingswort, und vor diesem Wort fürchtete ich mich. Ich wollte nicht morbid sein. Also wurde ich stattdessen muffig.

Percy war auch im Unterricht keine Leuchte; folglich tat ich so, als wäre ich es auch nicht. Wenn ich Geschichten schrieb, schrieb ich sie heimlich und kam mir dabei vor wie ein Verbrecher. Wenn mir nur irgendein Gedanke kam, der Percys nettem, leerem Geist nicht entsprach, schob ich ihn sofort beiseite und hätte mich am liebsten dafür entschuldigt.

Natürlich schaffte Percy es nicht aufs College. Er wurde berufstätig, und ich habe ihn seither nicht oft gesehen, obwohl er ein durchaus angesehener Leichenbestatter geworden sein soll. Die Zeit, die ich mit ihm verbracht habe, war vergeudete Zeit; schlimmer noch: Es war kein Vergnügen, sie zu vergeuden. Letzten Endes hatte er mir nichts zu geben, und ich hatte keinen Grund, mich darum zu scheren, was er dachte oder sagte. Aber als ich das herausfand, war es zu spät.

Das Schlimmste ist, dass es so weiterging, bis ich zweiundzwanzig war. Anders gesagt, ich hätte munter und fröhlich das getan, was ich tun wollte, wenn nicht irgendjemand auf einmal den Kopf geschüttelt und gesagt hätte: »Jetzt passen Sie mal auf, Fitzgerald, das sollten Sie lieber bleibenlassen. Es ist – es ist morbid.«

Und jedes Mal jagte mir das Wort »morbid« einen gehörigen Schrecken ein, und ich gab auf, was ich tun wollte und was zu tun richtig gewesen wäre, und tat das, was jemand anders wollte. Ab und zu schickte ich einen von ihnen zum Teufel; sonst hätte ich es zu gar nichts gebracht.

Während der Offiziersausbildung 1917 begann ich, einen Roman zu schreiben. Ich fing jeden Samstagnachmittag um ein Uhr an und arbeitete wie ein Verrückter bis Mitternacht. Danach arbeitete ich weiter von sechs Uhr morgens bis sechs Uhr abends am Sonntag, wenn ich mich wieder zum Dienst melden musste. Ich war rundum glücklich und zufrieden.

Nach einem Monat kamen drei Freunde mit finsterer Miene: »Hör mal, Fitzgerald, du solltest deine Wochenenden nutzen, um dich auszuruhen und dich zu erholen. Was du machst, das ist – morbid!«

Dieses Wort überzeugte mich. Es sandte mir den gewohnten Schauder den Rücken hinunter. Am Wochenende darauf legte ich den Roman beiseite, ging mit den anderen in die Stadt und tanzte die ganze Nacht auf einer Party. Aber mein Roman ließ mir keine Ruhe. Er beschäftigte mich so sehr, dass ich keineswegs erholt, sondern völlig niedergeschlagen zurückkehrte. Da war mir tatsächlich morbide zumute. Danach bin ich nie wieder ausgegangen. Den Roman habe ich beendet. Er wurde abgelehnt; aber ein Jahr später schrieb ich ihn um, und er wurde unter dem Titel *Diesseits vom Paradies* veröffentlicht.

Aber bevor ich ihn umschrieb, hatte ich eine Liste aller »Morbiditäten« aufgestellt, die Leuten angekreidet werden, lang genug, um bis zur nächsten Irrenanstalt zu reichen. Morbid war:

1. Sich zu verloben, ohne genug Geld zum Heiraten zu haben,
2. nach drei Monaten aus dem Reklamegeschäft auszusteigen,
3. überhaupt schreiben zu wollen,
4. zu glauben, ich könnte es,
5. über »dumme kleine Jungen und Mädchen, von denen niemand lesen will« zu schreiben

und so fort, bis ich ein Jahr später zu meiner Überraschung feststellte, dass die anderen es nicht ernst gemeint hatten – sie waren die ganze Zeit überzeugt gewesen, dass das Schreiben das einzig Wahre für mich sei, und hatten sich nur mit Mühe zurückhalten können, es mir immer wieder zu sagen.

Aber ich bin wirklich noch nicht alt genug, um Moralpredigten zur Erbauung der Jugend aus meinem eigenen Leben zu destillieren. Diesen Zeitvertreib kann ich mir gönnen, wenn ich sechzig bin; und dann werde ich wie gesagt einen Scott Fitzgerald erfinden, neben dem Benjamin Franklin sich wie ein Glückspilz ausnehmen wird, dem die Berühmtheit in den Schoß gefallen ist. Selbst in obigem Bericht ist es mir gelungen, die Umrisse eines kleinen, aber feinen Heiligenscheins zu skizzieren. Ich nehme alles zurück. Ich bin fünfundzwanzig Jahre alt. Ich wünschte, ich hätte zehn Millionen Dollar und müsste bis ans Ende meiner Tage nie mehr einen Finger rühren.

Da dies aber nicht in Aussicht steht, kann ich genauso gut das Wichtigste preisgeben, das mir bisher klargeworden ist: Wenn man selber nicht viel versteht, dann heißt das noch lange nicht, dass die anderen viel mehr wüssten. Und über die eigenen Interessen weiß niemand auch nur halb so viel wie man selbst.

Wenn man von einer Sache wirklich überzeugt ist – die eigene Person eingeschlossen –, und wenn man diese Sache energisch betreibt, dann landet man entweder im Gefängnis oder im Himmel oder in den Schlagzeilen oder im größten Haus des Blocks, je nachdem, worum es einem ging. Wenn man von nichts wirklich überzeugt ist – die eigene Person eingeschlossen –, dann schlägt man sich durch und bringt anderen Leuten genug Geld ein, damit sie ihrem Sohn ein Automobil kaufen können, und wenn man genug Zeit erübrigen kann, heiratet man, und wenn man heiratet, bekommt man einen Stall voll Kinder, ob man genug Zeit dafür hat oder nicht, und zuletzt ist man erschöpft und stirbt.

Wenn man zur zweiten Kategorie gehört, ist das Leben am schönsten, bevor man fünfundzwanzig ist. In der ersten Kategorie ist es das erst danach.

Denn wenn man zur ersten Kategorie gehört, wird man

oft als verdammter Narr oder Ärgeres bezeichnet. Das galt für Philadelphia im Jahr 1727, wie es heute gilt. Jeder weiß, dass ein junger Spund, der in der Stadt herumwandert und an einem Brotlaib knabbert, ohne etwas darauf zu geben, was die Leute von ihm denken, ein verdammter Narr sein muss. Sicherlich! Aber es gibt eine Menge verdammte Narren, deren Bilder es in die Schulbücher geschafft haben – mit ihrem Namen darunter. Und die vernünftigen Burschen, die nur gelacht haben, die sind auch in den Schulbüchern abgebildet. Aber ohne Namen – und sie sehen aus, als wäre ihnen das Lachen im Hals steckengeblieben.

Die Sorte verdammte Narren, um die es mir geht, sollten nie vergessen, dass sie am wenigsten verdammte Narren sind, wenn sie von anderen so genannt werden. Es kommt nämlich darauf an, ein verdammter Narr nach eigener Fasson zu sein.

(Obiger Rat gilt selbstverständlich nur für verdammte Narren unter fünfundzwanzig. Für verdammte Narren über fünfundzwanzig ist er möglicherweise völlig ungeeignet.)

Ich weiß nicht, warum ich auf einmal über verdammte Narren schreibe, obwohl ich eigentlich darüber schreiben will, wie es ist, fünfundzwanzig zu sein. Ich sehe da keinen Zusammenhang. Wenn ich aufgefordert würde, über verdammte Narren zu schreiben, kämen mir Leute in den Sinn, die sich die Vorderzähne mit Gold überkronen lassen, denn ein Freund von mir hat das kürzlich getan, und nachdem er innerhalb einer Stunde dreimal mit einer Juwelierauslage verwechselt worden war, wollte er von mir wissen, ob ich seine neuen Kronen zu auffällig fände. Da ich ein netter Mensch bin, antwortete ich, es wäre mir gar nicht aufgefallen, wenn sie nicht in diesem Moment ein Sonnenstrahl zum Funkeln gebracht hätte. Ich fragte ihn, warum er es getan hatte.

»Na ja«, sagte er, »der Zahnarzt hat mir erklärt, dass eine Porzellankrone nie länger als zehn Jahre hält.«

»Zehn Jahre! Aber in zehn Jahren kannst du tot sein.«

»Das stimmt.«

»Natürlich ist es eine feine Sache, dass du dir in all den Jahren im Sarg nie mehr Sorgen um deine Zähne machen müsstest.«

Und da fiel mir auf, dass etwa die Hälfte aller Leute die ganze Zeit nichts anderes tut, als sich die Vorderzähne mit Gold überkronen zu lassen. Das soll heißen, sie richten ihre Aufmerksamkeit auf einen Punkt in zwanzig Jahren. Na gut, wenn man jung ist, soll man sich seinen Erfolg ruhig als etwas vorstellen, was erst in ferner Zukunft eintritt – solange man sie nicht zu ferne veranschlagt. Aber wenn es um Lebensfreude geht – die Vorderzähne! –, sollte man das lieber unter dem Gesichtspunkt des Hier und Heute ins Auge fassen.

Das war die zweite Erkenntnis des Verletzlicher- und Älterwerdens. Ich rekapituliere:

1. Ich glaube, verglichen mit dem, was man selbst über seine eigenen Angelegenheiten weiß, weiß niemand anders auch nur das Geringste darüber. Und falls jemand anders mehr darüber wissen sollte als man selbst, dann wären es seine Angelegenheiten, und

man wäre in seiner Hand und nicht sein eigener Herr. Sobald die eigenen Angelegenheiten die eigenen Angelegenheiten sind, weiß man besser darüber Bescheid als irgendjemand anders.

2. Lassen Sie sich nie die Vorderzähne mit Gold überkronen.

Und jetzt höre ich auf, so zu tun, als wäre ich ein netter junger Mann, und werde meinen wahren Charakter enthüllen. Ich werde Ihnen beweisen – falls Ihnen das nicht ohnehin schon klar ist –, dass ich einen miesen Charakterzug habe und niemand mich gern zum Sohn hätte.

Ich mag keine alten Leute. Ständig reden sie von ihrer »Erfahrung«, obwohl die meisten von ihnen nichts dergleichen haben. Stattdessen machen sie fast alle noch mit fünfzig die gleichen Fehler und glauben an die altbewährte Liste offensichtlich zwanzigkarätiger Lügen wie mit siebzehn. Und alles hat seinen Anfang bei meinem alten Freund Verletzlichkeit.

Nehmen wir eine Frau von dreißig Jahren. Sie gilt als beneidenswert, wenn sie sich mit einer Vielzahl von Dingen verbunden hat: mit Ehemann, Kindern, Zuhause, Dienstboten. Mit drei Zuhause, acht Kindern und vierzehn Dienstboten gilt sie als noch beneidenswerter. (Für mehrere Ehemänner gilt das im Allgemeinen selbstverständlich nicht.)

Als junge Frau war sie selbst ihre einzige Sorge gewesen, doch nun muss sie sich um alles Sorgen machen, was jedem dieser Menschen, jedem dieser Dinge passieren kann. Sie ist zehnmal verletzlicher geworden. Mehr noch, sie kann keine dieser Bindungen kappen, sich von keiner dieser Bürden befreien, will sie nicht Kummer und Sorge in Kauf nehmen. Es sind dies die Dinge, die ihr das Herz brechen, und doch sind sie das Kostbarste, was es im Leben gibt.

Und alles, was nicht dazu beiträgt, ihr Sicherheit oder zumindest ein Gefühl von Sicherheit zu verschaffen, muss sie zwangsläufig erschrecken und irritieren. Ihr Horizont erweitert sich fortan nur noch um das nutzlose Wissen, das man in billigen Filmen, seichten Romanen und den banalen Memoiren ausländischer Titelträger findet.

Inzwischen betrachtet auch ihr Ehemann alles Vergnügliche oder Ungewöhnliche mit Argwohn. An seine Frau wendet er sich fast nur noch mittels einer Reihe tiefer Grunzlaute oder wenn er sie fragt, ob sie seine Hemden in die Wäscherei hat bringen lassen. Beim sonntäglichen Familienessen unterhält er sie bisweilen mit faszinierenden parteipolitischen Statistiken und Auszügen aus dem Leitartikel der Morgenzeitung.

Hat man die dreißig einmal überschritten, spüren beide tief in ihrem Inneren, dass es vorbei ist. Ohne ein paar Cocktails werden soziale Verpflichtungen zur Folter. Es fehlt jegliche Spontaneität; es ist zur Konvention geworden, und einvernehmlich verschließt man die Augen davor, dass die anderen Männer und Frauen aus der Bekanntschaft müde und langweilig und dick sind und dennoch so höflich und geduldig ertragen werden müssen, wie man selbst von den anderen ertragen werden muss.

Ich habe viele glückliche junge Paare erlebt – und nur wenige glückliche Haushalte, wenn Ehemann und Ehefrau über dreißig waren. Die meisten Haushalte kann man in vier Kategorien einteilen:

1. Wo der Ehemann ein ziemlich eingebildeter Schnösel ist, der denkt, eine läppische Versicherungstätigkeit wäre wesentlich anstrengender, als Kinder aufzuziehen, und der erwartet, dass zu Hause alle vor ihm kuschen. Er ist der Typ Mensch, dessen Söhne in der Regel von zu Hause weglaufen, sobald sie ihre ersten Schritte tun können.

2. Wenn die Ehefrau eine spitze Zunge und den Märtyrerkomplex hat, als wäre sie die einzige Frau auf der Welt, die je ein Kind bekommen hat. Das ist vielleicht das tristeste Zuhause von allen.

3. Wo die Kinder ununterbrochen zu hören bekommen, wie nett es von ihren Eltern war, sie auf die Welt zu bringen, und wie viel Achtung sie ihnen schulden, dass diese 1870 und nicht 1902 geboren sind.

4. Wo sich alles nur um die Kinder dreht. Wo die Eltern viel mehr Geld für die Ausbildung der Kinder ausgeben, als sie sich leisten können, und sie ohne Maß und Ziel verwöhnen. Das endet meistens damit, dass die Kinder sich ihrer Eltern schämen.

Und dennoch glaube ich, dass die Ehe die befriedigendste Institution ist, die wir haben. Ich denke lediglich, dass das Leben, nachdem es uns für seine Zwecke benutzt hat, uns ohne unsere anziehenden Eigenschaften und stattdessen mit gravitätischen, aber oberflächlichen Vorstellungen von der eigenen Weisheit und »Erfahrung« zurücklässt.

Unnötig, das gewaltige Tarnmanöver zu erwähnen, das von den Alten inszeniert wird. Da sie die Welt regieren, muss der Umstand verschleiert werden, dass nur junge Leute attraktiv oder interessant sind.

Nachdem ich es mir nun mit vielen Lesern verdorben habe, will ich zum Ende kommen. Wenn Sie in verschiedenen unwesentlichen Punkten nicht meiner Meinung sind, steht es Ihnen frei zu sagen: »Herrje! Ist der unreif!«, und sich mit etwas anderem zu befassen. Ich persönlich halte mich nicht für unreif, weil ich nicht wüsste, wie jemand in meinem Alter unreif sein könnte. Vor einigen Monaten zum Beispiel las ich einen Artikel in dieser Zeitschrift von einem Burschen namens Ring Lardner, und in dem Artikel hieß es, er sei fünfunddreißig, und ich dachte mir, wie jung und glücklich und sorglos er mir erschien, verglichen mit mir selbst.

Vielleicht ist auch er verletzlich. Er hat nichts davon geschrieben. Vielleicht weiß man nicht mehr, wie verletzlich man ist, wenn man erst einmal fünfunddreißig ist. Ich kann nur sagen: Falls er jemals wieder fünfundzwanzig werden sollte, was höchst unwahrscheinlich ist, dann wird er mir vielleicht zustimmen. Je älter ich werde, desto stärker wird der Eindruck, dass ich gar nichts mehr weiß. Hätte man mich vor etwa fünf Jahren beauftragt, diesen Artikel zu schreiben, dann wäre vielleicht etwas Lesenswertes dabei herausgekommen.

Wie man 36 000 Dollar im Jahr verprassen kann

ie sollten langsam zu sparen anfangen«, versicherte mir erst neulich jemand vom Typus »junger Mann mit Zukunftsaussichten«. »Sie denken, es wäre schick, dass Sie Ihr ganzes Geld ausgeben. Aber irgendwann landen Sie im Armenhaus.«

Er ging mir auf die Nerven, aber ich wusste, dass ich keine Chance hatte, seinen Ratschlägen zu entgehen, und deshalb fragte ich ihn, was ich seiner Meinung nach tun sollte.

»Das ist ganz einfach«, antwortete er irritiert. »Sie müssen nur einen Treuhandfonds einrichten, auf den Sie keinen Zugriff haben.«

Das war mir nicht neu. Es war Trick Nummer 999. Mit Trick Nummer 1 hatte ich es vor vier Jahren am Anfang meiner literarischen Laufbahn probiert. Einen Monat, bevor ich heiratete, hatte ich den Rat eines Börsenmaklers eingeholt, wie ich etwas Geld anlegen könnte.

»Es sind nur tausend Dollar«, hatte ich eingeräumt, »aber ich habe das Gefühl, dass ich endlich zu sparen anfangen sollte.«

Er dachte nach.

»Liberty Bonds sind nicht das, was Sie suchen«, sagte er. »Die kann man zu leicht einlösen. Sie suchen eine gute, zuverlässige und solide Geldanlage, die sich nicht im Handumdrehen in Bargeld umwandeln lässt.«

Zu guter Letzt wählte er Wertpapiere für mich aus, die sieben Prozent Zinsen einbrachten und nicht an der Börse gehandelt wurden. Ich zahlte meine tausend Dollar ein, und am selben Tag begann meine Karriere als Kapitalist.

Sie endete auch am selben Tag.

Meine Frau und ich heirateten im Frühjahr 1920 in New York, zu einem Zeitpunkt, als die Preise dort höher waren denn je. Im Lichte späterer Ereignisse erscheint es mir nur folgerichtig, dass unsere eheliche Laufbahn zu genau diesem Zeitpunkt begann. Ich hatte kurz zuvor einen großen Scheck von einer Filmfirma erhalten und betrachtete die Millionäre in ihren Limousinen auf der Fifth Avenue mit einer gewissen Herablassung, weil mein Einkommen sich jeden Monat verdoppelte. Tatsächlich hatte ich im vergangenen August nur fünfunddreißig Dollar verdient, während ich nun im April dreitausend Dollar verdiente – und es sah aus, als würde das für alle Zeiten so weitergehen. Bis zum Jahresende wäre ich bei einer halben Million angekommen. Unter solchen Umständen hielten wir Sparsamkeit für reine Zeitverschwendung. Wir wohnten im teuersten Hotel von New York und wollten dort abwarten, bis sich genug Geld für eine Auslandreise angesammelt hätte.

Kurz und gut, nach drei Monaten Eheleben stellte ich eines Tages entsetzt fest, dass ich keinen Dollar in der Tasche hatte und dass die wöchentliche Hotelrechnung über zweihundert Dollar am nächsten Tag fällig war.

Ich entsinne mich der gemischten Gefühle, mit denen ich nach dieser Nachricht die Bank verließ.

»Was ist los?«, fragte meine Frau besorgt, als ich zu ihr auf den Gehsteig trat. »Du siehst niedergeschlagen aus.«

»Ich bin nicht niedergeschlagen«, antwortete ich munter, »ich bin nur verblüfft. Wir haben kein Geld mehr.«

»Wir haben kein Geld mehr«, wiederholte sie gelassen, und dann gingen wir die Avenue wie in Trance entlang. »Komm, lass uns ins Kino gehen«, schlug sie fröhlich vor.

Alles war so friedlich verlaufen, dass ich kein bisschen betrübt war. Der Kassierer hatte nicht einmal die Stirn gerunzelt. Ich war in die Bank gegangen, hatte ihn gefragt: »Wie viel Geld habe ich?«, und er hatte in einem großen Buch nachgesehen und geantwortet: »Keines.«

Das war alles. Keine Schimpftiraden, keine Schläge. Und ich wusste, dass wir uns keine Sorgen machen mussten. Ich war mittlerweile ein erfolgreicher Schriftsteller, und wenn erfolgreichen Schriftstellern das Geld ausgeht, müssen sie lediglich Schecks ausstellen. Ich war nicht arm – das konnte mir niemand weismachen. Armut bedeutet, traurig zu sein, in einem abgelegenen Zimmerchen zu hausen und in einem Imbiss an der Ecke zu essen, während ich – du lieber Himmel, völlig undenkbar, dass ich arm sein sollte! Ich wohnte schließlich im besten Hotel von New York!

Mein erster Schritt war der Versuch, meinen einzigen Besitz zu verkaufen, meine Tausend-Dollar-Aktie. Es war der erste von vielen fruchtlosen Versuchen. In jeder finanziellen Krise holte ich sie hervor und trug sie hoffnungsfroh zur Bank in der Annahme, dass sie im Lauf der Zeit einen greifbaren Wert erlangt haben musste, wenn sie ihre

Zinsen so zuverlässig erwirtschaftete. Doch da es mir nie gelungen ist, sie zu verkaufen, hat sie nach und nach den weihevollen Status eines Familienerbstücks erhalten. Meine Frau bezeichnet sie immer als »deine Aktie«, und einmal wurde sie im Fundbüro abgegeben, als ich sie in der Subway auf dem Sitz liegengelassen hatte!

Die oben erwähnte Krise war am Morgen darauf vorbei, als mir einfiel, dass Verleger bisweilen Vorschüsse auf Honorare zahlen, und ich mich stehenden Fußes zu meinem begab. Ich lernte also aus der Krise nichts weiter, als dass Geld sich immer irgendwie auftreiben lässt, wenn man es braucht, und dass man sich schlimmstenfalls welches leihen kann – eine Erkenntnis, bei der Benjamin Franklin sich im Grab umdrehen würde.

In den ersten drei Jahren unserer Ehe betrug unser Einkommen durchschnittlich etwas über zwanzigtausend Dollar im Jahr. Wir leisteten uns den Luxus eines Babys und einer Europareise, doch das Geld schien immer leichter und müheloser in unsere Taschen zu fließen, bis wir den Eindruck hatten, dass wir uns mit nur noch ein wenig mehr finanziellem Spielraum bald ans Sparen machen könnten.

Wir zogen aus dem Mittleren Westen in eine Stadt ungefähr fünfzehn Meilen von New York entfernt und mieteten dort ein Haus für dreihundert Dollar im Monat. Wir stellten ein Kindermädchen für neunzig Dollar im Monat an, ein Ehepaar, das als Butler, Fahrer, Hausknecht, Köchin, Hausmädchen und Kammerzofe fungierte, für hundertsechzig Dollar im Monat und eine Wäscherin, die zweimal wöchentlich kam, für sechsunddreißig Dollar im Monat. In diesem Jahr 1923, so versicherten wir einander, würden wir ernsthaft zu sparen anfangen. Wir würden vierundzwanzigtausend Dollar verdienen, von achtzehntausend Dollar leben und sechstausend Dollar beiseitelegen, um einen ruhigen und gesicherten Lebensabend zu finanzieren. Endlich würden wir vernünftig sein.

Nun ist es kein Geheimnis, dass jeder, der endlich vernünftig sein will, als Erstes ein Haushaltsbuch ersteht und den eigenen Namen in Großbuchstaben auf die Vorderseite schreibt. Folglich erstand meine Frau ein solches Buch, und jede Rechnung, die wir erhielten, wurde akkurat darin eingetragen, damit wir unsere Lebenshaltungskosten überwachen und bis auf ein Minimum senken konnten – wenigstens bis zum Betrag von eineinhalbtausend Dollar im Monat.

Aber wir hatten die Rechnung ohne unsere Stadt gemacht. Sie ist eine der Städte, die rings um New York allenthalben aus dem Boden sprießen, eigens für Leute, die unversehens zu Geld gekommen sind und vorher nie welches hatten.

Meine Frau und ich gehören selbstverständlich zu dieser Klasse der Neureichen. Anders gesagt hatten wir vor fünf Jahren kein bisschen Geld, und was wir heute verschleudern, wäre uns damals als märchenhafter Reichtum erschienen. Bisweilen plagt mich der Argwohn, dass wir die einzigen Neureichen in ganz Amerika sind, dass wir tatsächlich genau das Ehepaar sind, auf das die vielen Zeitungsartikel über Neureiche gemünzt sind.

Wenn man von Neureichen spricht, denkt man an einen korpulenten Mann mittleren Alters, der dazu neigt, bei förmlichen Einladungen den Kragen abzuknöpfen, und dem seine ehrgeizige Ehefrau und deren adelige Freunde das Leben zur Hölle machen. Als Mitglied dieser Gesellschaftsschicht kann ich Ihnen versichern, dass dieses Bild eine böswillige Karikatur ist. Ich zum Beispiel bin ein sanftmütiger, leicht überarbeiteter junger Mann von siebenundzwanzig Jahren, und eine eventuelle Korpulenz geht bisher nur meinen Schneider und mich etwas an. Einmal haben wir mit einem echten Adeligen gespeist, doch wir waren beide viel zu eingeschüchtert, um unsere Kragen abzuknöpfen oder auch nur Corned Beef und Kohl zu verlangen. Davon abgesehen wohnen wir in einer Stadt, die sich ganz besonders dazu eignet, das Geld in Umlauf zu halten.

Als wir vor einem Jahr herzogen, gab es alles in allem sieben Lebensmittelhändler – drei Gemischtwarenläden, drei Metzger und einen Fischhändler. Als sich jedoch in der Lebensmittelbranche herumsprach, dass die Stadt sich so schnell mit Neureichen füllte, wie Häuser für sie errichtet werden konnten, setzte ein gewaltiger Zustrom von Metzgern, Krämern, Fischhändlern und Feinkosthändlern ein. Täglich trafen sie in ganzen Wagenladungen ein, mit Ladenschildern und Waagen in Händen und mit der Absicht, einen Claim abzustecken und mit Sägemehl zu bestreuen. Es war wie der Goldrush von 1849 oder eines der Boomjahre der Siebziger. Ältere und größere Städte sahen sich ihrer Läden beraubt. Innerhalb eines Jahres hatten achtzehn Lebensmittelhändler an unserer Hauptstraße ihre Zelte aufgeschlagen und lauerten mit verführerischem Sirenenlächeln vor ihren Läden.

Da die früheren sieben Händler uns lange genug übers Ohr gehauen hatten, liefen wir wie ein Mann zu den

Neuen über, die mit großen Zahlen in ihren Schaufenstern die Absicht verkündeten, für Lebensmittel fast nichts zu verlangen. Doch sobald sie uns erst eingefangen hatten, stiegen die Preise geradezu schwindelerregend, bis wir allesamt wie verängstigte Mäuse von einem Neuankömmling zum anderen huschten, auf der aussichtslosen Suche nach Gerechtigkeit.

Natürlich war nichts anderes geschehen, als dass es auf einmal zu viele Händler für die wenigen Einwohner gab. Achtzehn Lebensmittelhändler konnten unmöglich von uns leben und moderate Preise verlangen. Deshalb wartete jeder von ihnen darauf, dass die anderen klein beigaben und wegzogen; unterdessen konnten die übrigen ihre Bankkredite nur tilgen, wenn sie ihre Waren für den doppelten bis dreifachen Preis dessen verkauften, was in der nächsten, fünfzehn Meilen entfernten Stadt verlangt wurde. So kam es, dass unsere Stadt zum kostspieligsten Pflaster der Welt wurde.

In Zeitschriftenartikeln schließen sich die Leute immer zu Kooperativen zusammen, die ihre eigenen Läden aufmachen, aber so ein Schritt war für uns alle ausgeschlossen. Er hätte unser Ansehen bei unseren Nachbarn ruiniert und ihnen Grund zu der Vermutung gegeben, dass Geld uns etwas bedeutete. Als ich eines Tages einer wohlhabenden Dame unserer Stadt – deren Ehemann nebenbei durch den Verkauf illegaler Flüssigkeiten sein Vermögen gemacht haben soll – erklärte, ich beabsichtige, einen Genossenschaftsladen zu eröffnen, den ich »F. Scott Fitzgerald – Frischfleisch« nennen wolle, war sie außer sich vor Entsetzen, und ich gab das Vorhaben auf.

Doch unabhängig von der Lebensmittelsituation begannen wir das Jahr mit hochfliegenden Hoffnungen. Mein erstes Theaterstück sollte im Herbst aufgeführt werden, und selbst wenn das Leben im Osten unsere Ausgaben auf etwas mehr als eintausendfünfhundert Dollar im Monat hochschraubte, würde das Theaterstück diese Mehrausgaben locker wettmachen. Wir wussten, welche Riesensummen mit Theatertantiemen verdient wurden, und nur um sicherzugehen, erkundigten wir uns bei verschiedenen Dramatikern, wie viel Geld maximal zu erwarten war, wenn ein Stück ein Jahr lang gespielt wurde. Milchmädchenrechnungen waren noch nie meine Sache. Ich veranschlagte eine Summe in der Mitte zwischen Maximum und Minimum als den Betrag, mit dem wir fest rechnen konnten. Ich glaube, meine Berechnungen ergaben an die hunderttausend Dollar.

Es war ein schönes Jahr; wir konnten uns immer wieder auf das herrliche bevorstehende Ereignis meiner Theaterpremiere freuen. Wenn das Stück ein Erfolg wäre, könnten wir ein Haus kaufen, und dann wäre das Sparen ein Kinderspiel, das wir blind und mit auf den Rücken gebundenen Händen meistern würden.

Wie als Vorgeschmack hatten wir im März einen unverhofften kleinen Geldsegen aus Filmrechten, und fast zum ersten Mal in unserem Leben hatten wir genug Geld übrig, um ein paar Wertpapiere zu kaufen. Natürlich hatten wir »meine« Aktie, und jedes halbe Jahr schnitt ich den kleinen Coupon ab und löste ihn ein, doch wir waren so daran gewöhnt, dass wir das nie für Geld hielten. Es war nur eine Warnung, Geld niemals so anzulegen, dass man in Zeiten der Bedürftigkeit nicht darauf zurückgreifen konnte.

Nein, die einzig sinnvolle Geldanlage waren Liberty Bonds, und wir kauften vier dieser Aktien. Das war sehr aufregend. Ich stieg in ein funkelndes und eindrucksvolles unterirdisches Gewölbe hinunter und hinterlegte unter Aufsicht eines Aufpassers meine viertausend Dollar in Liberty Bonds sowie »meine« Aktie in einer kleinen Blechkiste, zu der nur ich den Schlüssel hatte.

Ich verließ die Bank mit einem entschieden kreditwürdigen Gefühl. Endlich hatte ich Kapital angehäuft – nicht im wörtlichen Sinn, aber es war vorhanden, und wäre ich am nächsten Tag tot umgefallen, hätte es für meine Frau künftig zweihundertzwölf Dollar im Jahr abgeworfen, jedenfalls so lange, wie sie von diesem Betrag zu leben gewillt gewesen wäre.

Das, sagte ich mir nicht ohne eine gewisse Befriedigung, ist es, was man darunter versteht, für Frau und Kinder zu sorgen. Jetzt muss ich nur noch die hunderttausend Dollar Tantiemen anlegen, und dann haben wir für alle Zeiten ausgesorgt.

Ich merkte, dass ich mir von da an zunehmend weniger Gedanken über die täglichen Ausgaben machte. Was konnte es schon ausmachen, wenn wir ab und zu ein paar hundert Dollar zu viel ausgaben? Was konnte es schon ausmachen, wenn unsere Lebensmittelrechnungen unerklärliche Schwankungen zwischen fünfundachtzig und hundertfünfundsechzig Dollar im Monat aufwiesen, je nachdem wie viel Aufmerksamkeit wir der Küche widmeten? Hatte ich etwa keine Aktien auf der Bank? Beim gegenwärtigen

Stand der Dinge wäre es bloße Pfennigfuchserei gewesen, die monatlichen Ausgaben unter eintausendfünfhundert Dollar drücken zu wollen. Wir würden bald in einem Maßstab Geld sparen, dass solche albernen Sparversuche sich daneben geradezu schäbig ausnehmen mussten.

Die Coupons von »meiner« Aktie werden immer zu einem Büro am Lower Broadway geschickt. Wohin die Coupons von Liberty Bonds geschickt werden, konnte ich leider nie herausfinden, weil ich nie das Vergnügen hatte, welche abzutrennen. Zwei der Aktien musste ich zu meinem Bedauern veräußern, nachdem ich sie einen Monat zuvor deponiert hatte. Ich hatte nämlich einen neuen Roman zu schreiben begonnen und mir gedacht, dass es letzten Endes viel klüger wäre, den Roman nicht zu unterbrechen und von den Liberty Bonds zu leben, solange ich an ihm schrieb. Leider ging es mit dem Roman nur zäh voran, während die Liberty Bonds mit rasender Geschwindigkeit dahinschmolzen. Bei jedem Geräusch im Haus, das lauter war als ein Flüstern, kam der Roman zum Erliegen, während die Liberty Bonds keinen Stillstand kannten.

Und auch der Sommer schwand dahin. Es war ein wundervoller Sommer, und viele weltmüde New Yorker gewöhnten sich daran, das Wochenende auf dem Land bei den Fitzgeralds zu verbringen. Gegen Ende eines linden und hinterlistigen Monats August wurde mir voller Schrecken bewusst, dass ich erst drei Kapitel meines Romans vollendet hatte – und dass in der kleinen Blechkiste im Banktresor nur »meine« Aktie übrig war. Dort lag sie und warf das Geld für ihre Aufbewahrung und ein paar Dollar mehr ab. Aber egal; bald genug würde die Kiste vor Ersparnissen überquellen. Ich würde nebenan eine zweite mieten müssen.

Die Proben für das Stück würden in zwei Monaten beginnen. Um die Zwischenzeit zu überbrücken, hatte ich zwei Möglichkeiten: mich hinsetzen und ein paar Kurzgeschichten schreiben oder an dem Roman weiterarbeiten und das Geld für den Lebensunterhalt borgen. Durch unsere optimistischen Zukunftsträume in ein Gefühl der Sicherheit versetzt, entschied ich mich für Letzteres, und meine Verleger liehen mir genug Geld, dass ich bis zum Premierenabend meine Rechnungen bezahlen konnte.

Ich setzte mich also wieder an meinen Roman, und die Monate vergingen, und das Geld schmolz dahin; doch eines Morgens im Oktober saß ich im kalten Zuschauerraum eines New Yorker Theaters und hörte die Schauspieler den ersten Akt meines Stücks lesen. Es war großartig; meine Kalkulationen waren zu bescheiden gewesen. Ich konnte schon fast hören, wie das Publikum sich um Plätze balgte, wie die Geisterstimmen der Filmmagnaten um die Filmrechte wetteiferten. Der Roman wurde zur Seite gelegt; ich verbrachte meine Tage im Theater und meine Nächte damit, die zwei, drei Schwachstellen des Stücks, das der größte Erfolg des Jahres sein würde, auszubessern.

Der Zeitpunkt rückte näher, und das Leben wurde immer atemloser. Die Novemberrechnungen kamen, wurden mit einem flüchtigen Blick bedacht und auf den Stapel Rechnungen im Bücherregal gelegt. Wichtigere Fragen lagen in der Luft. Ein verärgerter Verleger schrieb mir, dass ich das ganze Jahr über nur zwei Kurzgeschichten geschrieben hätte. Aber was machte das schon aus? Wirklich wichtig war, dass der Darsteller der zweiten komischen Rolle die Worte seines Abgangs im ersten Akt falsch betonte.

Das Stück hatte im November in Atlantic City Premiere. Es wurde zutiefst eisig aufgenommen. Zuschauer standen auf und gingen, andere raschelten mit dem Programm und unterhielten sich gelangweilt und irritiert in lautem Flüsterton. Nach dem zweiten Akt hätte ich die Aufführung am liebsten abgebrochen und erklärt, es sei alles ein Missverständnis, doch die Darsteller mühten sich heroisch bis zum Ende durch.

Eine Woche fruchtlosen Herumdokterns und Umschreibens folgte, dann gaben wir auf und gingen nach Hause. Zu meinem ungläubigen Erstaunen war das Jahr, das große Jahr, fast vorbei. Ich hatte fünftausend Dollar Schulden und zog ernsthaft in Erwägung, in Kontakt zu einem anständigen Armenhaus zu treten, wo wir für so gut wie kein Geld ein Schlafzimmer und ein Badezimmer mieten konnten. Doch einen Triumph konnte uns niemand nehmen. Wir hatten sechsunddreißigtausend Dollar ausgegeben und für ein Jahr das Recht erkauft, Mitglieder der Klasse der Neureichen zu sein. Was kann man für sein Geld mehr verlangen?

Der erste Schritt bestand natürlich darin, »meine« Aktie hervorzuholen, sie zur Bank zu bringen und zum Verkauf anzubieten. Ein sehr netter alter Mann an einem spiegelglatten Tisch zeigte sich unerbittlich, was ihren Wert als Sicherheit betraf, bot mir aber an, mich anzurufen, sobald ich mein Konto überzöge, damit ich für Deckung sorgen konnte. Nein, er gehe nie mit Kontoinhabern zum

Lunch. Schriftsteller hielt er, wie er sagte, für ein zielloses Völkchen, und er versicherte mir, dass die ganze Bank vom Keller bis zum Dach hundertprozentig einbruchsicher sei.

Ich war so entmutigt, dass ich die Aktie nicht einmal in die gähnend leere Kiste zurücklegte; ich steckte sie mit düsterer Miene ein und ging nach Hause. Es gab keinen anderen Ausweg – ich musste mir Arbeit suchen. Ich hatte meine Geldquellen erschöpft, und Arbeit war die einzige Abhilfe. Im Zug notierte ich alle Besitztümer, die wir notfalls beleihen konnten. Hier ist die Liste:

1 Ölofen, beschädigt
9 elektrische Lampen jeder Art
2 Bücherregale mit entsprechenden Büchern
1 Zigarettenhumidor, angefertigt von einem
    Gefangenen
2 gerahmte Bleistiftporträts von meiner Frau und mir
1 Mittelklassewagen von 1921
1 Aktie, Kaufwert 1000 Dollar, gegenwärtiger Wert
    unbekannt

»Lass uns gleich mit dem Sparen anfangen« waren die Worte, mit denen meine Frau mich zu Hause empfing. »Es gibt einen neuen Lebensmittelhändler, wo man bar bezahlt und alles halb so teuer ist wie in den anderen Läden. Ich kann jeden Vormittag mit dem Wagen hinfahren und –«

»Bar!« Ich musste lachen. »Bar!«

Eine Sache war in unserer Lage völlig ausgeschlossen:

bar zu bezahlen. Dafür war es zu spät. Wir hatten kein Bargeld, mit dem wir hätten zahlen können. Eher hätten wir Metzger und Krämer auf den Knien dafür danken müssen, dass sie uns auf Pump einkaufen ließen. Ein überwältigender wirtschaftlicher Sachverhalt wurde mir in diesem Augenblick klar – die Seltenheit von Bargeld und die Wahlmöglichkeiten, die Bargeld einem erlaubt.

»Nun ja«, sagte meine Frau nachdenklich, »das ist Pech. Aber drei Hausangestellte brauchen wir nicht. Wir besorgen uns einen Japaner, der die Hausarbeit macht, und ich übernehme die Arbeit des Kindermädchens, bis du uns aus dem Gröbsten rausmanövriert haben wirst.«

»Wir sollen sie entlassen?«, fragte ich ungläubig. »Aber das können wir nicht! Wir müssten jedem von ihnen zwei Wochenlöhne zusätzlich zahlen. Wenn wir sie loswerden wollten, würde uns das hundertfünfundzwanzig Dollar kosten – in bar! Außerdem ist es nett, einen Butler zu haben; wenn alle Stricke reißen, können wir ihn nach New York schicken, wo er ein bisschen Geld für uns verdienen kann.«

»Und wie sollen wir dann sparsamer leben?«

»Gar nicht. Wir sind zu arm, um zu sparen. Sparsamkeit ist Luxus. Letzten Sommer hätten wir sparen können, doch jetzt liegt unsere einzige Rettung im Geldausgeben.«

»Wie wäre es mit einem kleineren Haus?«

»Unmöglich! Umzüge sind kostspieliger als alles andere; außerdem könnte ich mich bei so viel Unruhe nicht konzentrieren. Nein«, fuhr ich fort, »ich muss uns auf die einzige Weise, von der ich etwas verstehe, aus diesem Schlamassel befreien, nämlich indem ich mehr Geld verdiene. Und wenn wir etwas Geld auf der Bank haben, können wir überlegen, wie es weitergehen soll.«

Über unserer Garage gibt es ein großes leeres Zimmer, wohin ich mich mit Bleistift, Papier und Ölofen zurückzog, und um fünf Uhr am nächsten Nachmittag kehrte ich mit einer Geschichte von siebentausend Wörtern zurück. Das war nicht schlecht; die Geschichte würde die Miete und die überfälligen Rechnungen aus dem Vormonat begleichen. Es dauerte fünf Wochen à zwölf Stunden täglich, aus abgrundtiefer Armut wieder in die Mittelschicht aufzusteigen, doch nach dieser Frist hatten wir unsere Schulden getilgt, und die schlimmsten Sorgen waren gebannt.

Ich war jedoch mit dem Verlauf der ganzen Geschichte nicht sonderlich zufrieden. Ein junger Mann kann wie ein Wahnsinniger arbeiten, ohne sich die Gesundheit zu ruinieren, aber leider ist Jugend kein Dauerzustand.

Ich wollte herausfinden, was mit den sechsunddreißigtausend Dollar passiert war. Sechsunddreißigtausend Dollar sind kein sagenhafter Schatz – keine Yacht, kein Palm Beach –, aber sie sind eine Summe, mit der man sich meiner Ansicht nach ein geräumiges Haus voller Möbel, einmal im Jahr eine Reise nach Europa und daneben ein, zwei Aktien leisten können müsste. Doch mit unseren sechsunddreißigtausend Dollar hatten wir uns nichts dergleichen geleistet.

Ich förderte also meine diversen Haushaltsbücher zutage, meine Frau förderte ihre gesammelten Haushaltsaufzeichnungen aus dem Jahr 1923 zutage, und wir errechneten unsere durchschnittlichen monatlichen Ausgaben. Hier das Ergebnis:

Haushaltsausgaben

	monatlich
Einkommensteuer	198,– Dollar
Lebensmittel	202,–
Miete	300,–
Kohle, Holz, Eis, Gas, Licht, Telefon, Wasser	114,50
Hausangestellte	295,–
Golfclub	105,50
Kleidung für drei Personen	158,–
Arzt und Zahnarzt	42,50
Medikamente und Zigaretten	32,50
Automobil	25,–
Bücher	14,50
Anderweitige Haushaltsausgaben	112,50
Summe	1600,–

»Na, wer sagt es denn?«, meinten wir, als wir bis dahin gelangt waren. »Manche Posten sind ziemlich teuer, vor allem Lebensmittel und Hausangestellte. Aber alles ist erfasst, und es macht nur unwesentlich mehr als die Hälfte unseres Einkommens aus.«

Dann rechneten wir die durchschnittlichen monatlichen Ausgaben für Vergnügungen oder Unterhaltung aus.

Hotelrechnungen – Übernachtungen oder Essen in New York	51, –
Reisen – nur zwei, aber durch zwölf geteilt	43, –
Theaterkarten	55, –
Barbier und Friseur	25,–

Wohltätigkeit, Kredite	15,–
Taxi	15,–
Glücksspiel – diese finstere Abteilung umfasst Bridge, Würfeln und Footballwetten	33,–
Restauranteinladungen	70,–
Unterhaltung	70,–
Verschiedenes	23,–
Summe	400,–

Manche dieser Posten waren ziemlich teuer, aber Leuten aus dem Westen werden sie teurer vorkommen als Leuten aus New York. Fünfundfünfzig Dollar für Theaterkarten entspricht zwischen drei und fünf Theaterbesuchen im Monat, abhängig von der Art der Darbietung und davon, wie lange sie schon läuft. Footballspiele zählen ebenso dazu wie Sitze am Ring für den Kampf zwischen Dempsey und Firpo. Was den Betrag für Restauranteinladungen betrifft, kann man mit siebzig Dollar vielleicht drei Paare in ein volkstümliches Kabarett ausführen, aber große Sprünge lassen sich damit nicht machen.

Wir addierten die Vergnügungsposten zu den Haushaltsposten und hatten unseren monatlichen Gesamtbetrag.

»Sehr gut«, sagte ich. »Genau dreitausend Dollar. Jetzt wissen wir wenigstens, wo wir sparen müssen, weil wir wissen, wofür wir das Geld ausgeben.«

Meine Frau runzelte die Stirn; dann nahm ihr Gesicht einen ratlosen, erschrockenen Ausdruck an.

»Was ist los?«, fragte ich. »Stimmt etwas nicht? Stimmen irgendwelche Posten nicht?«

»Es sind nicht die Posten«, sagte sie stockend, »es ist die Summe. Es sind nur zweitausend Dollar im Monat.«

Ich wollte es nicht glauben, aber sie nickte.

»Überleg doch mal«, widersprach ich, »aus meinen Kontoauszügen geht hervor, dass wir dreitausend Dollar monatlich ausgegeben haben. Du willst doch nicht behaupten, dass uns jeden Monat tausend Dollar durch die Finger rinnen?«

»Aber die Ausgaben ergeben nur zweitausend Dollar«, widersprach sie, »also muss es so gewesen sein.«

»Gib mir den Stift.«

Eine Stunde lang beschäftigte ich mich schweigend mit den Aufstellungen, doch vergebens.

»Das ist ja nicht zu fassen!«, sagte ich ungläubig. »Man kann doch nicht zwölftausend Dollar im Jahr verlieren. Aber – das Geld ist weg.«

Es klingelte an der Tür, und ich ging öffnen, noch immer ganz benommen von diesen Zahlen. Es waren die Banklands, unsere Nachbarn von gegenüber.

»Großer Gott!«, verkündete ich. »Wir haben eben zwölftausend Dollar verloren!«

Bankland trat schnell einen Schritt zurück.

»Einbrecher?«, fragte er.

»Geister«, antwortete meine Frau.

Mrs. Bankland sah sich nervös um.

»Wirklich?«

Wir erklärten die Situation, das rätselhafte Drittel unserer Einkünfte, das sich in Luft aufgelöst hatte.

»Also wir machen Folgendes«, sagte Mrs. Bankland. »Wir haben ein Budget.«

»Wir haben ein Budget«, wiederholte Bankland, »und das halten wir peinlich genau ein. Der Himmel kann einstürzen, aber unser Budget wird nicht überschritten. Das ist die einzige Chance, vernünftig zu leben und Geld zu sparen.«

»Das sollten wir auch tun«, sagte ich zustimmend.

Mrs. Bankland nickte begeistert.

»Es ist eine großartige Einrichtung«, fuhr sie fort. »Wir setzen jeden Monat einen bestimmten Betrag fest, und über alles, was ich spare, kann ich frei verfügen – ich kann damit machen, was ich will.«

Ich sah, dass meine eigene Frau lebhafter wurde.

»Das will ich auch«, rief sie plötzlich. »Ich will ein Budget haben. Jeder vernünftige Mensch hat ein Budget.«

»Mir tut jeder leid, der dieses System nicht benutzt«, sagte Bankland feierlich. »Denken Sie an den Nebeneffekt des Sparens – das zusätzliche Geld, das meiner Frau für Kleider zur Verfügung steht.«

»Wie viel haben Sie bisher gespart?«, fragte meine Frau neugierig Mrs. Bankland.

»Bisher?«, wiederholte Mrs. Bankland. »Oh, das war noch nicht möglich. Wir haben erst gestern mit dem System angefangen.«

»Gestern!«, riefen wir.

»Ja, gestern«, sagte Bankland finster. »Aber ich wünschte weiß Gott, ich hätte vor einem Jahr damit angefangen. Ich habe die ganze Woche über unseren Ausgaben gebrütet, und stellen Sie sich vor, Fitzgerald, jeden Monat fehlen zweitausend Dollar, und ich kann mir den Betrag partout nicht erklären.«

Unsere Geldsorgen gehören inzwischen zur Vergangenheit. Wir haben uns für alle Zeiten aus der Klasse der Neureichen verabschiedet und haben das Budgetverfahren eingeführt. Es ist einfach und vernünftig, und ich kann es Ihnen in wenigen Worten erklären. Betrachten Sie Ihr Einkommen als einen riesigen Kuchen, der in Scheiben zerteilt ist; jede Scheibe steht für eine Art von Ausgaben. Alle nur denkbaren Ausgaben sind vorgesehen, und so weiß man, welcher Teil des Einkommens auf jede Scheibe entfällt. Es gibt sogar eine Scheibe für die Gründung von Universitäten, falls einem der Sinn nach so etwas stehen sollte.

Beispielsweise wird der Betrag, den man für Theaterkarten ausgibt, auf die Hälfte dessen veranschlagt, was man für den Drugstore benötigt. Das wird uns erlauben, alle fünfeinhalb Monate eine Aufführung zu sehen oder zweieinhalb Aufführungen im Jahr. Die erste haben wir schon ausgesucht, und wenn sie in fünfeinhalb Monaten nicht mehr auf dem Spielplan steht, dann haben wir schon wieder Geld gespart. Unser Budget für Zeitungen soll nicht mehr als ein Viertel dessen ausmachen, was wir auf Weiterbildung verwenden, und wir überlegen, ob wir einmal im Monat eine Sonntagszeitung kaufen oder ein Jahrbuch subskribieren sollen.

Das Budget erlaubt uns nur drei Viertel eines Hausangestellten, und deshalb sind wir auf der Suche nach einem einbeinigen Koch, der sechsmal in der Woche kommen kann. Allem Anschein nach lebt der Verfasser des Budgetbuchs in einer Stadt, in der man heute noch für fünf Cent ins Kino gehen kann und für zehn Cent rasiert wird. Aber wir werden die Ausgaben für »Auslandsmissionen usw.« streichen und das Geld der Welt des Verbrechens zukommen lassen. Alles in allem und wenn man davon absieht, dass keine Scheibe für die Rubrik »verschwunden« vorgesehen ist, scheint das Buch alle Eventualitäten zu berücksichtigen, und wenn man den Stimmen glauben will, die auf den hinteren Seiten abgedruckt sind, haben wir gute Aussichten, mindestens fünfunddreißigtausend Dollar zu sparen, wenn wir dieses Jahr wieder sechsunddreißigtausend Dollar verdienen.

»Aber die ersten sechsunddreißigtausend sind und bleiben verschwunden«, beschwerte ich mich, an niemand Bestimmtes gewandt. »Wenn wir wenigstens irgendetwas damit erworben hätten, käme es einem weniger absurd vor.«

Meine Frau dachte lange nach.

»Das Einzige, was du tun kannst«, sagte sie zuletzt, »ist einen Artikel für eine Zeitschrift schreiben und ihn ›Wie man sechsunddreißigtausend Dollar im Jahr verprassen kann‹ nennen.«

»Was für ein alberner Vorschlag!«, erwiderte ich frostig.

Wie man mit fast nichts über die Runden kommt

I

In Ordnung«, sagte ich freudig, »und wie viel macht das für den ganzen Monat?«

»Zweitausenddreihundertzwanzig Dollar und zweiundachtzig Cent.«

Es war der fünfte von fünf langen Monaten, in denen wir mit jedem uns bekannten Mittel versucht hatten, die Ziffer unserer Ausgaben in eine sichere Zone unterhalb der Ziffer unserer Einkünfte zu bugsieren. Es war uns gelungen, weniger Kleider zu kaufen, weniger Lebensmittel und weniger Luxusgüter – kurzum, uns war alles gelungen, nur nicht, Geld zu sparen.

»Lass es uns aufgeben«, sagte meine Frau missmutig. »Sieh nur, schon wieder eine Rechnung, die ich noch gar nicht geöffnet habe.«

»Das ist keine Rechnung – die Briefmarke ist französisch.«

Es war ein Brief. Ich las ihn laut vor, und als ich fertig war, sahen wir einander aufgeregt und erwartungsvoll an.

»Ich kann nicht verstehen, warum nicht alle hierherkommen«, stand in dem Brief. »Ich schreibe dies aus einem kleinen französischen Gasthof, wo ich soeben wie ein

König gespeist und das Ganze üppig mit Champagner begossen habe und das für den lächerlichen Betrag von einundsechzig Cent. Das Leben hier kostet ungefähr ein Zehntel. Von da, wo ich sitze, sehe ich, wie sich die dunstigen Alpengipfel hinter einer Stadt erheben, die schon alt war, bevor Alexander der Große geboren wurde…«

Als wir den Brief zum dritten Mal gelesen hatten, saßen wir im Auto und waren auf dem Weg nach New York. Als wir eine halbe Stunde später das Büro der Dampfschiffgesellschaft enterten und dabei ein Rollpult umwarfen und einen Büroboten an die Wand drückten, blickte der Verkäufer dann doch etwas überrascht auf.

»Sagen Sie nichts«, sagte er. »Sie sind heute die Zwölften, und ich weiß Bescheid. Ein Freund in Europa hat Ihnen geschrieben, wie billig es dort ist, und Sie wollen auf der Stelle hinfahren. Wie viele?«

»Ein Kind«, sagten wir atemlos.

»Gut!«, rief er und fächerte ein Kartenspiel auf seinen Schreibtisch. »Die Karten sagen, dass Sie eine lange, unerwartete Reise antreten, dass Krankheiten auf Sie zukommen und dass Sie bald zahlreichen dunklen Männern und Frauen begegnen werden, die nichts Gutes im Schilde führen.«

Als wir ihn aus dem Fenster bugsierten, schwebte seine Stimme von irgendwo zwischen dem sechzehnten Stock und der Straße zu uns herauf: »Sie reisen morgen in einer Woche ab.«

II

Wenn eine Familie ins Ausland geht, um zu sparen, dann fährt sie nicht zur British Empire Exposition in Wembley oder zu den Olympischen Spielen – ehrlich gesagt fährt sie weder nach London noch nach Paris, sondern sie macht, dass sie zur Riviera kommt, der Südküste Frankreichs, die den Ruf genießt, der billigste und zudem schönste Aufenthaltsort der Welt zu sein. Und wir fuhren *außerhalb der Saison* hin, was so ähnlich ist, als würde man im Juli nach Palm Beach fahren. Wenn im späten Frühjahr die Saison an der Riviera endet, ziehen alle reichen Briten und Amerikaner nach Deauville und Trouville um, und alle Spielcasinos und eleganten Modistinnen und Juweliere und Taschendiebe brechen ihre Zelte ab und folgen ihrer Beute nach Norden. Sofort fallen die Preise. Die Eingeborenen, die den ganzen Winter von Reis und Fisch gelebt haben, kommen aus ihren Höhlen hervor, leisten sich eine Flasche Rotwein und planschen zur Abwechslung selbst in ihrem blauen Meer herum.

Für zwei bekehrte Verschwender war die Riviera im Sommer genau das Richtige. Wir übereigneten unser Haus der Fürsorge von sechs Immobilienfachleuten und dampften nach Frankreich ab unter dem ohrenbetäubenden Beifall zahlloser Freunde am Kai, die uns beide fleißig zuwinkten, bis wir außer Sichtweite waren.

Uns war, als wären wir noch mal davongekommen – vor der Verschwendungssucht und dem Getöse und allen ausschweifenden Überspanntheiten, die für fünf hektische Jahre den Rahmen unseres Lebens abgegeben hatten, vor den Händlern, die uns aufgelauert hatten, dem Kindermädchen, das uns herumkommandiert hatte, und dem »Paar«, das unseren Haushalt geführt hatte und uns besser kannte, als uns lieb sein konnte. Wir suchten die Alte Welt auf, um einen neuen Rhythmus für unser Leben zu finden, in der ernsthaften Überzeugung, dass wir unser altes Ich für alle Zeiten über Bord geworfen hatten, und mit einem Kapital von nicht viel mehr als siebentausend Dollar.

Eine Woche später weckte uns das Sonnenlicht, das durch hohe französische Fenster fiel. Von draußen hörten wir das klare und laute Hupen fremder Automobile, und uns kam zu Bewusstsein, dass wir in Paris waren. Unsere Kleine saß bereits in ihrem Bettchen und betätigte die Klingeln, mit denen die verschiedenen *fonctionnaires* des Hotels gerufen wurden, als hätte sie beschlossen, den Tag zu beginnen. Und es war ihr Tag, denn wir waren in Paris aus keinem anderen Grund als dem, ein Kindermädchen zu finden.

»*Entrez!*«, riefen wir wie aus einem Mund, als an die Tür geklopft wurde.

Ein gutaussehender Kellner öffnete sie und trat ein, worauf unsere Kleine ihr Klingeln unterbrach und ihn mit merklichem Missfallen betrachtete.

»Iss Mademoiselle draußen, was wartet auf Sie«, bemerkte er.

»Sprechen Sie Französisch«, sagte ich streng. »Wir sprechen hier alle Französisch.«

Er redete eine Zeitlang auf Französisch.

»In Ordnung«, unterbrach ich seinen Redefluss. »Sagen

Sie das jetzt noch einmal langsam auf Englisch; ich bin nicht ganz mitgekommen.«

»Er heißt Entrez«, sagte die Kleine zuvorkommend.

»Von mir aus kann er heißen, wie er will«, sagte ich aufbrausend, »aber sein Französisch kommt mir nicht sehr gut vor.«

Zu guter Letzt fanden wir heraus, dass vor der Tür eine englische Gouvernante wartete, die sich auf unsere Zeitungsannonce hin eingefunden hatte.

»Sagen Sie ihr, dass sie hereinkommen soll.«

Nach kurzer Zeit schlenderte eine große, blasierte Person mit einem Hut aus der Rue de la Paix herein, und wir bemühten uns, möglichst würdevoll auszusehen, was nicht ganz einfach ist, wenn man im Bett sitzt.

»Sie sind Amerikaner?«, sagte sie, während sie sich herablassend und gesittet setzte.

»Ja.«

»Und sie suchen ein Kindermädchen. Ist das das Kind?«

»Ja, Ma'am.«

(Zweifellos eine hochadelige Dame des englischen Hofes in vorübergehend bedrängten finanziellen Verhältnissen, dachten wir.)

»Ich habe ziemlich viel Erfahrung«, sagte sie, marschierte auf unser Kind zu und wollte seine Hand ergreifen, doch erfolglos. »Ich bin sozusagen ein Kindermädchen vom Fach; ich bin eine Dame von Geburt und beklage mich nie.«

»Beklagen worüber?«, fragte meine Frau.

Die Bewerberin wedelte wegwerfend mit der Hand.

»Ach, zum Beispiel über das Essen.«

»Warten Sie«, sagte ich misstrauisch, »bevor wir weiterverhandeln, wüsste ich gern, was Sie bisher verdient haben.«

»Für Sie«, sie zögerte, »hundert Dollar im Monat.«

»Oh, kochen müssen Sie gar nicht«, versicherten wir ihr; »Sie wären nur für unser einziges Kind zuständig.«

Sie erhob sich und schüttelte ihre Federboa mit vornehmer Geringschätzung zurecht.

»Dann sehen Sie sich besser nach einem französischen Kindermädchen um«, sagte sie, »wenn Ihnen das mehr zusagt. So eine wird nachts nicht das Fenster öffnen, und Ihre Kleine wird nie das französische Wort für ›Badewanne‹ lernen, aber Sie müssen nur zehn Dollar im Monat bezahlen.«

»Auf Wiedersehen«, sagten wir wie aus einem Mund.

»Ich mache es für fünfzig.«

»Auf Wiedersehen«, wiederholten wir.

»Für vierzig – und ich wasche die Sachen der Kleinen.«

»Wir würden Sie nicht einmal für Kost und Logis nehmen.«

Das Hotel erbebte, als sie die Tür schloss.

»Wo ist die Dame hingegangen?«, fragte unser Kind.

»Sie ist auf der Jagd nach Amerikanern«, sagten wir. »Sie hat im Gästebuch nachgesehen und dachte, hinter unserem Namen stünde das Wort Chicago.«

Mit unserer Kleinen sind wir immer so geistreich, und sie hält uns für das unterhaltsamste Paar, das sie kennt.

Nach dem Frühstück ging ich zu der Pariser Niederlassung unserer amerikanischen Bank, um mir Geld zu besorgen, doch kaum war ich eingetreten, wünschte ich, ich wäre wieder im Hotel oder wenigstens durch den Hintereingang hereingekommen, denn offenbar war man auf mich aufmerksam geworden, und draußen ballte sich eine Menschenmenge zusammen. Die Menge wuchs unaufhörlich, und ich spielte mit dem Gedanken, ans Fenster zu treten und eine Ansprache zu halten, doch dann dachte ich, dass dies die Aufregung nur steigern würde, und ich sah mich nach jemandem um, der mir helfen konnte. Ich erkannte jedoch niemanden bis auf einen der Bankangestellten und das Ehepaar Douglas Fairbanks aus Amerika, das an einem Schalter im Hintergrund Dollar gegen Franc tauschte. Ich beschloss daher, mich nicht zu zeigen, und bis mein Scheck eingelöst war, hatte der Menschenauflauf sich verlaufen.

Inzwischen denke ich, dass wir gut daran taten, neun Tage darauf Paris zu verlassen – letzten Endes nur eine Woche nach dem ursprünglich vorgesehenen Termin. Jeden Vormittag ergoss sich eine neue Schiffsladung Amerikaner auf die Boulevards, und jeden Nachmittag füllte sich unser Hotelzimmer mit vertrauten Gesichtern – wir hätten genauso gut in New York sein können, abgesehen davon, dass es in Paris nirgends nach Methylalkohol roch. Doch zu guter Letzt stiegen wir in den Zug zur Riviera, zu dem heißen, süßen Süden Frankreichs, mit unseren restlichen sechseinhalbtausend Dollar und einem englischen Kindermädchen, das wir für sechsundzwanzig Dollar im Monat angestellt hatten.

Wer das Mittelmeer zum ersten Mal erblickt, der weiß auf der Stelle, warum der erste Mensch sich hier aufgerichtet und seine Arme der Sonne entgegengestreckt hat. Das Meer ist blau, besser gesagt zu blau für die abgedroschene Wendung, die für jeden trüben Tümpel auf dem Globus herhalten muss. Es ist das feenhafte Blau der Bilder von Maxfield Parrish, so blau wie blaue Bücher, blaues Öl, blaue Augen, und im Schatten der Berge verläuft über hundertfünfzig Meilen entlang der Küste ein grüner Gürtel Landes und lädt als Spielplatz die ganze Welt ein. Die Riviera! Die Namen ihrer Seebäder – Cannes, Nizza, Monte Carlo – wecken die Erinnerung an zahllose Könige und Prinzen, die ihren Thron verloren hatten und herkamen, um zu sterben, an geheimnisumrankte Radschas und Beys, die englischen Tanzmädchen blaue Diamanten zuwarfen, an russische Millionäre, die in den unwiederbringlich vergangenen Kaviarzeiten vor dem Krieg ganze Vermögen beim Roulette verloren.

Von Charles Dickens bis Katharina von Medici, von Prinz Edward von Wales auf dem Höhepunkt seiner Beliebtheit bis zu Oscar Wilde am Tiefpunkt seiner Erniedrigung ist alle Welt hierhergekommen, um zu vergessen oder zu genießen, sich zu verbergen oder sich zu verlustieren, um mit dem Profit aus der Unterdrückung weiße Paläste zu erbauen oder um die Bücher zu schreiben, die diese Paläste manchmal niederreißen. Unter gestreiften Markisen am Meeressaum rauchten Großherzöge und Spieler und Diplomaten und edle Kurtisanen und Zaren des Balkans gemächlich ihre Zigaretten, während 1913 unmerklich und ohne ein Erzittern des Kalenders zu 1914 wurde und sich im Norden der Zorn zusammenballte, der drei Viertel von ihnen auslöschen sollte.

Wir erreichten Hyères, die Stadt unserer Wünsche, in glühender Mittagshitze; der Tropenodem, der aus den dichten Pinienhainen wehte, war unverkennbar. Ein Droschkenkutscher mit einem großen eiförmigen Karbunkel mitten auf der Stirn stritt mit einem uniformierten Hoteldiener um den Zugriff auf unsere Habseligkeiten.

»*Je suis a stranger here*«, sagte ich in flüssigem Französisch. »*Je veux aller to le best hotel dans le town.*«

Der Dienstmann zeigte auf einen ehrfurchtgebietenden Autobus in der Einfahrt zum Bahnhof. Auf der Seite des Wagens stand GRAND HÔTEL DE PARIS ET DE ROME.

»Welches ist das beste Hotel?«, fragte ich.

Als Antwort ergriff er unser schwerstes Gepäckstück, balancierte es einen Augenblick, verpasste dem Droschkenkutscher einen dröhnenden Schlag gegen die Stirn – und ich begriff sogleich den Grund des stetigen Schwellens des Karbunkels – und scheuchte uns entschieden in den Wagen. Ich warf dem hilflosen Karbunkelträger ein paar Cent oder besser Franc zu.

»Ziemlich warmes Wetter«, meinte das Kindermädchen.

»Mir gefällt es sehr gut«, erwiderte ich, wischte mir die Stirn ab und bemühte mich um ein kühles Lächeln. Mir war klar, dass die moralische Verantwortung auf mir lastete – ich hatte Hyères aus keinem weiterreichenden Grund gewählt als dem, dass ein Freund dort einen Winter verbracht hatte. Außerdem waren wir nicht hergekommen, um es kühl zu haben, wir waren gekommen, um zu sparen, um von so gut wie nichts im Jahr zu leben.

»Aber es ist wirklich warm«, sagte meine Frau, und im

nächsten Augenblick rief die Kleine in einem Ton, der keinen Widerspruch duldete: »Mantel aus!«

»Er denkt wohl, wir wollten eine Stadtrundfahrt machen«, sagte ich, als wir bereits eine Meile lang einer palmengesäumten Straße gefolgt waren und auf einem uralten Platz anhielten, der mexikanisch anmutete. »Augenblick mal!«

Die letzten Worte sagte ich voller Unruhe, denn der Dienstmann lud unser Gepäck in alarmierender Geschwindigkeit vor einem verfallenen Schnellimbiss ab. Eine zerlumpte Markise über der Tür trug die Aufschrift GRAND HÔTEL DE PARIS ET DE ROME.

»Soll das ein Witz sein?«, fragte ich. »Habe ich nicht verlangt, dass Sie uns zum besten Hotel der Stadt bringen?«

»Das ist es«, sagte er.

»O nein, das ist es nicht. Das ist das schlechteste Hotel der Stadt. Das fürchterlichste Hotel, das ich je zu sehen bekommen habe.«

»Ich bin der Inhaber«, sagte er.

»Ich bedaure, aber wir haben ein Kind dabei« – das Kindermädchen war so entgegenkommend, die Kleine hochzuhalten –, »und wir brauchen ein moderneres Hotel mit Badezimmer.«

»Wir haben ein Badezimmer.«

»Ich meine ein Gästebadezimmer.«

»Wir werden unseres nicht benutzen, solange Sie da sind. Alle großen Hotels sind den Sommer über geschlossen.«

»Ich glaube ihm kein Wort«, sagte meine Frau.

Ich sah mich ratlos um. Zwei abgerissene, verhungerte Frauen waren zur Tür herausgekommen und bedachten unser Gepäck mit gierigen Blicken.

Plötzlich hörte ich Pferdegetrappel, und als ich aufblickte, sah ich den Mann mit dem Karbunkel, der trübselig die staubige Straße entlangfuhr.

»Was ist *le best hotel* in der Stadt?«, rief ich ihm zu.

»*Non, non, non, non!*«, beteuerte er und wedelte aufgeregt mit den Zügeln. »Jardin Hôtel geöffnet!«

Während der Inhaber des Grand Hôtel von Paris und Rom sich meinem Griff entwand und auf den Droschkenkutscher zulief, wandte ich mich vorwurfsvoll an die zwei verhungerten Frauen.

»Schämen Sie sich nicht, so einen Bus zu betreiben?«, fragte ich.

Ich kam mir sehr amerikanisch und überlegen vor; ich gab zu verstehen, dass ich bedauern müsse, dass wir Amerikaner in den Krieg eingetreten waren, wenn die Moral der Franzosen sich in einem so heruntergekommenen Zustand befand.

»Daddy ist auch warm«, bemerkte die Kleine unbekümmert.

»Mir ist nicht warm!«

»Daddy hört besser auf zu reden und findet ein Hotel für uns«, bemerkte das englische Kindermädchen, »bevor wir hier alle zerfließen.«

Es dauerte nur eine Stunde, den Inhaber des Hôtel de Paris et de Rome auszuzahlen, eine Entschädigung für seine verwundeten Gefühle hinzuzufügen und das Hôtel du Jardin am Stadtrand zu beziehen.

»Hyères«, verkündet mein Reiseführer, »ist der wärmste und älteste Winterkurort an der Riviera und wird heute fast ausschließlich von Engländern besucht.« Als wir allerdings gegen Ende Mai eintrafen, waren sogar die Engländer mit Ausnahme der ältesten und wärmsten weitergezogen. Das Hôtel du Jardin zeigte Spuren früheren Bewohntseins – in den Salons lagen zahllose alte Ausgaben der *Illustrated London News* herum –, doch übrig geblieben war nur, wie wir beim Abendessen feststellten, ein überaltertes Dutzend, ein vor sich hin verrottendes Dutzend, ein düsteres und trübseliges Dutzend von ihnen.

Aber wir würden dort nur wohnen, bis wir eine Villa fänden, und es hatte den Vorteil, erstaunlich billig für ein erstklassiges Hotel zu sein; zu viert bezahlten wir inklusive der Mahlzeiten einhundertundfünfzig Franc am Tag, keine acht Dollar.

Der Immobilienmakler, ein energischer junger Herr, der seine Hose praktischerweise um den Brustkorb herum geknöpft trug, besuchte uns am nächsten Vormittag.

»Zahllose Villen«, sagte er frohgemut. »Wir werden uns mit Pferd und Wagen aufmachen und sie besichtigen.«

Es war ein siedendheißer Morgen, doch auf den Straßen wimmelte es bereits von südfranzösischen Gesichtern, dunklen Gesichtern, denn an der Riviera haben bewegte und vergessene Jahrhunderte einen arabischen Einschlag hinterlassen. Einst plünderten die Mauren die Küste, um sich zu bereichern, und später, als sie ruhmestrunken durch Spanien fegten, gründeten sie an den Küsten Grenzstädte als Vorposten ihrer Welteroberung. Sie waren nicht die Ersten und auch nicht die Letzten, die versucht haben,

Frankreich einzunehmen, doch alles, was heute an Nahrung für stolze moslemische Hoffnungen geblieben ist, sind vereinzelte maurische Türme und das tragische Glitzern schwarzer orientalischer Augen.

»Diese Villa ist für dreißig Dollar im Monat zu haben«, sagte der Immobilienmakler, als wir vor einem kleinen Haus am Stadtrand anhielten.

»Was ist der Haken an der Sache?«, fragte meine Frau argwöhnisch.

»Es gibt keinen. Das Haus ist einmalig. Es hat sechs Zimmer und einen Brunnen.«

»Einen Brunnen?«

»Einen guten Brunnen.«

»Wollen Sie damit sagen, dass es kein Badezimmer gibt?«

»Nicht genau das, was Sie als Badezimmer bezeichnen.«

»Fahren Sie weiter«, sagten wir.

Gegen Mittag war klar, dass es in Hyères keine Villen zu vermieten gab. Sie waren alle zu heiß, zu klein, zu schmutzig oder zu *triste*, ein ausdrucksstarkes Wort, das beinhaltet, dass der geisteskranke Marquis noch immer in seinem Leichentuch durch die Hallen wandelt.

»Yes, we have no villas today«, bemerkte der Makler lächelnd.

»Das ist ein sehr alter und abgedroschener Scherz«, sagte ich, »und mir ist zu warm zum Lachen.«

Unsere Kleidung hing an uns wie feuchte Handtücher, aber als ich mich mittels einer Narbe an der linken Hand ausgewiesen hatte, gewährte man uns Einlass in das Hotel.

Ich beschloss, einen der herumlungernden Engländer zu fragen, ob es in der Umgebung vielleicht eine zweite ruhige Stadt gebe.

Einem Amerikaner oder Franzosen eine Frage zu stellen ist kein Problem; der einzige Unterschied ist, dass man die Antwort des Amerikaners verstehen kann. Aber einen Engländer zu einer Antwort zu bewegen, das ist ungefähr so umständlich, wie ein Streichholz bei einem Staatsminister auszuleihen. Der erste Engländer, dem ich mich näherte, ließ seine Zeitung fallen, sah mich entsetzt an und flüchtete überstürzt aus dem Raum. Das entmutigte mich kurzfristig, doch zum Glück fiel mein Blick auf einen Mann, der im Rollstuhl zum Essen hereingefahren worden war.

»Guten Tag«, sagte ich. »Könnten Sie mir sagen –« Er zuckte wie unter Krämpfen, war zu meiner Erleichterung aber außerstande, seinen Rollstuhl zu verlassen. »Ich wüsste gern, ob Sie eine Stadt kennen, wo ich für den Sommer eine Villa mieten könnte.«

»Ich weiß von keiner«, sagte er eisig. »Und wenn, würde ich es Ihnen nicht sagen.«

Den letzten Satz sagte er nicht laut, aber ich konnte die Worte unmissverständlich in seinen Augen lesen.

»Ich nehme an, Sie sind auch neu hier«, sagte ich versuchsweise.

»Ich komme seit sechzehn Jahren jeden Winter her.«

Das fasste ich als Einladung auf und rückte meinen Stuhl näher.

»Dann müssen Sie doch irgendwelche Städte kennen«, sagte ich zuversichtlich.

»Cannes, Nizza, Monte Carlo.«

»Die sind zu teuer. Ich suche einen ruhigen Flecken, wo ich arbeiten kann.«

»Cannes, Nizza, Monte Carlo. Im Sommer ist es da ruhig. Mehr kenne ich nicht. Und wenn, würde ich es Ihnen nicht sagen. Auf Wiedersehen.«

Oben zählte das Kindermädchen die Mückenstiche, die unsere Kleine nachts erhalten hatte, und meine Frau trug das Resultat in ein großes Buch ein.

»Cannes, Nizza, Monte Carlo«, sagte ich.

»Ich bin froh, dass wir diesen Glutofen von Stadt verlassen«, bemerkte das Kindermädchen.

»Ich glaube, wir versuchen es am besten mit Cannes.«

»Das glaube ich auch«, sagte meine Frau engagiert. »Ich habe gehört, dass man sich dort gut amüsiert – ich meine, wir können nicht vernünftig sparen, wenn wir dort wohnen, wo du nicht arbeiten kannst, und ich kann mir nicht vorstellen, dass wir hier eine Villa finden.«

»Wir fahren lieber mit dem großen Schiff«, sagte die Kleine unerwartet.

»Ruhe! Wir sind an die Riviera gezogen und bleiben hier.«

Wir beschlossen, Kindermädchen und Kind in Hyères zu lassen und nach Cannes zu fahren, eine elegantere Stadt weiter nördlich an der Küste. Allerdings benötigt man ein Automobil, um irgendwohin zu fahren, und deshalb kauften wir am nächsten Tag das einzige neue Automobil der Ortschaft. Es hatte sechs Pferdestärken – das Alter der Pferde war nicht angegeben worden – und war so klein, dass wir wie Riesen herausragten, so klein, dass man es abends unter der Veranda abstellen konnte. Es hatte keine Türschlösser, keinen Tachometer, keine Treibstoffanzeige und kostete einschließlich der Paketzustellgebühr siebenhundertfünfzig Dollar. Wir machten uns darin nach Cannes auf, und abgesehen von den warmen Abgasdünsten, wenn andere Autos uns überholten, empfanden wir die Fahrt als verhältnismäßig kühl.

Alle europäischen Berühmtheiten haben eine Saison in Cannes verbracht – sogar der Mann mit der eisernen Maske hat zwölf Jahre auf einer Insel vor der dortigen Küste totgeschlagen. Seine prachtvollen Villen sind aus so weichem Stein erbaut, dass er gesägt und nicht gehauen wird. Am nächsten Vormittag besichtigten wir vier davon. Die ersten drei waren klein, gepflegt und sauber und hätten in jeden Vorort von Los Angeles gepasst. Sie kosteten fünfundsechzig Dollar Miete im Monat.

»Mir gefallen sie«, sagte meine Frau in entschiedenem Ton. »Lass uns eine mieten. Sie sehen aus, als wären sie wahnsinnig leicht zu bewirtschaften.«

»Wir sind nicht ins Ausland gefahren, um ein Haus zu suchen, das leicht zu bewirtschaften ist«, wandte ich ein. »Wie soll ich schreiben bei einer Aussicht« – ich sah aus dem Fenster, vor dem sich ein herrliches Meerespanorama bot –, »wo ich jedes Flüstern im Haus hören würde.«

Also machten wir uns auf zur vierten Villa, der herrlichen vierten Villa, bei deren Erinnerung ich noch heute keinen Schlaf finde und mich der Hoffnung hingebe, eines märchenhaften Tages dort zu wohnen. Ihr weißer Marmor erhob sich auf einem hohen Berg wie ein Schloss, wie eine Burg in uralten Zeiten. Sogar der Vordersitz des Taxis, das uns hinfuhr, kündete von der Romantik vergangener Zeiten.

»Ist Ihnen der Fahrer aufgefallen?«, sagte der Makler und beugte sich zu mir. »Er war früher ein russischer Millionär.«

Wir beäugten ihn durch die Trennscheibe; er war ein dünner, trübsinniger Mann, der die Gangschaltung mit herrschaftlicher Nonchalance betätigte.

»In der Stadt wimmelt es von ihnen«, sagte der Makler. »Sie sind froh, wenn sie Arbeit als Chauffeur, Butler oder Kellner finden, und die Frauen arbeiten als *femmes de chambre* in den Hotels.«

»Warum betreiben sie keine Tearooms wie die Amerikaner?«

»Die meisten von ihnen taugen zu gar nichts. Sie tun uns schrecklich leid, aber –« Er beugte sich vor und klopfte an die Scheibe. »Könnten Sie bitte etwas schneller fahren? Wir haben nicht den ganzen Tag Zeit!«

»Sehen Sie nur«, sagte er, als wir das Schloss auf dem Berg erreichten. »Nebenan befindet sich die Villa des Großherzogs Michael.«

»Heißt das, er arbeitet dort als Butler?«

»O nein. Der hat Geld. Er ist für den Sommer in den Norden gereist.«

Als wir durch ein verschnörkeltes Messingtor eingetreten waren, das so imposant kreischte, wie Tore für einen König zu kreischen haben, und als die Jalousien geöffnet worden waren, befanden wir uns in einem hohen Eingangsraum voller Ahnenbildnisse von Rittern in Rüstungen und von Höflingen in Satin und Brokat. Es sah aus wie eine Filmdekoration. Marmortreppen strebten wuchtig und würdevoll zu einer prunkvollen Galerie empor; Licht fiel durch blaugemustertes Glas auf einen Mosaikfußboden. Und modern war das Schloss auch, mit großen sauberen Betten, einer Küche wie aus dem Bilderbuch, drei Badezimmern und einem ernsten, schalldichten Arbeitszimmer mit Blick auf das Meer.

»Es hat einem russischen General gehört«, sagte der Makler, »der im Krieg in Schlesien gefallen ist.«

»Wie viel kostet es?«

»Im Sommer – nur einhundertundzehn Dollar monatlich.«

»Abgemacht!«, sagte ich. »Setzen Sie den Mietvertrag auf. Meine Frau fährt sofort nach Hyères und holt –«

»Einen Augenblick«, sagte sie stirnrunzelnd. »Wie viele Hausangestellte benötigt man für diesen Haushalt?«

»Na ja, ich denke –«, der Makler sah uns scharf an und überlegte sichtlich. »Etwa fünf.«

»Ich denke eher, etwa acht.« Sie wandte sich zu mir. »Lass uns lieber gleich nach Newport fahren und das Haus der Vanderbilts mieten.«

»Vergessen Sie nicht«, sagte der Makler, »dass Sie zur Linken den Großherzog Michael als Nachbarn haben werden.«

»Wird er uns besuchen?«, wollte ich wissen.

»Das würde er sicherlich tun«, sagte der Makler, »aber er ist nun einmal verreist.«

Wir berieten uns auf dem Mosaikfußboden. Meine Argumentation sah so aus, dass ich in den kleinen Häusern nicht arbeiten konnte und dass dieses Haus sich allein seiner romantischen Inspiration wegen lohnen würde. Meine Frau argumentierte dahingehend, dass acht Hausangestellte eine Menge Lebensmittel verbrauchten und dass wir uns das einfach nicht leisten konnten. Wir baten den Makler um Entschuldigung, schüttelten dem Millionär und Taxifahrer ehrfürchtig die Hand, gaben ihm fünf Franc und kehrten zutiefst niedergeschlagen nach Hyères zurück.

»Hier ist die Hotelrechnung«, sagte meine Frau, als wir trübsinnig zum Essen gingen.

»Gott sei Dank beträgt sie nur fünfundfünfzig Dollar.«

Ich öffnete sie. Zu meinem Erstaunen waren unterhalb des Rechnungsbetrags alle möglichen Steuern und Gebühren angefügt: Regierungssteuer, Stadtsteuer, zehn Prozent Trinkgeldsteuer für die Bedienung sowie die Sondersteuer für Amerikaner, so dass die fünfundfünfzig Dollar zu einhundertsiebenundzwanzig Dollar angeschwollen waren.

Schwermütig betrachtete ich ein undefinierbares Stück Fleisch auf meinem Teller, das in einer zähflüssigen Sauce schwamm.

»Ich glaube, das ist Ziegenfleisch«, sagte das Kindermädchen, das meinen Blick verfolgt hatte. Sie wandte sich an meine Frau. »Haben Sie schon einmal Ziegenfleisch gekostet, Mrs. Fitzgerald?«

Aber Mrs. Fitzgerald hatte noch nie Ziegenfleisch gekostet und hatte die Flucht ergriffen.

Als ich am nächsten Tag trübsinnig im Hotel herumwanderte und hoffte, dass unser Haus auf Long Island nicht vermietet worden sei und wir für den Sommer dorthin zurückkehren könnten, fiel mir auf, dass die Salons noch verwaister wirkten als zuvor. Es schienen noch mehr alte Ausgaben der *Illustrated London News* herumzuliegen und noch mehr leere Sessel herumzustehen. Beim Abendessen gab es wieder Ziege. Als mein Blick durch den leeren Speisesaal wanderte, wurde mir mit einem Mal klar, dass selbst der letzte Engländer seinen Gehstock und sein Gewissen gepackt hatte und nach London geflohen war. Kein Wunder, dass es Ziege gab – ein Wunder wäre es gewesen, wenn es irgendetwas anderes als Ziege gegeben hätte. Die Hotelleitung hielt ein Etablissement mit zweihundert Zimmern für uns ganz allein geöffnet!

III

Hyères wurde heißer, und wir verharrten in hilfloser Betäubung dort. Wir wussten nun, warum Katharina von Medici es zu ihrem Lieblingskurort erkoren hatte: Ein Monat Sommer in Hyères, und sie kehrte zweifellos mit einem Dutzend in ihrem Kopf brodelnder Bartholomäusnachtverschwörungen nach Paris zurück. Vergeblich machten wir Ausflüge nach Nizza, nach Antibes, nach Ste-Maxime; inzwischen machten wir uns Sorgen, denn ein Viertel unserer siebentausend Dollar war weggeschmolzen. Und etwa fünf Wochen nach unserer Abreise aus New York stiegen wir eines Morgens in einer Kleinstadt namens St-Raphaël aus dem Zug, die wir bisher noch nie in Betracht gezogen hatten.

Es war eine kleine Stadt aus roten Häusern direkt am

Meer, mit fröhlichen roten Dächern und einer Atmosphäre unterdrückten Karnevals, der sich vor Einbruch der Dunkelheit auf die Straßen ergießen würde. Uns war sofort klar, dass es uns gefallen würde, in dieser Stadt zu wohnen, und wir fragten einen Bewohner nach dem Büro des Immobilienmaklers.

»Oh, da fragen Sie am besten den King!«, antwortete er vehement.

Ein Fürstentum! Ein zweites Monaco! Wir hatten nicht gewusst, dass es an der französischen Riviera zwei davon gab.

»Und eine Bank, wo man einen Kreditbrief einlösen kann?«

»Da müssen Sie sich auch an den King wenden.«

Er zeigte uns den Weg zu dem Palast, eine lange, schattige Straße entlang, und meine Frau holte eilig einen Spiegel hervor und begann sich das Gesicht zu pudern.

»Aber unsere staubige Kleidung?«, sagte ich vorsichtig. »Denken Sie, der König würde –«

Er sah uns abwägend an. »Was Kleidung betrifft, bin ich mir nicht sicher«, antwortete er, »aber ich glaube, der King wird sich auch darum kümmern.«

Das hatte ich gar nicht wissen wollen, doch wir dankten ihm und machten uns nicht ohne bange Gefühle auf den Weg zur kaiserlichen Residenz. Nach einer halben Stunde, als weit und breit keinerlei Türme eines Königsschlosses in Sicht waren, hielt ich einen zweiten Passanten an.

»Können Sie uns den Weg zum kaiserlichen Palast sagen?«

»Den *was*?«

»Wir wollen um Audienz bei Seiner Majestät ersuchen, Seiner Majestät dem König.«

Das Wort »König« schien ihm etwas zu sagen. Er öffnete den Mund, als er begriff, und deutete auf ein Schild über unseren Köpfen:

»W. F. King«, las ich dort, »anglo-amerikanische Bank, Immobilienagentur, Bahnfahrkarten, Versicherungen, Ausflüge und Rundfahrten, Leihbücherei.«

Der Potentat entpuppte sich als lebhafter, tatkräftiger Engländer mittleren Alters, der sich im Verlauf von zwanzig Jahren allmählich ganz St-Raphaël angeeignet hatte.

»Wir sind Amerikaner und nach Europa gekommen, um zu sparen«, erklärte ich ihm. »Wir haben die Riviera von Nizza bis Hyères abgesucht, ohne eine Villa zu finden, und unser Geld schmilzt allmählich dahin.«

Er lehnte sich zurück und drückte einen Knopf, worauf fast sofort eine magere, hagere Frau in der Tür erschien.

»Das ist Marthe«, sagte er, »Ihre Köchin.«

Wir trauten unseren Ohren nicht.

»Soll das heißen, dass Sie eine Villa für uns hätten?«

»Ich habe schon eine für Sie ausgesucht«, sagte er. »Meine Leute haben Sie aus dem Zug steigen sehen.«

Er drückte einen anderen Knopf, und eine zweite Frau gesellte sich ehrerbietig zu der ersten.

»Das ist Jeanne, Ihre *femme de chambre*. Sie bessert auch Wäsche aus und trägt das Essen auf. Sie bezahlen ihr dreizehn Dollar monatlich und Marthe sechzehn Dollar. Marthe macht die Einkäufe und erwartet, dabei einen kleinen Profit herauszuschlagen.«

»Und die Villa?«

»Der Mietvertrag wird gerade aufgesetzt. Die Miete beträgt neunundsiebzig Dollar im Monat, und Ihr Kreditbrief genügt mir als Sicherheit. Sie können morgen einziehen.«

Innerhalb einer Stunde hatten wir unser Haus besichtigt – eine saubere, kühle Villa in einem großen Garten auf einem Hügel oberhalb der Stadt. Genau das, was wir die ganze Zeit gesucht hatten. Es gab ein Gartenhaus und einen Sandhaufen und zwei Badezimmer und Rosen zum Frühstück und einen Gärtner, der mich Milord nannte. Als wir die Miete bezahlt hatten, blieben uns nur noch dreitausendfünfhundert Dollar, die Hälfte unseres ursprünglichen Kapitals. Aber wir hatten das Gefühl, dass wir endlich anfangen konnten, von so gut wie nichts im Jahr zu leben.

IV

Am Spätnachmittag des 1. September 1924 konnte man einen vornehm aussehenden jungen Mann in Begleitung einer jungen Dame in beinlosem, leuchtendblauem Badeanzug an einem Sandstrand in Frankreich liegen sehen. Beide waren zu einem so tiefen Schokoladenton gebräunt, dass man sie auf den ersten Blick für Ägypter hätte halten können, doch bei näherem Hinsehen zeigten ihre Gesichter einen arischen Schnitt, und wenn sie den Mund aufmachten, hatten ihre Stimmen einen leicht näselnden nordamerikanischen Klang. In ihrer Nähe spielte ein kleines schwarzes Kind mit watteweißem Haar, das ab und zu mit einem Zinnlöffel gegen einen Eimer klopfte und in einem Ton, der keinen Widerspruch duldete, rief: »*Regardez-moi!*«

Aus dem nahen Spielcasino wehten bizarre antiquierte Klänge herüber – die Melodie eines Songs, in dem es um das Nichtvorhandensein einer bestimmten gelben Frucht in einem ansonsten untadeligen Sortiment geht. Senegalesische und europäische Kellner eilten mit vielfarbigen Getränken zwischen den Badenden hin und her und hielten ab und zu inne, um die Kinder der Armen zu verscheuchen, die sich ohne Scham und Schüchternheit auf dem Strand an- und auszogen.

»War das nicht ein herrlicher Sommer!«, sagte der junge Mann träge. »Wir sind richtige Franzosen geworden.«

»Und die Franzosen sind so ein ästhetisches Volk«, sagte die junge Dame, die für einen Augenblick der Bananenmusik lauschte. »Sie sind so stilvoll. Denk nur an all die schönen Sachen, die es bei ihnen zu essen gibt!«

»Köstlich! Himmlisch!«, rief der junge Mann, der gerade amerikanische Schinkencreme auf Cracker mit der Prägung »Springfield, Illinois« strich. »Aber sie haben sich mit diesem Thema zweitausend Jahre lang auseinandergesetzt.«

»Und alles ist hier so billig!«, schwärmte die junge Dame voller Begeisterung. »Denk nur an die Parfumpreise! Parfum, das in New York fünfzehn Dollar kosten würde, bekommt man hier für fünf.«

Der junge Mann zündete sich mit einem schwedischen Streichholz eine amerikanische Zigarette an.

»Das Problem mit den meisten Amerikanern in Frankreich«, bemerkte er im Brustton der Überzeugung, »ist, dass sie nicht wie Franzosen leben wollen. Sie klammern sich an die großen Hotels und tauschen Meinungen aus, die frisch aus den Staaten stammen könnten.«

»Richtig«, sagte sie zustimmend. »Genau das stand heute Morgen in der *New York Times*.«

Die amerikanische Musik war zu Ende, und das englische Kindermädchen stand auf, was hieß, dass es für das Kind Zeit war, zum Essen nach Hause zu gehen. Seufzend erhob sich auch der junge Mann und schüttelte sich heftig, wobei er ziemlich viel Sand verstreute.

»Wir müssen unterwegs anhalten und Arizon-Benzin tanken«, sagte er. »Das letzte Zeug war schauderhaft.«

»Die Rechnung, Sööh«, sagte ein senegalesischer Kellner mit einem hörbar südlich der Mason-Dixon-Linie beheimateten Akzent. »Macht zehn Franc für sswei Glas Bier.«

Der junge Mann reichte ihm den Gegenwert von siebzig Cent in den goldfarbenen Garderobenmünzen des lieblichen Frankreichs. Das Bier war vielleicht ein wenig teurer als in Amerika, doch andererseits war es ihm vergönnt gewesen, den historischen Bananensong von einer echten oder beinahe echten Jazzband gespielt zu hören. Und zu Hause erwartete ihn ein echt französisches Abendessen: Baked Beans aus der altertümlichen normannischen Stadt Akron in Ohio, ein Omelett, das nach le Speck de Chicago duftete, und eine Tasse englischen Tees.

Vielleicht haben Sie in den zwei kultivierten Europäern bereits die barbarischen Amerikaner wiedererkannt, die kaum fünf Monate zuvor Amerika verlassen hatten. Und vielleicht wundern Sie sich über die Schnelligkeit der Veränderung. Des Rätsels Lösung ist, dass die beiden sich vorbehaltlos dem Leben in der Alten Welt angepasst hatten. Statt »Touristenhotels« zu bevorzugen, hatten sie Ausflüge zu altmodischen kleinen, abgelegenen Restaurants gemacht, wo ein Abendessen für zwei Personen selten mehr als zehn bis fünfzehn Dollar kostete. Sie zog es nicht in die glitzernden Hauptstädte Paris, Brüssel, Rom – nein, sie waren vollauf zufrieden mit Kurzreisen zu wunderschönen alten historischen Städten wie beispielsweise Monte Carlo, wo sie ihr Automobil bei einem freundlichen Werkstattinhaber hinterließen, der ihre Hotelrechnung und ihre Rückfahrkarten bezahlte.

Ja, unser Sommer war ein voller Erfolg gewesen. Und wir hatten von so gut wie nichts gelebt, das heißt von so gut wie nichts neben unseren ursprünglichen siebentausend Dollar. Die waren bis zum letzten Cent ausgegeben!

Dummerweise waren wir außerhalb der Saison an die Riviera gekommen – anders gesagt: außerhalb der einen Saison und mitten in der anderen. Denn im Sommer kommen jene, die »zu sparen versuchen«, in den Süden, und die schlauen Franzosen wissen, dass dieser Menschenschlag leichter zu übertölpeln ist als alle anderen – wie es bei Leuten der Fall zu sein pflegt, die versuchen, etwas umsonst zu bekommen.

Was genau mit dem Geld geschehen ist, wissen wir nicht; das wissen wir nie. Da waren zum einen die Hausangestellten; ich hatte Marthe und Jeanne sehr gern (und später ihre Schwestern Eugénie und Serpolette, die als

Aushilfen kamen), doch aus freien Stücken wäre ich nie auf den Gedanken gekommen, sie alle zu versichern. Aber das verlangten die Vorschriften. Wenn Jeanne in ihrem Moskitonetz erstickte oder wenn Marthe über einen Knochen stolperte und sich den Daumen brach, war ich dafür verantwortlich. Damit hätte ich mich abfinden können, wenn nicht »der kleine Profit«, den Marthe bei unseren Einkäufen für sich »herausschlug«, meiner Schätzung nach an die fünfundvierzig Prozent ausgemacht hätte.

Unsere wöchentliche Rechnung bei Lebensmittelhändler und Metzger betrug durchschnittlich fünfundsechzig Dollar, mehr, als sie je auf einem teuren Pflaster von Long Island betragen hatte. Und unabhängig von seinem Preis war das Fleisch fast ausnahmslos ungenießbar, während jeder Tropfen Milch abgekocht werden musste, weil die Kühe in Frankreich Tuberkulose hatten. Als frisches Gemüse gab es Tomaten und ein wenig Spargel, mehr nicht – der einzige Knoblauch, mit dem man uns kommen kann, muss uns im Schlaf verabreicht werden. Ich habe mich oft gefragt, wie die Mittelschicht an der Riviera – beispielsweise ein Bankangestellter, der mit einem Einkommen von vierzig bis siebzig Dollar im Monat eine Familie ernähren muss – über die Runden kommen soll.

»Im Winter ist es noch schlimmer«, erzählte uns ein kleines Mädchen am Strand. »Die Engländer und Amerikaner treiben die Preise in die Höhe, bis wir nichts mehr kaufen können, und wir können nichts dagegen tun. Meine Schwester musste in Marseille Arbeit suchen, und sie ist erst vierzehn. Im nächsten Winter gehe ich auch dorthin.«

Es ist einfach nicht genug für alle da, und weil die Amerikaner ihren hohen Lebensstandard gewohnt sind und sich nur mit dem Besten zufriedengeben, müssen sie dafür entsprechend zahlen. Außerdem sind die geschäftstüchtigen französischen Händler nur zu gerne bereit, die Nachlässigkeit eines amerikanischen Kunden auszunutzen.

»Diese Rechnung gefällt mir nicht«, sagte ich zu dem Lieferanten, der uns die Lebensmittel und das Eis brachte. »Ich hatte mit Ihnen fünf Dollar am Tag ausgemacht, nicht acht.«

Er wurde für einen Augenblick unverständlich, um Zeit zu gewinnen.

»Meine Frau hat es zusammengezählt«, sagte er.

Diese unbezahlbaren Riviera-Ehefrauen! Immer zählen sie die Rechnungen ihrer Ehemänner zusammen, und die teuren Damen können die Zahlen einfach nicht auseinanderhalten. So eine Begabung wäre bei der Ehefrau eines Eisenbahnmagnaten ein Vorteil im Wert von vielen Millionen Dollar.

Ich schreibe dies in der Abenddämmerung, während draußen vor meinem Fenster dunkler werdende Baumgruppen – ein Gehölz hinter dem anderen in vielen Grünschattierungen – sich zum abendlichen Meer hinunterziehen. Die glühende Sonne ist hinter den Gipfeln des Estérel-Gebirges versunken, und der Mond hängt bereits über den römischen Aquädukten von Fréjus fünf Meilen von hier entfernt. In einer halben Stunde kommen Renée und Bobbé, zwei Fliegeroffiziere, in ihren weißen Segeltuchhosen zum Abendessen, und Renée, der erst dreiundzwanzig ist und nie verwunden hat, dass er nicht im

Krieg war, wird uns romantisch davon erzählen, dass er in Peking Opium rauchen will und dass er das eine oder andere »nur zum Vergnügen« schreibt. Später, wenn die wahre Dunkelheit hereinbricht, werden ihre weißen Uniformen im Garten immer schwächer zu erkennen sein, bis sie wie die schweren Rosen und die Nachtigallen in den Pinien wie ein wichtiger und unverzichtbarer Bestandteil der Schönheit dieses stolzen und fröhlichen Landes wirken.

Und obwohl wir nichts gespart haben, haben wir die Carmagnole getanzt, und bis auf den Tag, an dem meine Frau die Mückenlotion mit dem Mundwasser verwechselt hat, und das eine Mal, als ich eine französische Zigarette zu rauchen versucht habe und »in Ohnmacht fiel«, wie Ring Lardner sagen würde, haben wir nicht bereut, dass wir hergekommen sind.

Das dunkelbraune Kind klopft an die Tür, um mir gute Nacht zu sagen.

»Fahren wir mit dem großen Schiff weg, Daddy?«, sagt es in gebrochenem Englisch.

»Nein.«

»Warum?«

»Weil wir es noch ein Jahr länger versuchen wollen, und dann – denk an die Parfumpreise!«

Mit unserer Kleinen sind wir immer so. Sie hält uns für das geistreichste Paar, das sie kennt.

Phantasie – und verschiedene Mütter

Zu den Zeiten, als versucht wurde, die Lebensumstände in Mietskasernen zu verschönern, wurden die Heime müder Schauerleute und Bananenhöker regelmäßig von wichtigtuerischen Witwen von Stand heimgesucht, deren Limousinen mit schnurrendem Motor am Straßenrand warteten. »Giuseppi«, sagen die wichtigtuerischen Witwen, »was dir fehlt, um etwas Freude in dein Heim zu bringen, sind Scharaden, die man abends spielt.«

»Scharaden?«, fragt der ratlose Giuseppi.

»Scharaden für die ganze Familie«, sagen die Witwen strahlend. »Stell dir vor, dass deine Frau und die Mädchen sich eines Abends den Namen ›Vicomtesse Salisbury‹ oder die Wörter ›Initiative und Referendum‹ einfallen lassen und darstellen – und du und die Jungen, ihr ratet dann, welche Wörter sie meinen. Ein viel größeres Vergnügen als ein Kneipenbesuch.«

Wenn sie die gute Saat gesät haben, steigen die Witwen wieder in ihre Limousinen und fahren zum nächsten Giuseppi auf ihrer Liste, einer Liste, erstellt von der Gesellschaft zur Förderung von Gesellschaftsspielen in sozial schwachen Familien.

So, stellte man sich an höchster Stelle vor, sei etwas Phantasie in diese Haushalte zu bringen, eine etwa ähnlich erfolgreiche Unternehmung wie das gegenwärtige Bestreben, die Eingeborenen von Hawaii in Sackkleider aus Mulltuch für einen Dollar und fünfundachtzig Cent das Stück zu stecken, die in Paterson, New Jersey, gefertigt werden.

Das durchschnittliche Zuhause ist ein entsetzlich öder Ort. Das ist eine Plattitüde, über die jedoch so weit Konsens herrscht, als zahllose unserer Witze sie zum Ausgangspunkt nehmen. Die Sehnsucht des Mannes nach dem Club und die der Frau nach dem Kino – wie Shelley es *nicht* ausgedrückt hat – wurde vor kurzem um das Jammern des Kleinkinds nach der Spazierfahrt im Mondlicht ergänzt.

Laut den Statistiken, die letztes Jahr vom Staat Arkansas erstellt wurden, räumen siebenunddreißig von einhundert Ehefrauen ein, in erster Linie geheiratet zu haben, um von zu Hause wegzukommen. Diese Zahlen sind alarmierend. Dass neunzehn dieser siebenunddreißig Frauen sich nach Hause zurückgewünscht haben, sobald sie verheiratet waren, ändert nichts an der erschreckenden Ausgangssituation.

Es ist leicht gesagt, dass es dem durchschnittlichen Zuhause vor allem an Phantasie gebricht. Aber eine wohldosierte Phantasie kommt genauso selten vor wie Radium, und sie hat nichts damit zu tun, dass man Scharaden spielt oder Charlie Chaplin nachmacht oder auf die Gaslampen von 1891 Lampenschirme aus Pappmaché setzt; Phantasie ist eine Lebenseinstellung. Sie bedeutet, dass man mit jener Energie den schrecklichen, lebenslangen, uralten Kampf gegen die häusliche Öde antritt, die man sonst darauf verwendet, sich zu sorgen, sich zu beschweren und selbstgerecht zu sein, womit wir uns unsere schweren Stunden am liebsten versüßen.

Das Wort Energie beschwört sogleich das Bild einer matronenhaften geschäftigen Frau herauf, die schnaufend von einem Kind zum anderen eilt, um eine nette kleine Weihnachtsfeier im Wohnzimmer zu arrangieren. Aber diese Art Phantasie hatte ich nicht im Sinn.

Es gibt verschiedene Arten von Phantasie. Ich kannte beispielsweise einmal eine Mutter, eine Mrs. Judkins, die eine phantastische Phantasie besaß. Wären die Umstände nur ein wenig anders gewesen, hätte Mrs. Judkins ihre Phantasie der Filmindustrie oder den Zeitschriften verkaufen oder eine neue Art von Haken-und-Öse-Verschluss erfinden können. Oder sie hätte sie dazu benutzen können, ihrer Familie ein angenehmes Zuhause zu bieten – kein ganz einfaches Unterfangen. Hat Mrs. Judkins ihre Phantasie darauf verwendet? O nein! Sie hatte dafür nämlich keine mehr übrig.

Ihre Phantasie hatte eine undichte Stelle, durch die sie unaufhaltsam und unwiederbringlich entschwand, und das ging folgendermaßen vor sich: Um sechs Uhr morgens erwacht Mrs. Judkins. Sie liegt im Bett. Ihr tägliches Gedankenkarussell beginnt, sich zu drehen. Sah ihre Tochter Anita vergangenen Abend müde aus oder nicht, als sie vom Tanzen nach Hause kam? Ja, sie sah müde aus. Sie hatte dunkle Augenringe. Augenringe – ein Gespenst ihrer Kindheit. Mrs. Judkins erinnert sich, dass Augenringe ihre eigene Mutter immer mit größter Besorgnis erfüllt haben. Zweifellos steht Anita kurz vor einem Nervenzu-

sammenbruch. Wie grauenhaft! Man denke nur an Mrs. ...
wie hieß sie doch noch?, die den Nervenzusammenbruch
hatte in ... in ... wo war es gleich? Man stelle sich vor! Entsetzlich! Also, ich werde – ich werde sie bitten, zum Arzt
zu gehen; aber was soll ich tun, wenn sie sich weigert?
Vielleicht kann ich sie dazu bewegen, nicht mehr tanzen
zu gehen – wenigstens einen Monat lang.

Und in einem Zustand unruhiger Besorgnis springt
Mrs. Judkins aus dem Bett, angetrieben von dem Bedürfnis, etwas undefinierbar Nervenaufreibendes zu tun, um
eine undefinierte nervenaufreibende Katastrophe zu verhindern. Sie ist jetzt schon erschöpft, denn sie hätte noch
eine Stunde länger schlafen sollen; aber Schlaf kommt
nicht mehr in Frage. Ihre bewundernswerte Phantasie hat
ihr vorgegaukelt, wie Anita auf ein Schmerzenslager sinkt,
die letzten Worte spricht – es geht um »Engel«, zu denen
sie »zurückkehrt« – und jämmerlich dahinscheidet.

Anita, ein siebzehnjähriger, gesunder und robuster
Teenager, hat sich lediglich das gesunde und robuste Vergnügen gegönnt, sich nach Leibeskräften zu amüsieren.
Zwei Abende nacheinander war sie bis spät in die Nacht
tanzen. Am zweiten Abend war sie müde und bekam
dunkle Augenringe. Heute wird sie bis um zwölf Uhr ausschlafen, falls Mrs. Judkins sie nicht weckt, um sie nach
ihrem Befinden zu fragen, und beim Aufstehen wie das
blühende Leben aussehen.

Doch es ist erst acht Uhr, widmen wir uns wieder Mrs.
Judkins. Auf Zehenspitzen hat sie sich ins Zimmer der
todgeweihten Anita gestohlen, um nach ihr zu sehen. Unterwegs hat sie noch einen Blick auf den schlafenden Clif-

ford Judkins III., zwölf Jahre alt, geworfen. Ihre Phantasie arbeitet inzwischen auf Hochtouren. Sie ist entfesselt und wird mit sechzig lebhaften Bildern pro Minute pulsieren, bis Mrs. Judkins um ein Uhr nachts vor Erschöpfung in einen komatösen Schlaf sinken wird.

Und deshalb dichtet sie Clifford ebenfalls dunkle Augenringe an.

Armer Clifford! Seine Mutter beschließt, ihn nicht zur Schule zu schicken. Er ist nicht kräftig genug. Sie wird seinem Lehrer eine Entschuldigung schreiben. Er sah gestern schon erschöpft aus, als er vom Baseballspielen nach Hause kam. Baseball! Noch so eine grauenhafte Vorstellung! Nur einmal angenommen –

Aber ich will meine Leser nicht deprimieren, indem ich sie Mrs. Judkins' Morgen in allen Einzelheiten durchleben lasse, denn Mrs. Judkins ist deprimierend. Ein Mensch im Zustand nervöser Besorgnis gehört zum Deprimierendsten, was es auf der Welt gibt. Unmöglich, sich vorzustellen, wie Mrs. Judkins irgendjemand anderen aufheitern könnte, so erschöpft ist sie schon. Tatsächlich verlässt Mr. Judkins nach dem Frühstück das Haus mit dem Gefühl, dass es dort nicht zum Besten steht und dass das Leben eine ziemlich trübselige Angelegenheit ist.

Doch bevor er ging, hat er etwas sehr Unbesonnenes getan. Irgendetwas in der Zeitung hat ihn zu der Bemerkung veranlasst, wenn dieses Gunch-Bobly-Tarifgesetz durchkomme, könne er sich seine Firma an den Hut stecken. Nicht ungewöhnlich, denn das Herumnörgeln am Gunch-Bobly-Tarifgesetz ist geradezu sein Steckenpferd, aber...

Er hat einen ganzen Scheffel Wasser – misst man Wasser in Scheffeln? – auf die Mühle von Mrs. Judkins' Phantasie gegeben. Als er die Straßenbahn erreicht, ist er in Mrs. Judkins' Augen bereits bankrott. In der Innenstadt angekommen, hat er – ohne es zu wissen – schon ein Jahr im Gefängnis zugebracht, mit Frau und zwei hungernden Kindern, die vor den Toren der Anstalt nach ihm rufen. Als er sein Büro betritt, betritt er ahnungslos das Armenhaus, um dort einen tränenreichen und elenden Lebensabend zu verbringen.

Doch genug; noch mehr Stunden aus dem Alltag Mrs. Judkins' würden uns alle erschöpfen, wie sie jeden erschöpfen, der mit Mrs. Judkins zu tun hat.

Es gibt viele Mrs. Judkins, und ich könnte ewig so weitermachen. Aber ich will meine Leser damit verschonen, denn ich will von einer Frau sprechen, die zusammen mit einigen anderen Frauen, die ich kenne, den Kampf gegen Langeweile und Stumpfsinn zu Hause aufgenommen und durch ein ungewöhnliches Mittel einen triumphalen und verdienten Sieg davongetragen hat.

Ich werde Ihnen von einer bezaubernden Frau berichten, die wie gesagt ihre Phantasie auf ungewöhnliche Weise eingesetzt hat. Ihr Zuhause war das glücklichste, das ich je kennengelernt habe.

Hat sie eine Zeitlang im Büro ihres Ehemanns gearbeitet und sich mit seiner Arbeit vertraut gemacht, damit sie sich abends mit ihm darüber unterhalten konnte? Leser, das tat sie nicht. Hat sie ein Handbuch über Football gekauft und sich die Regeln eingeprägt, damit sie das Spiel fachmännisch mit ihren Söhnen erörtern konnte? Mitnichten. Und ebenso wenig hat sie ein Familienorchester auf die Beine gestellt, in dem Clarence die Trommel, Maisee die Harfe und Vivian Oboe spielen. Sie verstand nichts von Football und hatte nicht die Absicht, daran etwas zu ändern. Ihre Bemerkungen über die Tätigkeit ihres Mannes waren entzückend ahnungslos. Er war Fabrikant von Briefpapier, und ich glaube, auf ihre etwas naive Art stellte sie sich vor, er leite die Postbehörde.

Nein, sie war keine jener furchterregenden Frauen, die über die Angelegenheiten jedes Familienmitglieds besser Bescheid wissen als die Betreffenden. Sie ist ihren Söhnen nie mit Theorien über Football auf die Nerven gefallen, sondern hat sie stattdessen ab und zu mit ihren amüsanten Irrtümern über die Spielregeln belustigt. Und die Papierindustrie hatte nichts am heimischen Herd zu suchen. Sie konnte nicht einmal die Algebra-Aufgaben ihrer Tochter lösen; das hat sie gar nicht erst versucht, wie sie eingeräumt hat. Alles in allem war sie in keinerlei Hinsicht die vorbildliche Mutter, wie sie Miss Emily Hope Demster von der Wayondotte-Valley-Grundschule in ihrer Schrift *Wie man seinen Kindern immer einen Schritt voraus ist* skizziert.

Sie hat ihre Phantasie subtiler und weitsichtiger eingesetzt. Sie wusste, dass ein Zuhause unter dem strengen Regiment einer willensstarken Frau geradezu zwangsläufig aus Mädchen unselbständige Schatten und aus Jungen regelrechte Jammerlappen macht. Ihr war klar, dass die gesunde Entwicklung eines Kindes unvermeidlich verlangt, dass es sich allmählich vom Elternhaus löst.

Und deshalb schützte Mrs. Paxton sich, indem sie das

Leben ganz selbstsüchtig auf ihre Weise genoss. Sie blieb nicht jung mit ihren Kindern oder für ihre Kinder – zwei hohle Phrasen mit desaströsen Folgen –, sie blieb um ihrer selbst willen jung. Wenn ihre Kinder ihr auf die Nerven gingen, schimpfte sie nicht, sondern sie sagte ihnen, dass sie Nervensägen seien.

Der eine ihrer Söhne sah auffallend gut aus und war in schulischer Hinsicht eine Null. Ich glaube, sie mochte ihn fast am liebsten von ihren drei Kindern, doch wenn er sich dumm anstellte, lachte sie ihn aus und sagte es ihm. Sie nannte ihn »Dummkopf« – ohne Tadel, ohne Bosheit, sondern voller Humor. Das konnte sie sich erlauben, weil sie ihre Kinder als Persönlichkeiten betrachtete, nicht als Besitztümer, die es zu bewundern galt.

Man muss nicht besonders schlau sein, um es in dieser Welt zu etwas zu bringen. Und Harry Paxton hat es ziemlich weit gebracht, auch wenn er nie ein College besucht hat. »Dummkopf« ist bis heute ein Scherzwort zwischen ihm und seiner Mutter.

Mrs. Paxtons Kinder wurden immer behandelt, als wären sie erwachsen. Je älter sie wurden, desto mehr wurde ihr Privatleben respektiert und ihnen überlassen. Sie suchten ihre Schule aus, sie suchten ihre Freizeitbeschäftigungen aus; und solange ihre Freunde Mrs. Paxton nicht auf die Nerven gingen oder sich ihr nicht aufdrängten, suchten sie auch ihre Freunde aus. Mrs. Paxton war immer sehr musisch, doch da ihre Kinder keine derartigen Vorlieben zeigten, wurde ihnen Musikunterricht auch nicht aufgenötigt. Sie behandelte sie kaum je wie Kinder – außer wenn sie krank waren –, aber als Persönlichkeiten konnten sie ihr auf verblüffende Weise Freude machen. Der andere Sohn war außergewöhnlich begabt; sie war zutiefst beeindruckt, nicht viel anders, als wäre er jemand, über den sie in der Zeitung gelesen hatte. Einmal bemerkte sie gegenüber einer schockierten und entsetzten Gruppe von Mamas, ihre Tochter Prudence könnte ein hübsches Mädchen sein, wenn sie sich nicht so grauenhaft anziehen würde.

Unterdessen schützte sie sich, indem sie es sich unabhängig von ihren Kindern gutgehen ließ. Sie tat, was sie immer getan hatte. Bis ihre Kinder alt genug waren, um an ihren Vergnügungen teilzuhaben, überließ sie sie ihren eigenen. Sofern die Vergnügungen der Kinder interessant waren, war auch sie daran interessiert, doch es kam selten vor, dass sie den Kindern das Spiel verdarb, indem sie mitspielte. Sie wusste, dass Kinder glücklicher sind, wenn sie unter sich sind, und wenn sie mit ihnen spielte, dann nur, weil sie sich ein wenig austoben wollte.

Es war ein rundum glücklicher Haushalt. Die Kinder wurden nicht gezwungen oder auch nur gedrängt, einander zu lieben, und deshalb wuchsen sie in starker und beinahe sentimentaler gegenseitiger Zuneigung auf.

Mrs. Paxtons Zuhause war ein Glücksfall, weil sie selbst darin ein glückliches Leben führte. Die Kinder hatten nie den Eindruck, als gäbe es all das ausschließlich um ihretwillen. Es war ein Ort, wo sie tun konnten, was sie wollten; doch es war eindeutig kein Ort, an dem sie mit anderen hätten anstellen können, was sie wollten. Ihr Zuhause engte sie nicht ein, aber es warf sich auch niemand unterwürfig vor ihnen zu Boden. Es war ein Ort, an dem ihr Vater und ihre Mutter unvergesslich glücklich über Dinge waren, die nur sie teilten. Noch heute fragen die Kinder sich bisweilen, was das für wunderbare, aber unverständliche Scherzworte waren, die sie nicht ergründen konnten. Sie waren jederzeit eingeladen, sich an der Unterhaltung zu beteiligen, wenn sie dazu in der Lage waren, aber man beschränkte sich um ihretwillen nie auf einsilbige Plattitüden.

Später, als Prudence mit Problemen, die das Erwachsenwerden mit sich bringt, zu ihrer Mutter kam, beriet Mrs. Paxton sie, aber so, wie sie eine Freundin beraten hätte.

Genauso hielt sie es mit ihrem Sohn am College. Er konnte sich nicht darauf verlassen, dass jemand kritiklos hinter ihm stand. Es lag allein bei ihm. Fiel er durch, würde man ihm keine Vorhaltungen machen und keine Moralpredigten halten, auch Tränen würde es keine geben, aber man würde ihm nicht mit Hilfe von Nachhilfelehrern den Weg ebnen. Warum nicht? Einfach deshalb, weil ein Nachhilfelehrer bedeutet hätte, dass seine Mutter auf ein neues Kleid hätte verzichten müssen, auf das sie nicht verzichten wollte – ehrlich, gerecht und unsentimental.

Ihr Familienleben war nie öde, weil es nie erzwungen war; man konnte sich daran beteiligen oder es lassen. Ihr Zuhause war ein Ort, wo Vater und Mutter glücklich waren. Es ließ nie zu wünschen übrig; es hatte nie versprochen, ein weiches, gemütliches Bett zu sein, in dem jeder seinen schlechten Gewohnheiten frönen, sich gehenlassen, nörgeln und murren konnte – anders gesagt, eine Brutstätte für Unarten, Schwächen und Unzulänglichkeiten aller Art zu sein. Zum Ausgleich dafür, dass sie auf die üblichen Privilegien der Mutterschaft verzichtet hatte, nämlich über ihre Kinder zu bestimmen und sie mit ebenso gängigen wie falschen Vorstellungen abzufüllen, beanspruchte Mrs. Paxton für sich, ihrerseits von den Kindern nicht tyrannisiert, gestört oder »instrumentalisiert« zu werden.

Sie ist sicher nicht das, was man gemeinhin unter einer »Mutter« versteht; doch es gibt wohl keine Rolle, in die man sich als Frau leichter fügt, als die der »altmodischen Mutter«. Es erfordert wesentlich mehr Phantasie, wie Mrs. Paxton zu sein. Die Mutterschaft als blinde, gedankenlose Gewohnheit ist etwas, was wir von unseren Vorfahren, den Höhlenbewohnern, geerbt haben. Diese Hingabe an den Mutterinstinkt war so verbreitet, dass wir ihn zu etwas Heiligem erhoben haben – Finger weg! Doch in dem Maße, in dem wir uns Jahrhundert um Jahrhundert entwickeln, kämpfen wir auch gegen unsere Instinkte an, sei es der natürliche (und »heilige«?) Instinkt zu töten, was uns nicht passt, oder die Versuchung, uns gänzlich unseren Kindern zu verschreiben.

Es ist ein Gemeinplatz, dass bedeutende Menschen in der Regel kinderreichen Familien entstammten; das liegt jedoch nicht an einem Vorteil, den die kinderreiche Familie an sich hätte; es liegt daran, dass in einer großen Familie die Kinder weit eher selbständig denken lernen; keines dieser Kinder ist unauslöschlich geprägt von den Ansichten, Irrtümern, Überzeugungen, Abneigungen und Schreckgespenstern, die je nachdem 1889 oder 1901 oder 1922 die Mutter heimsuchten. Eine so enge Verbindung kann in großen Familien zwischen den Eltern und einem einzelnen Kind überhaupt nicht entstehen.

Doch zurück zu Mrs. Paxton und wie es mit ihr weiterging. Die drei Kinder wurden erwachsen und gingen ihrer Wege, wie Kinder es zu tun pflegen. Sie fehlten ihr, aber das bedeutete nicht, dass sie nun nichts mehr mit sich anzufangen gewusst hätte, denn sie hatte immer ein eigenständiges Leben geführt. Sie wurde nie zu der bemitleidenswerten Frau aus den Filmen, der die Trennung das Herz zerreißt, die für einen Besuch im Jahr dankbar ist und die nur für die vier Briefe im Monat lebt, die ihre in alle Himmelsrichtungen verstreuten Töchter und Söhne ihr schicken und die sie gierig verschlingt. Eines Tages werden alle Frauen einsehen, dass ihre Kinder ihnen nicht gehören. Ihnen nie gehört haben.

Mrs. Paxton nun hatte die Umsicht besessen, nie so zu tun, als wären ihre Kinder ihr Eigentum. Sie besaß genug Phantasie, um zu erkennen, dass die Kinder in erster Linie Persönlichkeiten waren; und abgesehen von den vorerwähnten Zeiten der Krankheit betrachtete sie sie auch als Persönlichkeiten.

Und so verlief ihr Leben weiter wie zuvor. Als sie älter wurde, veränderten sich ihre Interessen, aber sie alterte langsam. Das Merkwürdige daran ist, dass ihre Kinder von ihr auch als Persönlichkeit dachten, nicht als »Mutter«, der man vierzehntäglich schreiben muss und die selbst für die unentschuldbarsten Unzulänglichkeiten ihrer Kinder noch Entschuldigungen findet.

»Wie? Sie kennen meine Mutter nicht?«, sagen sie. »Oh, sie ist eine wunderbare, überaus interessante Person. Sie ist einfach bezaubernd. Sie müssen sie kennenlernen!«

An ihr Zuhause erinnern sie sich als an den Ort, wo sie ungehindert ihren eigenen Interessen nachgehen konnten und wo sie, wenn sie anderen auf die Nerven gingen, so behandelt wurden, wie Nervensägen es verdienen.

»Nein«, ruft nun der Gefühlsmensch, »gebt mir mein runzliges altes Mütterchen zurück, das immer nur an mich gedacht hat, das sich alles vom Mund abgespart hat, um mich zu verwöhnen, und das alt und grau darüber geworden ist, es mir immer recht zu machen. Denn ich war das Einzige auf der Welt, was für meine Mutter zählte.«

Und das ist das Schicksal jener Mutterfigur, die gegenwärtig von uns verherrlicht wird, auf der Leinwand und in Rührstücken. Schmeichelt ihr, bezeigt ihr »Hochachtung« – und lasst sie allein. Sie hatte nie genug Phantasie, ihre Kinder als Persönlichkeiten zu sehen, als sie klein waren, und deshalb sind sie nicht imstande, ihre Mutter als Persönlichkeit zu sehen, nun, da sie alt ist.

Zu Weihnachten schicken sie ihr einen Schal. Wenn sie zweimal im Jahr zu Besuch kommt, gehen sie mit ihr ins Hippodrome: »Mutter hätte keine Freude an den neumodischen Shows.« Sie ist keine eigene Person; sie ist »Mutter, die Arme«. Mit fünfzig schon alt, isst sie in ihrem Zimmer, wenn zum Abendessen junge Leute eingeladen sind. Sie hat ihren Kindern in ihrer selbstsüchtigen, unvernünftigen Liebe so viel gegeben, dass ihr nach dem Auszug der Kinder nichts als der Ehrentitel »Mutter« als Trost für ihre ausgehungerte Seele bleibt.

Auf den Rat unserer Ärzte hin haben wir irgendwann gelernt, unsere Babys in Ruhe zu lassen. Wir haben aufgehört, das Kind den lieben langen Tag hindurch zu necken, mit ihm zu sprechen und es herumzutragen, um uns dann zu wundern, dass es am Abend gereizt, übellaunig und ein

Nervenbündel ist. Die Liebe einer Mutter zu ihrem Kind wird heute nicht mehr daran gemessen, wie oft sie nachts für ihr weinendes Kind aufsteht. Vielleicht werden wir eines Tages auch in der Lage sein, unsere Kinder in Ruhe zu lassen und unsere Zeit uns selbst zu widmen. Das Zuhause krankt nicht an Unzulänglichkeit, sondern an Übererfüllung. Es hat etwas Erstickendes; alles ist viel zu gut gemeint. Eine Frau, die eine glückliche Ehe führt, hat einen dutzendfach besseren Einfluss auf ihr Kind als eine, die es anbetet. Und alle Energie, die darauf verwendet wird, das Kind zu »formen«, bewirkt weit weniger als genug Phantasie, das Kind als »Person« wahrnehmen zu können, denn früher oder später wird das Kind sich genau dazu entwickeln.

»Warten Sie nur, bis Sie Kinder haben!«

Die ursprüngliche »jüngere Generation« (ich meine natürlich die Generation, die im Jahr 1919 ihren Auftritt hatte und damals in aller Munde war) wurde mit diesem unheilvollen Refrain immer wieder geradezu erschlagen. So weit, so gut, inzwischen sind die Mitglieder der ursprünglichen jüngeren Generation Eltern. Angesichts der neuen Welt, die aus dem Wirrwarr des Krieges hervorgegangen ist, versuchen sie, sich darüber klarzuwerden, worin genau die Erziehung ihrer Kinder sich von der ihren unterscheiden soll.

Wenn ich von Erziehung spreche, meine ich damit den ganzen Haufen Gewohnheiten und Ideale und Vorurteile, den Kinder im Alter zwischen zwei und sechzehn Jahren von ihren Eltern in Empfang nehmen. Aber es geht mir um mehr als das – nämlich darum, was mein Vater sagen wollte, als er hoffte, ich würde einmal ein anderes Leben führen als er. Er wollte, dass ich besser als er dafür gerüstet wäre, es mit der Welt aufzunehmen.

Das wünschen sich alle Eltern für ihre Kinder – bis auf solche, die so arrogant und selbstzufrieden sind, dass sie sich in ihren Kindern getreue Abbilder ihrer selbst erhoffen. Auf einen Elternteil, der sich zurücklehnt und sagt: »Jetzt sieh dir diesen vollkommenen Mann (oder diese vollkommene Frau) an, den (oder die) der Herr als Vorbild für dich erschaffen hat«, kommen drei, die davon überzeugt sind, dass Kinder gegenüber ihren Eltern einen Fortschritt darstellen und nicht blind ihrem Beispiel folgen, sondern aus ihren Fehlern lernen sollten.

Nun sind Ideale, Konventionen und sogar die Wahrheit selbst Dinge, die sich fortwährend ändern, und die Milch der einen Generation mag die nächste schon als pures Gift betrachten. Die jungen Amerikaner meiner Generation haben eine dieser Veränderungen am eigenen Leib erfahren und werden deshalb den grundlegenden Fehler vermeiden, ihren Kindern zu viel beibringen zu wollen. Bis er dreißig ist, hat ein Mensch neben dem bisschen Erkenntnis eine Menge Unsinn und Überflüssiges in seinem Geist angesammelt, und die Schwierigkeit besteht darin, die Kinder an der Erkenntnis teilhaben zu lassen, ohne sie gleichzeitig mit dem Unsinn und dem Überflüssigen zu belasten. Wir können uns nur bemühen, dies besser zu machen als die Generation vor uns – und sollte es jemals gelingen, alle Entdeckungen weiterzureichen, aber nicht die Illusionen, dann werden diese Kinder zu Recht die Erde besitzen.

Dabei darf man nicht vergessen, dass mein Kind sich mit Lebensumständen konfrontiert sehen wird, von denen ich nicht die geringste Ahnung habe. Es mag in einem kommunistischen Staat leben oder ein Mädchen vom Mars heiraten oder am Nordpol unter einem elektrischen Ventilator sitzen: Nur eines kann ich mit Gewissheit von der Welt sagen, in der es leben wird – sie wird eine weniger fröhliche Welt sein als die, in der ich geboren wurde. Nie war das Vertrauen in die Zukunft der Menschheit so ausgeprägt wie in den neunziger Jahren des 19. Jahrhunderts – selten hat es einen vergleichbaren Tiefstand erreicht wie heutzutage. Der moralische Verfall um uns herum hat einen gewichtigen Grund. In einem Vakuum kann man nicht unmoralisch sein. Es ist etwas ganz und gar nicht in Ordnung mit der Welt (und nur hauptberufliche Prediger, Verfasser von Schundromanen und korrupte Politiker maßen sich an, es erklären zu können). Es wird Courage brauchen, sich in diesen aufgewühlten Wassern stromaufwärts durchzuschlagen, ohne wie meine Generation darüber ein wenig zynisch, überdrüssig und schwermütig zu werden. Wir haben den Krieg mit seinen Grausamkeiten erlebt, die Hysterie der Kommunisten und der »hundertprozentigen Amerikaner« in unserem Land, den Betrug an den Kriegsversehrten, die Korruption in den Behörden, den Prohibitionsskandal – wen nimmt es da wunder, dass wir fast nicht wagen, morgens die Zeitung aufzuschlagen, falls sich wieder eine neue Kluft in der Zivilisation aufgetan haben sollte, eine neue Abscheulichkeit aus jener Mördergrube, die wir das menschliche Herz nennen.

Das ist die Welt in den Augen unserer Kinder, wenn sie erstmals die Augen öffnen. Vor gar nicht so langer Zeit besuchte ich eine Mutter, die gerade ihr erstes Kind geboren hatte. Sie war eine äußerst kultivierte und gebildete junge Frau, der es nie an etwas gemangelt hatte und die darauf vertrauen durfte, dass es bis zu ihrem Tod nie anders sein würde. Als sie aus der Betäubung erwachte, fragte sie die Krankenschwester etwas, und die Krankenschwester beugte sich über sie und flüsterte:

»Es ist ein wunderschönes kleines Mädchen.«

»Ein Mädchen?« Die junge Mutter öffnete die Augen, nur um sie gleich wieder zu schließen. Ganz unvermittelt begann sie zu weinen.

»Also schön«, schluchzte sie. »Ich bin froh, dass es ein Mädchen ist. Und ich hoffe, dass sie ein Dummerchen sein wird – das ist das Beste, was einem Mädchen in dieser Welt passieren kann, ein hübsches kleines Dummerchen zu sein!«

Natürlich sind die meisten von uns trotz allem nicht verrückt oder vielleicht auch nicht konsequent genug für eine so pessimistische Haltung. Wir wollen kein hübsches kleines Dummerchen zur Tochter und keine Söhne, die nicht viel mehr als »gesunde Tiere« sind, auch wenn ihnen das vieles ersparen würde. Wir wollen sogar, dass sie mehr im Sinn haben als ihr Scheckbuch und ein gemütliches Zuhause. Anständig und ehrbar sollen sie sein, und wenn ich schon nicht mehr guten Gewissens das Wort »gesetzesfürchtig« hinzufügen kann, zumindest imstande, gegen Gesetze zu stimmen, die zu befolgen sie sich nicht in der Lage sehen.

Ich kann mir vorstellen, wie ein junger Vater, der wie ich in den neunziger Jahren geboren wurde, zu seinem kleinen Sohn folgendermaßen spricht:

»Ich will nicht, dass du so wirst wie ich«, sagt er, über das Bett des Kindes gebeugt. »Ich will, dass du Muße für die höheren Dinge im Leben hast. Ich will, dass, wenn du in die Politik gehst, nicht nur einer unter zehn Politikern saubere Hände hat und dass deine Hände sauber bleiben. Und wenn du Geschäftsmann wirst, dann will ich, dass du ein besserer Geschäftsmann wirst, als ich es war. Mein lieber Sohn, abgesehen von ein paar Kriminalromanen habe ich seit dem College kein Buch angerührt. Meine Vorstellung von Zeitvertreib beschränkt sich auf Golf oder Bridge mit Leuten, die genauso stumpfsinnig sind wie ich, und mit einer Flasche schwarzgebranntem Gin, damit wir nicht merken, wie langweilig wir sind. Ich habe keine Ahnung von Naturwissenschaften, Literatur, Kunst oder Architektur und nicht einmal von Wirtschaft. Ich glaube alles, was ich in der Zeitung lese, genau wie unser Hausmeister. Bis auf meine Firma bin ich eigentlich eine Niete, kaum mündig zu wählen – aber du sollst es zu mehr bringen, und dabei will ich dich unterstützen, so wahr mir Gott helfe.«

So wird sein eigener Vater wohl kaum mit ihm gesprochen haben, damals, im Jahr 1896. Das hörte sich vermutlich eher so an:

»Ich will, dass du es zu etwas bringst. Ich will, dass du hart arbeitest und viel Geld verdienst. Lass dich von niemandem übers Ohr hauen, und haue auch selbst niemanden übers Ohr, denn sonst kommst du ins Gefängnis. Vergiss nicht, dass du Amerikaner bist« (an dieser Stelle kann man Engländer, Franzose oder Deutscher einfügen, denn diese Ansprache wurde in vielen Sprachen gehalten) »und dass wir allen anderen Rassen haushoch überlegen sind, denk immer daran, dass alles, woran wir nicht glauben, mit absoluter Sicherheit nichts als Unsinn ist. Ich war auf dem College, und ich lese Zeitung, und deshalb weiß ich Bescheid.«

Erkennen Sie die Melodie? Es ist der Geist des neunzehnten Jahrhunderts, voller Selbstsucht und National-dünkel, der zum Ersten Weltkrieg geführt hat und mittel-bar zum grausamen Tod vieler Millionen junger Männer.

Jedenfalls beginnt dieses Baby, das Baby, von dem wir sprachen, sein Leben unter völlig anderen Voraussetzun-gen. Sein Vater war im Krieg, vielleicht sogar in Gefechte verwickelt, er ist kein Deutschenhasser – das überlässt er den Hurrapatrioten –, und er hat vielleicht nicht verges-sen, dass das Leben in Paris genauso angenehm sein kann wie in Podunk, Indiana. Er gibt keinen Pfifferling darauf, dass sein Sohn in der Schule die Nationalhymne singt, weil er weiß, dass oberflächliche Vaterlandsliebe nicht das Schwarze unter dem Nagel wert ist und dass auch Grover Cleveland Bergdolls kindlicher Sopran auf Anordnung des Lehrers »My Country, 'Tis of Thee« gepiepst hat. Be-sagter junger Vater hat ohnehin nicht gerade ein übertrie-benes Vertrauen in die Schule – mag sie noch so gut sein –, weil er weiß, dass Lehrer Menschen wie du und ich sind, keine Genies, einfach hart arbeitende und dabei unzuläng-lich ausgebildete junge Männer und Frauen, die sich red-lich Mühe geben, und so ihr Brot verdienen. Er weiß, dass Schulen in einer Welt der Stereotype zwangsläufig dem Herausbilden von Stereotypen dienen. Was das Kind ler-nen wird, entspricht den Idealen eines geschäftstüchtigen Krämers, aufgewertet von gelegentlichen Blicken zu den Bildern von Abraham Lincoln und George Washington an der Wand, jenen Präsidenten, denen ein Hauch von Romantik anhaftet, die von einfältigen Biographen und schludrigen Schnellschreibern zur Zierde von Sonntags-schulbroschüren herabgewürdigt werden.

Nein, der junge Vater weiß, dass seine Kinder die zeitgemäßen Ideale, mit denen sie sich der Welt stellen können, kaum in der Schule finden werden. Soll die Seele des Kindes noch von etwas anderem geprägt werden als von einigen abgenutzten Gummistempeln, muss es den Ansporn dazu von zu Hause bekommen. Ein Schulsystem ist ein so gewaltiges Gebilde, dass es sich oft nach rein pragmatischen Gesichtspunkten richten muss. Aber der junge Vater braucht seinen Kindern, was Pragmatismus betrifft, nichts vorzumachen. Und ich glaube auch nicht, dass er das tun wird – nicht einmal die ärgsten Kritiker dieser Generation können ihr falsche Bescheidenheit vorwerfen. Ihre Kinder werden wenigstens diesen Vorteil gegenüber meinen Zeitgenossen haben, die alle unflätigen englischen Wörter kannten, bevor sie die geringste Ahnung von dem Aspekt des Lebens hatten, den sie sich so grotesk entstellt ausmalten.

Ich will nun keineswegs den Eindruck erwecken, als ob sich die jungen Männer und Frauen meiner Generation damit brüsten könnten, hundert todsichere Methoden gefunden zu haben, wie man aus jedem Kind einen veritablen Abraham Lincoln macht. Stattdessen werden sie ihre Kinder vor all dem vorgefertigten Unsinn schützen wollen, von dem es in der Welt wimmelt. Sie wissen, dass es genügt, ein gutes Buch zu kennen, beispielsweise Van Loons *Geschichte der Menschheit*, das hundert sogenannte Klassiker für Kinder aufwiegt, die von senilen Professoren dazu gemacht wurden. Und da sie so großen Argwohn gegen Bildung aus der Konserve für ihr Kind hegen, werden sie es ganz besonders vor dieser Art Inspiration beschützen, die sich zu einer nationalen Plage entwickelt hat. Die Freundschaft nur eines einzigen älteren Mannes von Bildung und Charakter ist ein Segen, doch solche Menschen sind selten, nicht einmal drei davon kommen auf eine Stadt. Und der Ersatz, der in Vorträgen von hauptberuflichen Erziehungsfachleuten und Kinderverängstigern besteht, ist in meinen Augen ausgesprochen gefährlich.

Die Gefahr liegt in der Überstimulierung. Wenn Jungen und Mädchen jeden Tag mit neuen Ideen aus der Schule nach Hause kommen, wie sie das Heim verschönern oder dass sie alte Kleider für die Lappländer sammeln könnten oder sich jede Woche für eine gute Sache aufopfern wollen, dann wird das Hirn dieser Kinder in wenigen Jahren nichts weiter sein als ein vollgestopftes Vogelnest. Der Geist meines Kindes soll nicht von jedem Schaumschläger der Welt angeregt werden dürfen, von Patrioten, die dafür bezahlt werden, bis zu Filmmagnaten, die in den Kehrichthaufen nach Schund gekramt haben, den sie der Jugend vorsetzen können. Irgendwann wird das Kind natürlich genug vom Radio haben und auch davon, die Nachbarn zu erbauen – nicht, dass ich etwas gegen individuelle Zerstreuung hätte, aber ständige Wiederholung solcher Dinge schläfert die Begeisterungsfähigkeit eines Kindes ein und schadet seinem Verstand nachhaltig. So ein Kind kann sich an nichts erfreuen und kann nichts verstehen, was ihm nicht in konservierter, vorverdauter Form dargeboten wird – als Konservenmusik, Konservenideen, sogar Konservenspiele –, bis man sich nicht mehr wundern muss, dass es als Erwachsener für Konservenansichten und Konservenideale empfänglich sein wird.

»Aber«, wird der Realist einwenden, »Ihre Kinder werden wie meine in eine Welt hineinwachsen, über die Sie keine Kontrolle haben. Wenn Sie Ihrem Sohn all diese Dinge verbieten, errichten Sie dann nicht um ihn herum eine Festung aus Verboten – gegen die Sie sich vor nicht allzu langer Zeit noch selbst verwahrt haben?«

Ich werde versuchen, diese Frage zu beantworten, doch vorher will ich auf einen wichtigen Punkt zu sprechen kommen, in dem sich die Einstellung meines Kindes zum Leben von meiner unterscheiden wird.

Ganz einfach: Es wird frei von jeder Achtung für Althergebrachtes sein. Sofern ich nicht geistesschwach werden und mich an der verbreiteten Verschwörung beteiligen sollte, Kindern einzubleuen, dass ihre Eltern etwas Besseres seien als sie, soll mein Kind nichts allein deshalb achten, weil es alt ist, sondern nur die Dinge, die es für achtenswert hält. Ich werde ihm sagen, dass ich auch nicht viel mehr über den Sinn unseres Lebens weiß als es selbst, und ich werde es mit der Warnung zur Schule schicken, dass der Lehrer nicht mehr weiß als ich. Das tue ich, weil ich will, dass meine Kinder das Gefühl haben, sie seien auf sich gestellt. Ich will, dass sie das Leben von Anfang an ernst nehmen, nicht abhängig sind, es aber auch nicht auf die leichte Schulter nehmen, und ich will, dass sie die Wahrheit erkennen – verloren zu sein in einer fremden Welt, neben der die Geheimnisse aller Höhlen und Wälder harmlos sind. Der russisch-jüdische Zeitungsjunge auf New Yorks Straßen hat gegenüber unseren Kindern einen unermesslichen Vorteil, weil er sich über seine Einsamkeit im Klaren ist. Er ist sich der Unermesslichkeit und der Unbarmherzigkeit des

Lebens bewusst, und er entwickelt für sich sein eigenes Wissen um die Menschheit. Wenn er fällt, hebt ihn niemand auf und stellt ihn wieder auf die Füße.

Diesen Vorteil kann ich meinem Sohn nicht verschaffen, ohne ihn den tausend Gefahren des Vagabundenlebens auszusetzen, aber ich kann ihm den Eindruck geistiger Einsamkeit vermitteln, den jeder bedeutende Mensch in seinem Inneren verspürt hat, des Alleinseins mit seinen Überzeugungen, zu denen er ganz allein gefunden hat, und mit seinem Charakter, der Ausdruck dieser Überzeugungen ist. Ich werde meinem Sohn nicht nur keine Maßstäbe aufzwängen, sondern ich werde auch in Frage stellen, was andere ihm über das Leben erzählen. Unerschütterliche Zuversicht ist einer der größten Trümpfe des Menschen, und aus dem Leben großer Männer wissen wir, dass sie sich einzig aus Selbstvertrauen speist – und nichts, was man meinem Sohn erzählen kann, wird von Wert sein neben dem, was er ganz allein herausfinden wird. Was mir bleibt, ist, die Geier im Auge zu behalten, die von allen Seiten mit den üblichen Lügengeschichten herangeflogen kommen. Der beste Freund, den wir in unserer Jugend haben können, ist derjenige, der uns lehrt, zu fragen und zu zweifeln – und dieser Freund wäre ich gern für meinen Sohn.

Folgendermaßen wird sich die frühe Welt meines Kindes von meiner eigenen unterscheiden:

Erstens wird es weniger provinziell und weniger patriotisch sein. Es wird lernen, dass ein Weltbürger für Podunk, Indiana, von größerem Nutzen ist als ein Bürger von Podunk, Indiana, für Podunk, Indiana. Es wird lernen, die amerikanischen Ideale einem kritischen Blick zu unterziehen, über die zu lachen, die albern sind, die zu verachten, die engstirnig und kleingeistig sind, und sein Bestes zu geben für die, an die es glaubt.

Zweitens wird es seinen Körper von Kopf bis Fuß kennen, bevor es zehn Jahre alt sein wird. Es ist nützlicher, darüber Bescheid zu wissen, als lesen und schreiben zu können.

Drittens wird es so wenig Reizüberflutung wie möglich ausgesetzt sein, ob durch Menschen oder durch Maschinen. Jeglicher Enthusiasmus seinerseits wird in Frage gestellt werden, und wenn es sich um Massenhysterie handelt – denn der primitive Instinkt ist derselbe, ob man Neger lyncht oder über Polyanna weint –, wird man es durch Lachen von ihrer Erbärmlichkeit kurieren.

Viertens soll es das Alter nicht achten, wenn das Alter keine Achtung verdient, sondern allem, was die Älteren sagen, mit Misstrauen begegnen. Wenn es ihnen nicht zustimmen kann, soll es sich lieber an seine eigenen Ansichten halten, statt an ihre, nicht nur, weil es am Ende recht behalten könnte, sondern weil es aus eigener Erfahrung lernen muss, dass Feuer brennt.

Fünftens soll es das Leben ernst nehmen und nie vergessen, dass es allein ist: dass es niemanden gibt, der ihm die Richtung weist, und dass man in einer Welt, in der niemand wesentlich mehr weiß als jeder beliebige andere, seine eigenen Überzeugungen und Maßstäbe finden muss.

Dann wird es, so hoffe ich von ganzem Herzen, diese fünf Dinge besitzen – einen Platz in der Welt, ein Bewusstsein für den Körper, in dem es leben muss, Abscheu vor Heuchelei, Misstrauen gegenüber der Obrigkeit und ein einsames Herz. Das, was dem entgegensteht – Patriotismus, Demut, unterschiedslose Begeisterungsfähigkeit, Vertrauen und Kameradschaftlichkeit –, überlasse ich den gutgläubigen Handlangern der letzten Generation. Für unsere Kinder taugen sie nicht.

So viel kann ich tun – alles Weitere hängt von den Fähigkeiten des Jungen ab, von seiner Intelligenz und seinem angeborenen Ehrgefühl. Nehmen wir an, dass er unter diesen Voraussetzungen als Vierzehnjähriger zu mir käme und sagte: »Vater, zeig mir einen anständigen bedeutenden Menschen.«

Ich müsste mich in der Welt der Lebenden umsehen und jemanden finden, der seiner Bewunderung würdig wäre.

Nun war keine Generation in der Geschichte Amerikas so glanzlos, so bedeutungslos, so ideenarm wie die Generation, die heute zwischen vierzig und sechzig Jahre alt ist – die Menschen, die in den neunziger Jahren jung waren. Ich beziehe mich natürlich nicht auf die Ausnahmeerscheinungen dieser Generation, sondern auf den durchschnittlichen »gebildeten« Zeitgenossen. Diese Leute sind in der Regel unbelesen, intolerant, bedauernswert in ihrer geistigen und seelischen Armut, geschäftstüchtig und zu Hause gelangweilt. Kulturell stehen sie nicht nur unter ihren Vätern, die mit Huxley, Spencer, Newman, Carlyle, Emerson, Darwin und Lamb genährt wurden, sondern auch unter ihren vielgeschmähten Söhnen, die Freud, Rémy de Gourmont, Shaw, Bertrand Russell, Nietzsche und Anatole France lesen. Sie sind mit Anthony Hope aufgewachsen, und mit J. S. Fletchers Detektivromanen und Fosters Bridge-Ratgebern dämmern sie in die Senilität hinüber. Sie behaupten, das würde ihren Geist »entspannen«, was nichts anderes heißt, als dass sie zu ungebildet sind, um an etwas anderem Gefallen zu finden. Wenn man sie reden hört, könnte man allerdings meinen, jeder von ihnen hätte persönlich die drahtlose Telegraphie, das Kino oder das Telefon erfunden – aber tatsächlich sind sie nahezu Barbaren.

Wen hätte meine Generation aus diesem Haufen zum Vorbild nehmen sollen? Zu wem hätten wir überhaupt aufschauen können, als wir jung waren? Meine persönlichen Helden waren Männer meines Alters oder ein wenig älter als ich, Männer wie der Footballstar Ted Coy von Yale. Ich bewunderte Richard Harding Davis in Ermangelung eines besseren Vorbilds, einen gewissen Jesuitenpater, der jedoch unbedeutend war, und hin und wieder Theodore Roosevelt. An Taft, McKinley, Bryan, den Generälen Miles und Shafter, den Admirälen Schley und Dewey, William Dean Howells, Remington, Carnegie, James J. Hill, Rockefeller und John Drew, den populären Helden vor zwanzig Jahren, konnte ein kleiner Junge wenig Inspirierendes finden. In dieser Aufzählung kommen gute Männer vor – insbesondere Dewey und Hill, aber das sind keine Männer, denen das Herz eines kleinen Jungen zufliegt, anders als Stonewall Jackson, Pater Damien, George Rogers Clark, Major André, Lord Byron, Jeb Stuart, Garibaldi, Dickens, Roger Williams oder General Gordon. Erstere taugten nicht halb so viel wie Letztere. Keiner von ihnen klang auch nur entfernt nach Heldentum, nirgends eine klare und deutliche Berufung zu mehr als nur Alltäglichem. Später, als ich älter war, lernte ich einige andere Amerikaner aus jener Generation bewundern – Stanford White, E. H. Harriman und Stephen Crane. Das waren romantischere Erscheinungen, Männer mit großen Träumen, voller Vertrauen in ihre Arbeit, die über die kleinlichen Ideale der neunziger Jahre in Amerika hinausgeblickt hatten – Harriman mit seiner transkontinentalen Eisenbahn und White mit seiner architektonischen Vision für Amerika. Doch diese drei Männer, deren freier Geist keiner Heuchelei fähig war, bewegten sich immer wie unter einer Wolke.

Und so hoffe ich, falls mein Sohn in zehn Jahren zu mir kommen und sagen wird: »Vater, zeig mir einen anständigen Menschen«, dass ich ihm dann etwas Bewundernswerteres anbieten kann als gewiefte Politiker oder Krämerseelen. Manche derer, die 1917 für ihre Überzeugungen ins Gefängnis gingen, gehören ebenso zu meiner Generation wie manche, die Beine und Arme in Frankreich gelassen haben und nach ihrer Rückkehr nicht die Deutschen zum Teufel wünschten, sondern die Unternehmer, die für einen Dollar im Jahr zusammen mit der Regierung den Krieg vom Schreibtisch aus geführt haben. Schon zu meiner Zeit haben Schriftsteller voller Verachtung furchtlos die Stimme gegen Schwindelei, Heuchelei und Korruption erhoben, Schriftsteller wie E. E. Cummings, Otto Braun, John Dos Passos, Edmund Wilson, J. A. Ferguson oder Thomas Boyd. Und in der Politik gab es junge Männer wie Cleveland und Bruce in Princeton, deren Namen in den Zeitungen standen, bevor sie zwanzig waren, weil sie den Institutionen ihres Landes kritisch gegenüberstanden, statt ihnen blind zu gehorchen. O ja, wir werden unseren Söhnen etwas vorzuweisen haben, wie mir scheint, vielleicht niemanden, über den wir sagen: »Das ist ein Mensch ohne Fehl und Tadel«, dafür aber: »Das ist ein Mensch, der sich bemüht hat, der sich dem Leben gestellt hat, weil er der Ansicht war, es könnte ein reicheres und freieres Leben sein, als es das heute ist, und der hoffte, seinen Teil dazu beitragen zu können.«

Was die Frauen meiner Generation angeht, liegt das Problem etwas anders – ich meine die jungen Frauen, die bis vor kurzem noch Flapper waren und nun einen Säugling an der Brust haben. Ich für mein Teil kann mir zwar ebenso wenig vorstellen, mich in ein altmodisches Mädchen zu verlieben, wie ich mich in eine Amazone verlieben könnte, aber mir scheint, dass die jungen Frauen der wohlhabenden Mittelschicht alles in allem nicht mit den Männern mithalten können. Damit meine ich die unselbständige Frau, das ehemalige Partygirl. Als Jugendliche war sie ganz schön beschäftigt, viel zu beschäftigt, um sich mit Bildung abzugeben, und was sie weiß, hat sie zufällig aufgeklaubt, durch einen oder zwei kluge Männer, die ihr über den Weg gelaufen sind. Ihnen um ein Vielfaches überlegen sind die Mädchen aus der Mittelschicht, die arbeiten gehen, Tausende junge Frauen, welche die Antriebskraft hinter jedem Dummkopf in Tausenden Büros überall in den Vereinigten Staaten sind. Ich will damit nicht sagen, dass diese Frauen Helden zur Welt bringen werden, weil sie sich selbst durchkämpfen mussten – im Gegenteil, vermutlich werden sie ihren Kindern gegenüber

Konformität und Fleiß und beruflichen Erfolg überbewerten –, aber dieser Typ Frau ist wesentlich wertvoller als die Frauen, die unsere Colleges und Country Clubs hervorbringen. Am besten lernen Frauen nicht aus Büchern oder aus ihren Träumen, sondern von der Wirklichkeit und durch den Kontakt mit erstklassigen Männern. Ein Mann kann sein Leben mit einer Närrin verbringen, ohne von ihrer Torheit angesteckt zu werden, aber eine kluge Frau, die mit einem Dummkopf verheiratet ist, übernimmt zu guter Letzt die Dummheit ihres Mannes und, was schlimmer ist, seine Engstirnigkeit.

Und dies veranlasst mich zu einer Behauptung, der viele sicherlich heftig widersprechen werden und die an dieser Stelle reaktionär und unangebracht wirken mag. Ich hoffe für die jüngste Generation, dass ihre Erziehung nicht so sehr von Frauen beeinflusst sein wird wie die der letzten. Unsere Väter waren zu beschäftigt, um sich für uns zu interessieren, bis wir fast erwachsen waren, und das hatte zur Folge, »dass alle amerikanischen Kinder zur Familie ihrer Mutter gehörten«, wie Booth Tarkington bemerkte. Als ich neulich vor Mitgliedern der Lucy Stone League sagte, die meisten amerikanischen Jungen würden auf den Knien ihrer Lehrerinnen lernen, sich zu verstellen, folgte entsetztes Schweigen. Dennoch bin ich überzeugt davon. Es tut Jungen nicht gut, ausschließlich von Frauen erzogen zu werden, wie es in Amerika der Fall ist. Etwas im Geist eines Mannes bringt ihn dazu, sich Frauen gegenüber zu verstellen oder Eindruck zu schinden, wie er das einem Mann gegenüber nie tun würde.

»Wenn die anderen Jungen in der Schule dich nicht mögen, dann komm zu mir«, sagt die Mutter zu ihren Söhnen.

»Wenn die anderen Jungen in der Schule dich nicht mögen, dann will ich den Grund wissen«, sagt der Vater.

Letztlich sind für einen Jungen beide Haltungen wichtig, aber meine Generation hat nur die erste kennengelernt, und die hat uns verweichlicht, unerfreulich verweichlicht, und das wären wir immer noch, wenn uns nicht zwei Jahre Krieg diszipliniert hätten.

Und wenn die jungen Männer, die ich jeden Tag treffe, typisch für ihre Generation sind, dann haben wir keineswegs die Flagge eingeholt und unsere Ansichten gemäßigt und beschlossen, unsere Kinder auf die »gute alte Weise« aufzuziehen. Die »gute alte Weise« ist uns bei weitem nicht gut genug. Dass wir jede wissenschaftliche Entdeckung nutzen werden, um unsere Kinder gesund zu erhalten, versteht sich von selbst; aber wir werden mehr tun als das – wir werden ihnen einen unbelasteten Start ermöglichen und ihnen weder unsere eigenen Vorstellungen und Erfahrungen aufladen, noch unsere Art zu leben vorschreiben. Hie und da hat uns das Feuer versengt, aber – wer weiß? – vielleicht kann Feuer unseren Kindern nichts anhaben, und wenn wir sie mit unseren Warnungen verschrecken, wird ihnen vielleicht nie richtig warm sein. Wir werden ihnen nicht einmal unseren Zynismus zumuten, wie uns die Sentimentalität unserer Väter zugemutet wurde. Am ehesten werden wir ein wenig Zweifel säen, verlangen, dass er auf unsere Ideale genauso angewendet wird wie auf alles andere, was vergänglich ist auf dieser Welt. Sie gehen bereits ihren eigenen Weg, bezaubern uns mit ungeahnten neuen Versprechen in den Augen, die sie auf die Welt öffnen, und mit der Frische und Schönheit und dem gesunden Frieden ihres Schlafs. Wir werden nicht viel von ihnen verlangen – Liebe, wenn sie uns bereitwillig gewährt wird, ein wenig Höflichkeit, mehr nicht. Sie sind frei, sie sind bereits kleine Menschen, und wer sind wir, dass wir ihnen im Weg stehen dürften? Letzten Endes werden sie uns niederkämpfen müssen, wie jede Generation die vorhergehende niederkämpft, jene Generation, die die Erde mit all den verrotteten Vorstellungen belastet, die sie ihre Ideale nennt. Und wenn mein Kind ein besserer Mensch sein wird, als ich es bin, dann wird es schließlich zu mir kommen und nicht etwa sagen: »Vater, du hattest recht mit deinen Ansichten über das Leben«, sondern es wird sagen: »Vater, du hattest völlig unrecht.«

Und wenn diese Zeit gekommen sein wird, und sie wird kommen, möge ich dann gerecht und verständig genug sein zu sagen: »Viel Glück und auf Wiedersehen, denn deine Welt hat einmal mir gehört, doch jetzt gehört sie mir nicht mehr. Geh unbeirrbar deinen Weg in den Kampf, und lass mich in Frieden zurück unter all den tröstlichen und falschen Dingen, die ich geliebt habe, denn ich bin alt, und mein Werk ist vollbracht.«

Wie man Stoff vergeudet –
Eine Notiz über meine Generation

Seit Washington Irving sich mit der Notwendigkeit eines amerikanischen Hintergrunds beschäftigt hat, ein paar Quadratmeilen gerodeten Geländes, denen wie von allein die farbigsten Anekdoten entspringen würden, war die Frage nach dem Stoff ein Hemmschuh für den amerikanischen Schriftsteller. Auf einen Theodore Dreiser und dessen zielstrebiges und untadeliges Vorgehen kommen ein Dutzend Schriftsteller à la Henry James, die vor lauter Sorge über den Stoff stumpfsinnig geworden sind, und ein weiteres Dutzend, die, geblendet vom verblassenden Schwanz des Kometen Walt Whitman, den unaufrichtigen Drang verspürten, »Bedeutendes« über Amerika zu schreiben, und so ihre Bücher vermasselt haben.

Unaufrichtig, weil der Drang nicht aus ihrem Inneren kommt, sondern im schäbigsten Sinn des Wortes »literarisch« ist. In den letzten sieben Jahren hatten wir mindestens ein halbes Dutzend Abhandlungen über den amerikanischen Farmer von Neuengland bis Nebraska, mindestens ein Dutzend schlaue Bücher über junge Leute, manche davon mit einem Überblick über amerikanische Unversitäten als Hintergrund, mehr als ein Dutzend Romane, die New York, Chicago, Washington, Detroit, Indianapolis,

Wilmington oder Richmond aus den verschiedensten Perspektiven betrachten, zahllose weitere Romane, die von amerikanischer Politik, Wirtschaft, Gesellschaft, Wissenschaft, Rassenproblematik, Kunst, Literatur und Filmindustrie handeln und von Amerikanern im Ausland in Friedens- und Kriegszeiten, und zuletzt mehrere Romane über Veränderungen und Entwicklungen, die sich den vergangenen Jahrzehnten um der reinen Selbstbeweihräucherung willen widmen oder vage und wirkungslos gegen die Industrialisierung unseres schönen alten amerikanischen Lebensstils protestieren. Auf fünf unserer Städte kam ein Arnold Bennett – die Grundmauern dürften also mittlerweile errichtet sein! Reicht es bei uns etwa nur dazu, sich für alle Zeiten mit einem nie vollendeten Erdgeschoss abzumühen, dessen Vorgaben sich von Jahr zu Jahr ändern?

Auf jeden Fall verbrauchen wir unseren Stoff wie die Verschwender – und das nicht zum ersten Mal. In den neunziger Jahren begann eine fieberhafte Suche nach »unverbrauchten« Abschnitten amerikanischer Geschichte, die, kaum gefunden, umgehend zu einer hübschen und romantischen Geschichte verdorben wurden. Die vergangenen sieben Jahre waren vom gleichen literarischen Goldrausch geprägt, und trotz all unserer vorgeblichen Aufrichtigkeit und Raffinesse wird der Stoff auf verdächtig ähnliche Weise wie damals roh und unverdaut ausgespuckt. Der eine Autor begibt sich für drei Monate auf eine Farm im Hinterland, um Stoff für ein Epos über den amerikanischen Landwirt zu sammeln! Ein anderer bricht in vergleichbarer Mission in die Blue Ridge Mountains auf, ein Dritter macht sich mit der Reiseschreibmaschine

auf den Weg nach Westindien – man geht recht in der Annahme, dass das, was sie dort in die Finger bekommen, die
journalistische Ausbeute eines Richard Harding Davis
oder eines John Fox jr. von vor zwanzig Jahren nicht auf-
wiegen wird.

Aber schlimmer noch: das Ergebnis wird bearbeitet
werden, damit es eine literarische Note erhält. Die Farm-
geschichte wird mit einer verdünnten Mischung aus Gedanken und Sinneseindrücken von Thomas Hardy be-
sprüht werden; der Roman über das jüdische Viertel wird
mit *Ulysses* und der späten Gertrude Stein verflochten; die
Niederschrift von Jugendträumen wird mittels großer und
weniger großer Namen zusammengehalten – Marx, Spencer, Wells, Edward Fitzgerald –, die man, wie um das Papier zu beschweren, hie und da auf die Seiten fallen lässt.
Der Roman über die Geschäftswelt schließlich wird zur
Satire zurechtgeklopft werden durch den fragwürdigen,
aber unablässig wiederholten Hinweis darauf, dass sein
Verfasser und dessen Leser sich vom amerikanischen Geschäftssinn distanzieren.

Und das meiste davon – die literarischen Anfänge dessen, was ein goldenes Zeitalter hätte sein sollen – ist so tot,
als wäre es nie geschrieben worden. Kaum einer von denen, die so viel Anstrengung und Begeisterung und sogar
Intelligenz darauf verwenden, hat überhaupt Stoff gefunden.

In gewissem Maß kann man dafür zwei Männer verantwortlich machen, wobei der eine, H. L. Mencken, bislang
mehr für die amerikanische Literatur geleistet hat als jeder
lebende Mensch. Wofür Mencken stand, was er forderte,

entglitt ihm folgerichtig 1920, wand sich aus seinen Händen. Nicht etwa, weil die »literarische Revolution« über ihn hinauswuchs, sondern weil er immer eher in ethischen als in ästhetischen Kategorien gedacht hatte. In der Kulturgeschichte hat kein rein ästhetischer Gedanke sich je als Angriffswaffe bewährt. Menckens Schmähungen, bissig wie Swifts, wirkten durch die Verwendung der eindrücklichsten englischen Prosa dieser Tage. Und statt sich in einer unendlichen Reihe von Verlautbarungen über den amerikanischen Roman zu verlieren, hätte er sich besser unverzüglich auf den gelasseneren und kritischeren Ton seines frühen Textes über Dreiser besonnen.

Doch vielleicht war es dafür schon zu spät. Er hatte bereits ein Geschlecht von Handwerkern hervorgebracht – Männer ohne Zartgefühl, jeder Eleganz abhold, ausschließlich mit Äußerlichkeiten, Alltäglichkeiten, dem »Nationalen« und dem Abgedroschenen beschäftigt, deren Stil die Karikatur eines Mencken *at his worst* war und die mit seinen Stoffen spielten – achtlos wie Kinder in seinem mütterlichen Schatten. Das waren die Männer, die für künstlichen Enthusiasmus sorgten, jedes Mal wenn neue Mengen Rohmaterial auf der literarischen Bühne ausgekippt wurden, die den Mangel an Zusammenhang mit Lebendigkeit verwechselten, die Chaos mit Lebendigkeit verwechselten. Es war eine Neuauflage des »new poetry movement«, nur dass die Opfer es diesmal wert waren, gerettet zu werden. Jede Woche machte ein neuer Roman seinen Verfasser zu einem Mitglied in der »kleinen Schar, die ernstzunehmende amerikanische Literatur hervorbringt«. Als Gründungsmitglied dieser kleinen Schar vermelde ich nicht ohne Stolz, dass sie mittlerweile auf siebzig oder achtzig Mitglieder angewachsen ist.

Und weil sein Werk sonderbarerweise missverstanden wird, muss Sherwood Anderson einen Teil des Tadels auf seine Kappe nehmen für diesen begeisterten Marsch durch eine Sackgasse in tiefster Finsternis. Bis zur Stunde erklären die Rezensenten ihn feierlich zu einem sprachlich unbeholfenen, schwerverständlichen Autor, der vor Ideen überquillt, während er ganz im Gegenteil über einen brillanten und fast unnachahmlichen Prosastil verfügt, aber so gut wie keine Einfälle hat. So wie die Prosa eines Joyce in den Händen, sagen wir, eines Waldo Frank so unbedeutend und blödsinnig wird wie das mechanische Geschreibe eines Theosophen aus Kansas, stilisieren die Anderson-Anbeter einen Joseph Hergesheimer zum Antichrist, um weiter Anderson dort nachzuahmen, wo er von der schwierigen Schlichtheit abgekommen ist, die sich ihrem Begriffsvermögen entzieht. Und wieder ist es die Kritik, die sogar noch jene Unübersichtlichkeit als verdienstvoll erachtet, die den Büchern dieser Autoren das baldige und gnädige Vergessen bescheren wird.

Doch das liegt nun alles hinter uns. Zu oft wurde blinder Alarm geschlagen. Das Publikum, das sich nicht länger an der Nase herumführen lassen will, ist zu seinen englischen Autoren, Memoirenbänden und Propheten zurückgekehrt. Einige der Wunderknaben der letzten Zeit sind auf Lesereise (aus einem Rundschreiben erfahre ich, dass die meisten von ihnen über die »literarische Revolution« sprechen werden!), einige verfassen Schmachtfetzen, ein paar wenige haben sich endgültig von der Literatur verabschiedet – sie haben nie begriffen, dass jeder Stoff, selbst wenn man ihn noch so genau ins Auge fasst, so flüchtig bleibt wie der Augenblick, in dem er existiert, solange man ihn nicht durch einen unangreifbaren Stil und durch die Katharsis leidenschaftlicher Empfindung geläutert hat.

Unter allen Werken der jungen Männer, die seit 1920 auf der Bildfläche erschienen sind, hat ein Buch Bestand – *Der ungeheure Raum* von E. E. Cummings. Man kann es fast nicht als Roman bezeichnen; Schauplatz ist nicht Amerika; es ist untergegangen im Strudel der Durchschnittlichkeit, wurde ausgesondert – vergessen. Aber es hat deshalb Bestand, weil die wenigen, die Bücher lebendig erhalten, den Gedanken an seine Sterblichkeit nicht ertragen konnten. Zwei weitere Bücher, die beide vom Krieg handeln, vervollständigen die mögliche Ehrenrettung der jüngeren Generation und ihrer Schreibversuche – *Through the Wheat* und *Three Soldiers*, obwohl jenes es trotz seines hervorragenden letzten Kapitels nicht mit *Les Croix de Bois* oder *The Red Badge of Courage* aufnehmen kann und dieses ruiniert wird vom durchdringenden Geruch zeitgemäßer Empörung. Aber dass diese trübselige Bilanz hochfliegender Hoffnungen und schmählichen Versagens nicht alles ist, das beweist die erste Veröffentlichung Ernest Hemingways.

In unserer Zeit besteht aus vierzehn Kurzgeschichten, langen und kurzen, unter die fünfzehn lebendige Miniaturen gemischt sind. Versuche ich, mir andere amerikanische Kurzgeschichten zu vergegenwärtigen, die so gut sind wie »Großer doppelherziger Strom« am Schluss des Buchs, fallen mir nur »Melanctha« von Gertrude Stein, »Das triumphierende Ei« von Sherwood Anderson und »The Golden Honeymoon« von Ring Lardner ein. Es ist die Geschichte eines Jungen, der einen Ausflug macht, um zu angeln – er wandert, schlägt sein Zelt auf, macht sich zu essen, schläft und wirft am nächsten Morgen die Angel nach den Forellen aus. Mehr nicht – und dennoch las ich die Geschichte mit einer atemlosen und unwillkürlichen Spannung, wie ich es nicht mehr erlebt habe, seit Conrad meinen widerstrebenden Blick erstmals auf das Meer richtete.

Der Protagonist namens Nick kommt in fast allen Geschichten vor, und allmählich schlägt das Buch einen beinahe autobiographischen Ton an – tatsächlich ist »Mein Alter«, eine von zwei Geschichten, in denen man davon so gut wie gar nichts spürt, unter diesen Erzählungen die am wenigsten geglückte. Manche der Geschichten verraten gewisse Einflüsse, aber diese Einflüsse sind ausnahmslos vertieft und verändert, während sich in »Mein Alter« ein Echo von Andersons Gedankenwelt aus diesen sentimentalen »Pferdegeschichten« findet, die vor vier Jahren sein Ansehen gefestigt und gleichzeitig seinen Niedergang eingeläutet haben.

Aber bei »Der Doktor und seine Frau«, »Das Ende von Etwas«, »Drei Tage Sturm«, »Mr. und Mrs. Elliot« und »Soldaten zu Haus« ist man sich sofort eines völlig neuen Temperaments bewusst. In der ersten Geschichte wird ein Mann von einem Indianerhalbblut gedemütigt, nachdem er sich auf einen Streit eingelassen hat. Die Demütigung wird vom Leser so intensiv empfunden, dass sie ihm sofort jedes vergleichbare Erlebnis in der eigenen Vergangenheit in Erinnerung ruft. Ohne Erklärungen, ohne erhobenen Zeigefinger weiß man genau, wie schmerzlich es sich für den jungen Nick anfühlt, der die Szene beobachtet.

In den nächsten zwei Geschichten geht es um Erfahrungen an der Schwelle zum Erwachsenwerden. Der Leser erlebt, wie um Nick herum ununterbrochen Bindungen gekappt werden. Während der unausgegorenen, unreifen Unterhaltung am Feuer sieht man jene gewaltige Unruhe erwachen, die den Seelenhaushalt Achtzehnjähriger erfasst. Auch hier wird kein einziges Mal auf Erklärungen zurückgegriffen. Wie in »Großer doppelherziger Strom« entsteht vor unseren Augen ein Bild, klar, nostalgisch und eindringlich. Wenn das Bild fertig ist, scheint ein Licht aufzugehen, die Geschichte ist vorbei. Es gibt keinen Nachtrag, keinen plötzlichen Tempowechsel gegen Ende, der das, was vorausging, betonen würde.

Nick verlässt sein Zuhause ohne Geld; man sieht ihn verwundet in einer zerstörten italienischen Stadt auf der Straße liegen und beobachtet ihn später beim Liebesspiel mit einer Krankenschwester auf dem Dach eines Krankenhauses in Mailand. Dann, in einer der besten Geschichten, ist er wieder zu Hause. Als unser Blick zum letzten Mal auf ihn fällt, fordert ihn seine Mutter auf, mit all seinen bitteren Erfahrungen im Herzen zum puritanischen Gebet im Esszimmer neben ihr niederzuknien.

Wer zuerst die kurzen Zwischenstücke liest, wird auf die Lektüre der eigentlichen Geschichten nicht verzichten wollen. »Der Garten in Mons« und »Die Barrikade« sind treffende Miniaturessays über den britischen Offizierstypus. »L'Envoi«, »Das Erschießen der Kabinettsminister« und »Der Raub im Zigarrenladen« haben mich besonders fasziniert, schon damals, als Edmund Wilson sie mir vor über zwei Jahren in einer früheren Veröffentlichung erstmals zeigte.

Ignorieren Sie die weitgehend unsinnigen Reklamesprüchlein auf dem Buchumschlag. Es genügt vollauf zu wissen, dass wir es hier nicht mit halbgarem Essen wie in den Bahnhofsrestaurants von Kalifornien oder Wisconsin zu tun haben. Von den besten dieser Gerichte sollte man keinen Bissen auslassen. Und viele von uns, die der Mahnungen müde geworden sind, diesen oder jenen Mann »im Auge zu behalten«, haben wieder ganz frische Begeisterung verspürt bei der Lektüre dieser Geschichten, in denen Ernest Hemingway die Kurve kriegt.

Hundert Fehlstarts

Peng! macht die Pistole, und der Läufer startet. Hin und wieder kriegt er das richtig gut hin, häufiger allerdings war es ein Fehlstart. Dann läuft er, wenn er Glück hat, zehn, zwölf Meter, schaut sich um und trottet verlegen zurück zum Start. Nur zu oft aber umrundet er einmal die ganze Bahn in der Meinung, dass er die Spitze hält, nur um beim Endspurt festzustellen, dass keiner hinterherkommt. Der Lauf muss wiederholt werden.

Trainieren Sie fleißiger, machen Sie einen langen Spaziergang, streichen Sie Ihren Schlaftrunk, verzichten Sie aufs Fleisch beim Dinner und belasten Sie sich nicht mehr mit politischen Fragen…

So weit ein Interview mit einem Fehlstart-Champion der schreibenden Zunft – mit mir. Ich greife zu einem ledergebundenen Müllbehälter, von mir albernerweise »Notizbuch« genannt, und hole aufs Geratewohl ein dreieckiges Fetzchen Packpapier heraus. Auf einer Seite klebt eine abgestempelte Briefmarke, auf der anderen steht:

Boopsie Dee war pfiffig

Mehr nicht. Kein Hinweis darauf, was auf diese absurde Feststellung hätte folgen sollen. Boopsie Dee – dass ich nicht lache! – konfrontiert mich mit dieser einen dogmatischen Aussage über ihre Person. Nie werde ich erfahren, was aus ihr geworden ist, wo und wann ihr dieser grässliche Name angehängt wurde und ob die Tatsache, dass sie pfiffig war, ihr viel Ärger gebracht hat.

Ich nehme einen anderen Zettel zur Hand:

Artikel – »Unerfreuliche Sachen, die Frauen anstellen«
plus Artikel einer Frau als Gegenstück: »Unerfreuliche
Sachen, die Männer anstellen.«
Nr. 1: Bei Tisch Glasauge herausnehmen.

Mehr steht da nicht. Offenbar eine Idee, die sich in Gelächter aufgelöst hat, noch ehe sie richtig Gestalt angenommen hatte. Was sind das für unerfreuliche Sachen, die junge Frauen anstellen? Generell und heutzutage – meine ich. Oder was stellt eine große Mehrheit von ihnen an oder eine starke Minderheit? Ich hätte da schon ein paar vage Vorstellungen – aber nein, die Idee ist gestorben. Ich erinnere mich nur an einen Artikel, in dem es um eine Frau ging, die sich von ihrem Mann hatte scheiden lassen, weil es sie störte, wie er sein Kotelett anging, und dass ich damals überlegte, warum sie ihn nicht schon vor der Heirat ein Kotelett zur Probe hatte essen lassen. Nein, all das gehört in ein Goldenes Zeitalter, in dem sich die Leute einen Nervenzusammenbruch leisten konnten, weil Daddys Schuhe quietschten.

Es gibt Hunderte solcher Ideen – nicht alle haben mit Literatur zu tun. Mal ging es darum, eine Ouled-Naïl-Tanztruppe aus Afrika zu importieren, dann wieder, den

Grand Guignol aus Paris nach New York zu bringen oder den Football in Princeton wiederzubeleben (ich hätte da zwei torreiche Spiele zu bieten, mit denen der Trainer sich innerhalb einer Saison einen Namen machen könnte); schließlich finde ich noch einen vergilbten Vermerk »D. W. Griffith klarmachen, dass Kostümstücke wiederkommen« sowie meinen Plan für eine Verfilmung von H. G. Wells' *Geschichte unserer Welt*.

Diese kurzen Geistesblitze belasteten mich nicht weiter – es waren die Träume eines Opiumessers, die gleichsam mit dem Rauch aus der Pfeife verflogen. Mich gedanklich mit ihnen zu beschäftigen kam dem Vergnügen gleich, sie in eine vollendete Form gebracht zu haben. Es sind vielmehr die sechsseitigen, zehnseitigen, dreißigseitigen Konvolute, die mir beruflich Kummer machen, als wären es erfolglose Ölbohrungen – sie sind meine eigentlichen Fehlstarts.

Da gibt es beispielsweise einen, den ich mindestens zehn-, zwölfmal hingelegt habe – eine Short Story oder vielmehr ein Text, der versucht, die Form einer Short Story anzunehmen. Im Lauf der Zeit habe ich so viele Worte davon zu Papier gebracht, dass man durchaus einen vorzeigbaren Roman daraus hätte machen können, die derzeitige Version aber umfasst nur an die zweitausendfünfhundert Worte und liegt seit zwei Jahren unberührt da. Der jetzige Titel – die Story lief schon unter mehreren Decknamen – lautet *Die Familie Barnaby*.

Von klein auf beschäftigt mich ein Tagtraum – was für ein Wort für einen Mann, der sein ganzes Leben damit verbringt, Tagträume aufzuschreiben! –, auf einer einsamen Insel bei null anzufangen und aus dem vorhandenen Material eine relativ hochstehende Zivilisation zu schaffen. Ich fand schon immer, dass Robinson Crusoe geschummelt hat, als er die Werkzeuge aus dem Schiffswrack rettete, und das Gleiche gilt für die *Schweizer Familie Robinson*, die *Zwei kleinen Wilden* und die mit dem Ballon Gestrandeten der *Geheimnisvollen Insel*. In meiner Geschichte würde es nicht nur keine praktischerweise an Land geschwemmten Weizenkörner, keine Winchesterbüchse, keinen 4000-PS-Dieselmotor oder technokratischen Butler geben, sondern meine Figuren würden hilflose Städter sein, die von der Holzbearbeitung nicht mehr Ahnung hätten als der Kuckuck in der Uhr.

Solche Figuren zu erfinden war ein Klacks, sie an Land zu schwemmen das Einfachste von der Welt.

Drei lange Stunden lagen sie erschöpft am Strand. Dann stand Donald auf.

»Da wären wir nun«, sagte er benommen.

»Wo?«, fragte seine Frau gespannt.

»Amerika kann es nicht sein, und die Philippinen sind es auch nicht, denn von dem einen Land sind wir aufgebrochen und in dem anderen noch nicht angekommen.«

»Ich habe Durst«, sagte das Kind.

Donalds Blick ging rasch zum Ufer.

»Wo ist das Floß?« Er sah Vivian einigermaßen vorwurfsvoll an. »Wo ist das Floß?«

»Als ich aufwachte, war es weg.«

»Typisch!«, sagte er erbittert. »Jemand hätte daran denken müssen, den Wasserkrug an Land zu bringen. Wenn

ich mich nicht um alles kümmere, passiert in diesem Haus überhaupt nichts. In dieser Familie, meine ich.«

Und wie weiter? Freiwillige vor! Du da in der zehnten Reihe, aufstehen! Erzähl einfach die Geschichte weiter. Wenn du dich festfährst, kannst du immer noch die tropische Flora und Fauna im Lexikon nachschlagen – oder einen Nachbarn anrufen, der einen Schiffbruch hinter sich hat.

Genau an dieser Stelle beginnt meine Geschichte (und den Plot finde ich nach wie vor großartig), vor Unglaubwürdigkeit zu ächzen und zu knirschen. Nach einer Weile mache ich mit einem unbehaglichen Gefühl kehrt – wer soll einem den Unsinn von den Affen abnehmen, die mit Kokosnüssen schmeißen? –, trotte zurück zum Start und gehe wieder in die Hocke. Tagelang.

An solchen Tagen brüte ich manchmal über einem Packen von Blättern mit der Überschrift »Ideen für Stories«. Da finde ich dann unter anderem:

Badewasser in Princeton oder Florida.
Plot – Selbstmord, Luxus, Hass, Leber und besondere Umstände.
Brüskieren oder Brüskiertwerden.
Tänzerin merkt, dass sie fliegen kann.

Eigenartigerweise sind das für mich verständliche, wenn auch vielleicht nicht unbedingt erhellende Vorschläge. Aber sie sind alle uralt und ungefähr so aufregend wie meine Unterschrift oder der Klang meiner Schritte auf dem Fußboden. Einer gab mir jahrelang Rätsel auf, er ist nicht weniger mysteriös als Boopsie Dee.

Geschichte: DER WINTER WAR KALT
Figuren
Victoria Cuomo
Mark de Vinci
Alice Hall
Jason Tenweather
Notarzt
Stark, Wachmann

Worum ging es da? Wer waren diese Menschen mit den finsteren Namen? Bestimmt sollte jemand ermordet werden beziehungsweise selbst einen Mord begehen, ansonsten habe ich den Plot längst vergessen.

Ich blättere weiter und stoße auf einen Text, bei dem ich ein wenig länger verweile: Ein vielversprechender Ansatz, der mich womöglich sogar über die volle Distanz hätte bringen können.

WORTE

Wenn man einen teureren Artikel in Betracht zieht, um dann doch den billigeren zu nehmen, ist der Verkäufer meist so nett, einen in der Wahl zu bestätigen. »Der ist bestimmt besonders haltbar«, sagt er tröstend. Oder gar: »Den hätte ich auch genommen.«

So machten es die Trimbles – Experten in der Kunst, das Zweitbeste zum Besten hochzureden.

»Das kann man gut im Haus tragen«, pflegten sie zu

sagen, oder: »Wir warten lieber, bis wir uns was wirklich Schönes kaufen können.«

Als ich so weit gekommen war, wurde mir klar, dass ich über die Trimbles nicht würde schreiben können. Es waren sympathische Leute, und eine Geschichte über ihr weiteres Schicksal hätte ich mit Vergnügen gelesen, aber ich selbst schaffte es nicht, unter die äußere Hülle ihres Lebens zu sehen, ich kam nicht dahinter, warum sie sich damit zufriedengaben, aus den Umständen das Beste zu machen, statt die Umstände zu ändern. Deshalb habe ich sie aufgegeben.

Ein anderes Thema sind Hundegeschichten. Ich mag Hunde und würde gern wenigstens eine Hundegeschichte im Stil von Mr. Terhune schreiben, aber sehen Sie mal, was passiert, wenn ich zur Feder greife:

DOG
Die Geschichte eines Hündchens

An der Ecke nur ein Zeitungsverkäufer mit verwittertem Gesicht, der seine Blätter feilbot. Ein großer Hundefreund am Straßenrand lachte verächtlich und schlug den Kragen seines Airedale-Mantels hoch. Ein anderer reicher Hundemensch ließ aus einem vorüberfahrenden Taxi ein kurzes abschätziges Bellen hören.

Doch den Zeitungsverkäufer interessierte der Vierbeiner, der sich ganz nah an ihn herangeschlichen hatte. Es war nur ein Straßenköter – das krause Fell hatte er von der Mutter, einer modischen Pudeldame, während er von der Figur her seinem Vater, einer Dänischen Dogge, nachschlug. Dass irgendwo auch ein Kanarienvogel mitgemischt hatte, verriet ein gelbes Federbüschel, das aus seinem Rücken spross...

So konnte das natürlich nicht weitergehen. Man denke nur an die Hundebesitzer aus allen Ecken des Landes, die Leserbriefe an die Redaktion schreiben und erklären würden, ich sei der falsche Mann für den Job.

Ich bin sechsunddreißig Jahre alt. Seit achtzehn Jahren ist – mit einer kurzen Unterbrechung während des Krieges – das Schreiben meine Hauptbeschäftigung, und ich bin in jedem Sinne ein Profi. Trotzdem überkommt mich auch jetzt noch, wenn wieder einmal der Ausruf »Das Baby braucht Schuhe!« ertönt und ich mich vor meine gespitzten Bleistifte und meinen Schreibblock setze, ein Gefühl grenzenloser Hilflosigkeit. Es kommt vor, dass ich meine Erzählung in drei Tagen herunterschreibe, häufiger aber dauert es sechs Wochen, bis ich etwas zustande bringe, das ich guten Gewissens abliefern kann. Manchmal schlage ich einen Band aus einer Sammlung von Strafrechtsfällen auf und finde tausend Plots. Manchmal streife ich über Straßen und Wege, durch Stube und Küche und höre mir private Enthüllungen an, die Schriftstellerkollegen für ein ganzes Leben reichen würden. Bei mir geht das alles ins Leere und langt nicht einmal für einen Fehlstart.

Meist wiederholen wir Schriftsteller uns – das ist nun einmal so. Wir machen zwei oder drei große, bewegende Erfahrungen im Leben, Erfahrungen, die so groß und bewegend sind, dass uns in diesem Augenblick scheint, kein

Mensch habe je zuvor so in der Tinte gesessen, sei so geprügelt und geblendet und überrascht und besiegt und gebrochen und errettet und erleuchtet und belohnt und gedemütigt worden. Dann lernen wir unser Handwerk – ordentlich oder weniger ordentlich – und erzählen unsere zwei oder drei Geschichten – jedes Mal in neuem Gewand – zehnmal, hundertmal, so lange, wie man bereit ist, uns zuzuhören.

Verhielte es sich anders, müsste man sich dazu bekennen, dass es einem an Individualität fehlt. Ich bin jedes Mal ehrlich davon überzeugt, dass ich mich, weil ich eine neue Kulisse, eine neue, originelle Wendung gefunden habe, von meinen zwei oder drei Basisgeschichten gelöst habe, das Ergebnis aber ähnelt Ed Wynns berühmter Anekdote von dem Bootsmaler, der von einem Auftraggeber gebeten wurde, dessen Vorfahren zu malen. Die beiden wurden handelseinig, allerdings wies der Maler vorsorglich darauf hin, dass die Ahnen ihm vermutlich wie Boote geraten würden.

Wenn ich akzeptiere, dass meine Stories alle eine gewisse Familienähnlichkeit aufweisen, ist das ein Schritt zur Vermeidung von Fehlstarts. Behauptet ein Freund, er habe eine Geschichte für mich, und erzählt mir des Langen und Breiten, wie er von brasilianischen Piraten in einer schwankenden Strohhütte am Rand eines rauchenden Vulkans in den Anden überfallen wurde, während seine Braut gefesselt und geknebelt auf dem Dach lag, nehme ich ihm durchaus ab, dass dabei die verschiedensten menschlichen Emotionen im Spiel waren, aber da ich bisher Piraten, Vulkane und auf Dächern gefesselte und geknebelte Bräute tunlichst gemieden habe, kann ich sie nicht nachempfinden. Unabhängig davon, ob etwas vor zwanzig Jahren oder erst gestern passiert ist – ich muss immer von einer Empfindung ausgehen, die mir nahegeht und die ich nachvollziehen kann.

Im Sommer brachte man mich mit hohem Fieber und Verdacht auf Typhus ins Krankenhaus. Meine Angelegenheiten waren nicht besser geordnet als die Ihren, geschätzter Leser – ich hätte dringend eine Story schreiben müssen, um meine Schulden zu bezahlen, und dass ich kein Testament gemacht hatte, lag mir schwer auf der Seele. Hätte ich wirklich Typhus gehabt, hätte ich mir über derlei Dinge nicht den Kopf zerbrochen und auch nicht so ein Theater gemacht, als die Krankenschwestern versuchten, mich in ein Eisbad zu stecken. Sowohl der Typhus als auch das Eisbad sind mir erspart geblieben, trotzdem haderte ich mit dem Schicksal, dass ich gerade in dieser entscheidenden Phase meines Lebens zwei Wochen im Bett vertrödeln, mich auf die Babysprache der Schwestern einlassen musste und nichts erledigen konnte. Drei Tage nach meiner Entlassung aber hatte ich eine Krankenhausstory zu Ende geschrieben.

Langsam, ohne es zu merken, hatte ich den Stoff aufgesogen – ich war zutiefst bewegt von Angst, Befürchtungen, Sorge, Ungeduld, alle Sinne waren hellwach, und das sind ideale Voraussetzungen, um Stoff für eine Story zu sammeln. Leider geht das nicht immer so mühelos. Ich sage mir (mit Blick auf den schaurig leeren Block): »Da gibt es doch diesen Swankins, den ich seit zehn Jahren kenne und schätze. Ich bin in alle seine Eskapaden einge-

weiht, und manche sind echte Knaller. Ich habe ihm ange-
droht, über ihn zu schreiben, und er hat gesagt, ich soll
tun, was ich nicht lassen kann.«

Leichter gesagt als getan. Ich habe mindestens so oft in
der Klemme gesteckt wie Swankins, aber ich bin an die
Sache anders herangegangen als er; nie wäre es mir in den
Sinn gekommen, mich mit der von Swankins gewählten
Methode der chinesischen Polizei oder den Klauen eines
gewissen weiblichen Wesens zu entziehen. Ich könnte ein
paar durchaus brauchbare Absätze über Swankins schreiben, aber eine Geschichte um ihn herumzubauen, in der
auch nur ein Hauch von Gefühl steckt, wäre für mich ein
Ding der Unmöglichkeit.

Oder nehmen wir eine junge Frau namens Elsa, deret-
wegen ich 1916 an Selbstmord dachte und die jetzt in meinen ratlosen Überlegungen auftaucht.

»Wie wär's mit mir?«, fragt Elsie. »Damals hast du doch
hoch und heilig deine Gefühle für mich beschworen. Hast
du das vergessen?«

»Nein, Elsie, ich habe es nicht vergessen.«

»Dann schreib eine Story über mich. Du hast mich vor
zwölf Jahren zum letzten Mal gesehen und weißt deshalb
nicht, wie dick ich geworden bin und wie sehr ich meinen
Mann anöde.«

»Nein, Elsie, ich …«

»Komm schon – für eine Story gebe ich doch bestimmt
was her. Damals hast du beim Abschiednehmen nie ein
Ende gefunden und dabei ein so unglückliches und drolli-
ges Gesicht gemacht, dass ich fast verrückt geworden bin,
bis ich dich endlich los war. Und jetzt traust du dich nicht

mal, eine Story über mich auch nur anzufangen? Deine Gefühle müssen ziemlich halbherzig gewesen sein, wenn du sie nicht mal für ein paar Stunden wiederbeleben kannst.«

»Nein, Elsie, versteh doch. Ich habe bestimmt zehn-, zwölfmal über dich geschrieben. Dass du immer so lustig die Lippen hochgezogen hast wie ein Kaninchen – das habe ich vor sechs Jahren in einer Story verwendet; wie sich unmittelbar vor dem Lachen dein ganzes Gesicht veränderte, was so typisch für dich war – das habe ich auf die erste junge Frau übertragen, über die ich je geschrieben habe; wie ich beim Verabschieden nie die Kurve gekriegt habe und dabei genau wusste, dass du zum Telefon rennen würdest, sobald die Haustür hinter mir zugefallen war – all das steht in einem Buch, das ich vor langer, langer Zeit geschrieben habe.«

»Verstehe… Nur weil ich nicht auf dich geflogen bin, hast du mich auseinandergenommen und stückweise verarbeitet.«

»Tut mir leid, Elsie, aber so ist es. Du hast mir ja nie auch nur einen Kuss gegeben – bis auf das eine Mal, als du mich gleichzeitig weggeschubst hast, und das taugt nun mal nicht zu einer Story.«

Plots ohne Gefühle, Gefühle ohne Plots – so geht es manchmal. Aber nehmen wir an, ich sei losgelaufen – zweitausend Worte, die Arbeit von zwei Tagen, sind fertig und werden als erster Entwurf zum Tippen gegeben. Und plötzlich kommen die Zweifel.

Wenn das alles nun nichts als sinnloses Gelaber ist? Was spielt sich bei dieser Regatta überhaupt ab? Wen interessiert es, was einer jungen Frau widerfährt, aus der so sichtbar das Sägemehl rinnt? Wie habe ich es bloß fertiggebracht, die Handlungsstränge so hoffnungslos zu verheddern? Ich bin allein in meinem blassblauen Zimmer mit meiner kranken Katze, den kahlen Februarzweigen, die sich vor dem Fenster hin und her bewegen, einem ironischen Briefbeschwerer mit der Aufschrift »Das Geschäft geht gut«, einem (in Minnesota herangereiften) Neuengland-Gewissen und meinem größten Problem: »Weiterlaufen? Oder umkehren?«

Soll ich sagen: »Ich weiß, dass ich etwas beweisen wollte, und im Lauf der Story könnte sich da noch etwas entwickeln!«

Oder:

»Sei kein Sturkopf – am besten wirfst du alles weg und fängst noch mal von vorn an.«

Letzteres ist eine der schwersten Entscheidungen, die ein Schriftsteller zu treffen hat; sie gelassen zu treffen, ehe er sich in einem hundertstündigen Versuch aufgerieben hat, eine Leiche wieder zum Leben zu erwecken oder zahllose nasse Knoten zu entwirren – daran zeigt sich, ob er ein echter Profi ist oder nicht. Oft ist so eine Entscheidung doppelt schwierig – in den letzten Phasen eines Romans etwa, wenn es nicht mehr darum gehen kann, das ganze Werk in den Papierkorb zu befördern, wohl aber, eine Lieblingsfigur bei den Füßen zu packen und unter Protestgeschrei herauszuzerren, auch wenn sie dabei fünf, sechs gute Szenen mitnimmt.

An dieser Stelle verbinden sich diese Geständnisse mit einem Problem, das nicht nur Schriftsteller beschäftigt, sondern das allgemeiner Natur ist. Wann es besser ist loszulassen, als sich abzuzappeln und seinen Mitmenschen auf die Nerven zu fallen – vor dieser Entscheidung steht jeder im Lauf seines Lebens oft genug. Wenn wir jung sind, bringt man uns als relativ simple Spielregel bei, nie aufzugeben, weil die Programme, die wir abspulen, von Menschen ersonnen wurden, die vermutlich klüger sind als wir. Ich persönlich bin zu dem Schluss gekommen, dass man, wenn der eingeschlagene Weg immer zweifelhafter wird und einen das Gefühl beschleicht, dass die Lebenskräfte zu versiegen drohen, am besten jemanden um Rat fragt, sofern ein vernünftiger Ratgeber greifbar ist. Columbus tat es nicht, Lindbergh konnte es nicht – weshalb meine Haltung auf den ersten Blick in ketzerischem Widerspruch zu jener Idee steht, mit der es sich am angenehmsten lebt – mit der Idee des Heroismus. Aber ich trenne hier scharf zwischen dem Berufsleben, in dem nach der Lehrzeit allenfalls zehn Prozent der Ratschläge, die man bekommt, noch etwas wert sind, und dem privaten und weltlichen Leben, in dem oftmals ein Außenstehender die Lage besser beurteilen kann als man selbst.

Vor nicht allzu langer Zeit, als meine Arbeit von so vielen Fehlstarts behindert wurde, dass ich dachte, nun sei endgültig alles aus, und es in meinem Privatleben noch trüber aussah, fragte ich einen alten Neger aus Alabama:

»Onkel Bob, wenn du so schlimm dran bist, dass du keinen Ausweg mehr siehst, was machst du dann?«

Die Hitze vom Küchenherd, an dem er sich wärmte, kräuselte seinen weißen Backenbart. Wenn ich als alter Zyniker eine Platitude erwartet hatte, einen vielleicht aus

Uncle Remus in Erinnerung gebliebenen Sinnspruch, wurde ich enttäuscht.

»Dann, Mr. Fitzgerald«, sagte er, »gibt's für mich nur eins – ich tu arbeiten.«

Es war ein guter Rat: Arbeit ist fast das Wichtigste von allem. Schön wäre es freilich, wenn es einem gelänge, nützliche Arbeit von bloßer aufgewandter Mühe zu unterscheiden. Vielleicht ist das Teil der Arbeit: den Unterschied zu erkennen. Womöglich sind meine häufigen einsamen Umrundungen der Aschenbahn etwas Konstruktives. Ich könnte Ihnen da noch eine Geschichte erzählen, von einer Idee, die ich hatte – aber wenn ich die Seiten zähle, stelle ich fest, dass meine Zeit abgelaufen ist und ich mein Buch der Irrwege weglegen muss. Ins Feuer damit? Nein, ich packe es brav zurück in die Schublade. Diese alten Fehler sind jetzt einfach Spielsachen, kostspielige Spielsachen. Gönne ihnen ein Spielzeugregal und begib dich schleunigst wieder an das seriöse Geschäft deines Berufs, das kein anderer Zeitgenosse so klar und anschaulich formuliert hat wie Joseph Conrad:

»Meine Aufgabe ist es, euch durch die Macht des geschriebenen Wortes zum Hören zu bringen, zum Fühlen und vor allem zum Sehen.«

Es ist nicht sehr schwer, kehrtzumachen und noch einmal von vorn anzufangen, besonders wenn niemand zusieht. Das große Ziel aber ist es, ein, zwei gute Läufe hinzulegen, wenn Zuschauer auf der Tribüne sitzen.

Ring

Eineinhalb Jahre lang war der Verfasser dieser Würdigung Ring Lardners vertrautester Gefährte; danach trennte uns die Geographie, und wir hatten nur noch selten Kontakt. Als wir ihn 1931 zum letzten Mal trafen, sah er schon aus wie ein Mann auf dem Totenbett – es war entsetzlich traurig, diese sechs Fuß und drei Zoll Liebenswürdigkeit hilflos im Zimmer eines Krankenhauses zu sehen; das Streichholz in seinen Fingern zitterte, und die Haut spannte sich um seinen schönen Schädel wie eine Maske, gezeichnet von Elend und Schmerzen.

Als ich ihn 1921 kennenlernte, machte er einen völlig anderen Eindruck – er schien ein solches Übermaß an gelassener Vitalität zu besitzen, dass er jeden anderen überleben und sowohl Arbeit als auch Vergnügungen in einem Maße bewältigen könnte, das eine normale Konstitution ruinieren musste. Kurz zuvor hatte er mit seiner berühmten Artikelserie über Katze und Mantel das Land in Lachkrämpfe versetzt (es ging um eine Wette anlässlich der World Series im Baseball und um einige Katzen, denen das Schicksal drohte, zum Pelzmantel verarbeitet zu werden), und wie zum Beweis trug seine Frau damals einen wunderschönen Zobelpelz. Zu jener Zeit interessierte er sich für die Leute, für Sport, für Bridge, Musik, die Bühne,

Zeitungen, Zeitschriften, Bücher. Doch obwohl ich davon nichts ahnte, hatte die Veränderung in ihm bereits begonnen – die unergründliche Verzweiflung, die ihn über ein Dutzend Jahre hinweg verfolgte und in den Tod trieb.

Er schlief kaum noch, außer in den kurzen Urlauben, die schlichten Vergnügungen gewidmet waren, hauptsächlich Golf mit seinen Freunden Grantland Rice oder John Wheeler. So manche Nacht haben wir bis zum Morgengrauen über einer Kiste Canadian Ale verplaudert, bis Ring sich erhob und gähnend sagte: »Tja, vermute, dass die Kinder inzwischen auf dem Weg zur Schule sind – dann kann ich ja nach Hause gehen.«

Die Kümmernisse vieler Leute machten ihm zu schaffen – beispielsweise das Todesurteil, das Tad, der Karikaturist, vom Arzt erhalten hatte (und der Ring letztlich fast überlebte) –, als ob er glaubte, er könne und solle etwas dagegen unternehmen. Und wenn er sich abmühte, um seinen vertraglichen Verpflichtungen nachzukommen, darunter einem Comicstrip über einen Provinz-Baseballspieler, der ihm fürchterlich auf die Nerven ging, merkte man deutlich, wie sehr er unter der Sinnlosigkeit seiner Arbeit litt, die er als reinen »Brotjob« ansah. Deshalb neigte er dazu, seinen allumfassenden Verantwortungssinn darauf zu verwenden, die Probleme anderer Leute zu lösen – jemanden mit einem Manager zusammenzubringen, einem Freund eine Stelle zu besorgen, einen Mann in einen Golfclub einzuschmuggeln. Der Aufwand, den ihn das kostete, stand oft in keinem Verhältnis zum Anlass; doch der eigentliche Grund dafür war, dass Ring sich davonmachte – er war bis zuletzt ein verlässlicher und gewissenhafter Arbeiter, aber er hatte schon zehn Jahre vor seinem Tod jede Freude an seiner Arbeit verloren.

Etwa um diese Zeit (1922) begann ein Verleger, Rings alte Bücher neu aufzulegen und aktuelle Geschichten in Sammelbänden zu veröffentlichen, und das gab ihm das Gefühl, sowohl in der literarischen Welt als auch in der Öffentlichkeit zu existieren, und die wiederholten Äußerungen Menckens und F.P. Adams' über seinen wahren schriftstellerischen Wert waren sicher schmeichelhaft. Aber ich glaube, es hat ihn nicht weiter interessiert; das ist schwer zu verstehen, aber ich glaube, es hat ihn eigentlich überhaupt nichts mehr interessiert außer seiner persönlichen Beziehung zu anderen Leuten. Ein Beispiel war seine Haltung gegenüber jenen Epigonen, die über seine Texte verfügt haben wie im Selbstbedienungsladen – nur Hemingway ist ähnlich gründlich ausgeplündert worden –, es hat ihnen mehr zu schaffen gemacht als ihm. Ring hätte ihnen wahrscheinlich sogar geholfen, wenn sie beim Abkupfern nicht weitergekommen wären.

Während dieser Zeit, als er enorme Summen verdiente und vom Intellektuellen bis zum Mann von der Straße zunehmend geachtet wurde, lagen Ring zwei Dinge mehr am Herzen als die Arbeit, derentwegen die Nachwelt sich an ihn erinnern wird: Er wäre gern Musiker gewesen – manchmal bezeichnete er sich ironisch als verhinderten Komponisten –, und er wollte Stücke schreiben. Was sich zwischen ihm und Theatermanagern abspielte, war selbst schon fast bühnenreif: Immer wieder gaben sie Sachen bei ihm in Auftrag, die sie daraufhin prompt vergaßen, und nahmen Libretti von ihm an, die sie nie herausbrachten.

Nur mit Hilfe des praktisch veranlagten George Kaufman gelang es ihm, seine Theaterambitionen zu verwirklichen, doch da war er schon viel zu krank, um Genugtuung zu empfinden.

Was ich damit sagen will, ist, dass alles, was Ring geleistet hat, weniger war als das, was er hätte leisten können, was an einer zynischen Haltung zu seiner Arbeit lag. Wie weit zurück in seinem Leben reichte diese Haltung – bis in seine Jugend in einem Dorf in Michigan? Ganz gewiss bis zu seinen Tagen mit den Cubs. Während jener Jahre, in denen die meisten vielversprechenden Männer die Bildung eines Erwachsenen erwerben, und sei es in der Schule des Krieges, bewegte Ring sich in der Gesellschaft einer Handvoll Ignoranten, die ein Spiel für Jungen spielten. Ein Spiel für Jungen, das nicht mehr Schwierigkeiten bietet, als ein Junge meistern könnte, ein Spiel hinter Zäunen, die alles Neue, alle Gefahren, Veränderungen oder Abenteuer aussperren. Das war das Material, beobachtet unter den gegebenen Umständen, das den Text für Rings Ausbildung abgab, zu einer Zeit, in welcher der Geist am meisten beeinflussbar ist. Ein Schriftsteller kann auch, nachdem er dreißig, vierzig oder fünfzig geworden ist, über seine Abenteuer weiterfabulieren, aber die Kriterien, anhand deren diese Abenteuer gewichtet und bewertet werden, sind im Alter von fünfundzwanzig Jahren unwiderruflich herausgebildet. Ring konnte so tief in seinen Kuchen schneiden, wie er wollte, der Kuchen hatte immer den Durchmesser des Baseballfelds von Frank Chance.

Darin bestand sein Problem als Künstler, und es bedeutete weitere Probleme. Solange Ring innerhalb dieser

Grenzen schrieb, war das Ergebnis großartig; innerhalb dieses Bereichs hörte und verzeichnete er die Stimme eines ganzen Kontinents. Doch wenn er, was unvermeidlich war, das Interesse daran verlor, was blieb Ring dann?

Ihm blieb seine raffinierte etymologische Technik, aber sie allein konnte ihm nicht recht weiterhelfen. Er war das Produkt ebenjener Welt, die er mit seiner heiteren Ironie überschüttet hatte. Er hatte es dahin gebracht, die Motive der Leute zu erkennen und zu welchen Mitteln sie greifen, um ihre Ziele zu erreichen. Darin konnte er es mit den Besten aufnehmen, doch nun gab es ein neues Problem – was sollte er damit anfangen? Nach wie vor registrierte er alles, und das Gesehene erreichte den Sehnerv, doch nicht mehr, um zu Literatur zu werden, weil das, was er sah, nicht mehr anhand der alten Kriterien gewichtet und bewertet werden konnte. Nicht etwa, dass ihm athletische Virtuosität als Ursache und gleichzeitig als Patentlösung aller Probleme erschienen wäre; die Schwierigkeit bestand darin, dass er einfach keinen besseren Gegenstand zur Hand hatte. Wenn man sich das Leben als ein großartiges Zusammenspiel von Muskeln vorstellt – Aufstehen, Anstrengung, Pause, Schwitzen, Baden, Essen, Schlafen – und dann versucht, dies auf das entsetzlich komplizierte Durcheinander eines Lebens anzuwenden, in dem alles, selbst die größten Ideen, Bestrebungen und Leistungen, chaotisch, beschmutzt, verworren ist: dann kann man sich Rings Verwirrung vorstellen, als er den Baseballplatz verließ.

Er nahm weiterhin auf, aber er machte nichts mehr daraus, und diese Ansammlung von Stoff, die er mit sich ins

Grab genommen hat, hat seinen Geist in den letzten Jahren gelähmt. Nicht die Angst vor Niles, Michigan, hemmte ihn, sondern die Schweigsamkeit, die er sich in Gegenwart des »Elfenbeins« angewöhnt hatte, mit dem er lebte und arbeitete. Vergessen wir nicht, dass es sich nicht einfach nur um Elfenbein handelte – Ring hat es uns demonstriert –, sondern um arrogantes, herrisches, oft genug größenwahnsinniges Elfenbein. Er wurde schweigsam, und dann wurde er repressiv, was sich zuletzt in einen befremdlichen Ein-Mann-Kreuzzug im *New Yorker* gegen Lieder mit pornographischem Inhalt auswuchs. Er war mit sich selbst übereingekommen, nur einen Bruchteil seiner Gedanken auszusprechen.

Der Verfasser dieser Zeilen hatte ihm einmal vorgeschlagen, eine Art *cadre* zu schaffen, der ihm erlaubt hätte, seine Fähigkeiten angemessen zu präsentieren, und hatte die Ansicht vertreten, es müsse etwas zutiefst Persönliches sein und etwas, wofür Ring sich Zeit nehmen solle, doch Ring hatte diesen Vorschlag leichthin abgetan; er war ein enttäuschter Idealist, aber er hatte seiner Göttin ergeben gedient, und eine neue ließ sich nicht einfach aus dem Hut zaubern – »Das hier ist etwas, was man veröffentlichen kann«, erwog er, »aber dieses gehört zu dem Gedankenhaufen, der nie aufgeschrieben werden kann.«

In solchen Fällen versteckte er sich hinter seinem behaupteten Unvermögen, etwas Großes zu schaffen, doch das war ein durchsichtiges Manöver, denn er war ein stolzer Mann und hatte keinen Grund, sein Können unter Wert zu verkaufen. Er weigerte sich, »alles zu sagen«, weil er sich in einer entscheidenden Phase seines Lebens angewöhnt hatte, genau das nicht zu tun – und diese Gewohnheit hatte er allmählich zu einem Geschmackskriterium erhoben. Er war nie mit sich zufrieden, nie.

Und deshalb quält einen nun nicht nur das Gefühl des persönlichen Verlusts, sondern auch die Überzeugung, dass Ring wesentlich weniger zu Papier gebracht hat als jeder andere amerikanische Autor erster Güte. Wir haben *You Know Me Al*, und wir haben etwa ein Dutzend wunderbare Kurzgeschichten (mein Gott!, er hatte sie nicht einmal aufbewahrt – der Band *How to Write Short Stories* entstand durch das Abfotografieren alter Zeitschriftenausgaben in öffentlichen Bibliotheken!), und wir haben einiges vom umwerfendsten und phantasievollsten Nonsens seit Lewis Carroll, der darauf wartet, gründlich gesichtet und herausgegeben zu werden. Der Rest ist größtenteils Mittelmaß mit vereinzelten Geistesblitzen, und ich täte Ring einen Bärendienst mit dem Vorschlag, diesen Texten einen Schrein zu errichten und sie anbeten zu lassen wie noch die alltäglichsten Hinterlassenschaften Mark Twains. Die genannten drei Bände sollten wahrhaftig ausreichen – für jeden, der Ring nicht gekannt hat. Aber ich wage zu behaupten, dass niemand, der ihn gekannt hat, in Abrede stellen würde, dass seine Persönlichkeit weit darüber hinausging. Stolz, schüchtern, ernst, schlau, höflich, tapfer, gütig, barmherzig, anständig – und neben der Zuneigung, die diese Eigenschaften weckten, schufen sie auch eine gewisse bange Ehrfurcht in anderen. Seine Vorsätze, sein Wille, einmal in Gang gesetzt, flößten jedem im Umgang mit ihm Respekt ein – er tat immer alles, von dem er gesagt hatte, er würde es tun. Oft war er der schwermütige Jacques und weiß Gott trübselige Gesellschaft, aber stets ging eine edle Würde von ihm aus, und die Zeit, die man mit ihm verbrachte, war immer ein Gewinn.

In diesem Augenblick habe ich auf meinem Schreibtisch die Briefe, die Ring uns geschrieben hat; der eine tausend Wörter lang, ein anderer zweitausend – Theaterklatsch, Literatenfachsimpelei, Geistesblitze (mit nicht allzu viel Geist, denn er kam sich ausgelaugt vor und sparte deshalb das Beste für seine Arbeit auf), Anekdoten über seine diversen Aktivitäten. Ich drucke den typischsten Brief ab, den ich finden konnte:

Die Dutch-Treat-Show war am Freitag vor einer Woche. Grant Rice und ich hatten einen Tisch reserviert, und an einen Tisch passen zehn Gäste, punktum. Ich hatte einen gewissen Jerry Kern eingeladen, der in letzter Minute anrief und sagte, er sei verhindert. Daraufhin beriet ich mich mit Grant Rice, der sagte, er wisse keinen Ersatz, aber es sei eine Schande, die Eintrittskarte verfallen zu lassen, wenn man bedenke, zu welchen Preisen sie gehandelt würden. Also rief ich Jones an, und Jones sagte zu und fragte, ob es in Ordnung sei, wenn er einen Kumpel mitbringe, einen ehemaligen Senator, der sich in Washington für ihn eingesetzt hatte. Ich sagte, es tue mir leid, aber unser Tisch sei bereits voll, und außerdem hätten wir keine zusätzliche Eintrittskarte. »Vielleicht könnte ich irgendwo noch eine Karte auftreiben«, sagte Jones. »Das kann ich mir nicht vorstellen«, sagte ich, »aber der springende Punkt ist, dass wir an unserem Tisch keinen Platz mehr haben.« »Na ja«, sagte Jones, »der Senator könnte an einem anderen Tisch essen und sich dann für die Show zu uns setzen.« »Schon«, sagte ich, »aber wir haben keine Eintrittskarte für ihn.« Zuletzt ist er mit dem Senator im Schlepptau einfach aufgekreuzt, und ich hab mir die Hacken abgelaufen, um eine weitere Karte zu organisieren und ihn an einem Tisch unterzubringen, wo er nicht erwünscht war, und später am Abend hat der Senator sich bei Jones bedankt und gesagt, er sei der tollste Bursche aller Zeiten, und zu mir sagte er guten Abend.

Tja, ich muss jetzt schließen und an einer Karotte knabbern. R. W. L.

Selbst in einem Telegramm konnte Ring seine Persönlichkeit unterbringen. Hier ist eines:

Wann kommst du zurück und warum bitte antworte Ring Lardner.

Es ist dies nicht der Ort, an Rings gesellige Seite zu erinnern, insbesondere er schon lange vor seinem Tod kein Vergnügen mehr an Zerstreuungen fand und an allem, was man als Unterhaltung bezeichnet – bis auf sein ungebrochenes Interesse an Musik. Dank dem Radio und den vielen Musikern, die magnetisch angezogen an sein Krankenlager pilgerten, hatte er einen Trost in seinen letzten Tagen, und er kostete ihn aus, so gut er konnte, indem er den Text eines Cole-Porter-Songs für den *New Yorker* scherzhaft umdichtete. Doch es wäre feige vom Verfasser dieser Zeilen, zu verschweigen, dass er und Ring Lardner vor einem Jahrzehnt, als sie Nachbarn waren, in vielen Lebenslagen so manches Glas gekippt und über viele Menschen und Dinge so manches Wort gewechselt haben. Und nie hatte ich das Gefühl, ich würde ihn gut genug kennen oder irgendjemand würde ihn kennen – es ging nicht darum, dass ich gedacht hätte, es stecke mehr in ihm, was zum Vorschein kommen sollte, sondern eher um einen qualitativen Unterschied; es war eher, als hätte man durch eigene Unzulänglichkeit den Zugang zu etwas noch Ungelöstem, Neuem und Ungesagtem nicht gefunden. Das ist der Grund, warum man wünscht, Ring hätte mehr von dem niedergeschrieben, was in seinem Geist und in seinem Herzen war. Es hätte ihn uns länger bewahrt, und das allein wäre schon viel gewesen. Aber ich wüsste gern, was das in ihm war, und nun werde ich es weiter wünschen – was wollte Ring, wie sollten die Dinge sein, wie waren die Dinge in seinen Augen?

Ein großer und ein guter Amerikaner ist tot. Wir wollen ihn nicht unter Blumen verstecken, sondern zu ihm treten und das schöne Medaillon betrachten, von Kümmernissen verwüstet, die zu verstehen uns vielleicht nicht gegeben ist. Ring hatte keine Feinde, weil er gütig war, und vielen Millionen schenkte er Befreiung und Freude.

Eine kurze Autobiographie
(mit Dank an Nathan)

1913
Die vier trotzig gekippten Canadian-Club-Whiskeys im Susquehanna in Hackensack.

1914
Der Great-Western-Champagner im Trent House in Trenton und die umnebelte Fahrt zurück nach Princeton.

1915
Der Crémant de Bourgogne im Bustanoby's. Der Rohwhiskey in White Sulphur Springs, Montana, als ich auf den Tisch gestiegen bin und den Viehzüchtern *Won't you come up* zum Besten gegeben habe. Die Stingers im Tate's in Seattle, während ich Ed Muldoon zuhörte, »diesem schlauen Kopf«.

1916
Der Apfelbrand in der Umkleidekabine des White Bear Yacht Club.

1917

Ein erster Burgunder mit Monsignore x im Lafayette. Brombeerlikör und Whiskey mit Tom im alten Nassau Inn.

1918

Der Bourbon, den die Pagen im Seelbach-Hotel in Louisville auf die Zimmer der Offiziere schmuggelten.

1919

Die Sazeracs, die von New Orleans nach Montgomery gebracht wurden, zur Feier eines wichtigen Anlasses.

1920

Rotwein im Mollat's. Absinthcocktails im hermetisch verriegelten Apartment im Royalton. Maisschnaps im Mondlicht auf einem menschenleeren Flugplatz in Alabama.

1921

Champagner, den wir am Nationalfeiertag im Savoy Grill stehenließen, als ein Betrunkener zwei Damen anschleppte, die eindeutig vom Piccadilly kamen. Gelber Chartreuse in der Via Balbini in Rom.

1922

Kaly's Crème-de-Cacao-Cocktails in St. Paul. Mein erster und letzter Versuch, Gin schwarzzubrennen.

1923

Eimerweise Canadian Ale mit Ring Lardner in Great Neck, Long Island.

1924

Champagnercocktails auf der *Minnewaska* und die alte Dame, die wir um Verzeihung baten, weil sie unseretwegen nicht schlafen konnte. Graves von Kressmann in der Villa Marie in Valescure und anschließender Streit mit dem Kindermädchen über britische Politik. Weißer Portwein in Momenten der Traurigkeit. Mousseux, den ein Franzose in einem Garten bei Dämmerlicht kaufte. Chambéry Fraise mit den Seldes während ihrer Flitterwochen. Wein aus der Gegend auf den klugen Rat eines netten Priesters in Orvieto, als wir uns bei ihm nach französischen Weinen erkundigten.

1925

Ein trockener Weißer, südlich von Sorrent gekeltert, der »keinen Transport verträgt« und den ich nie wieder irgendwo fand. Schreibblockade – Hörnerklang und Hufegetrappel. Der herrliche Vin d'Arbois im La Reine Pédauque. Champagnercocktails im Ritz in Paris, diesem Ausbeuterschuppen. Schlechte Weine von Nicolas. In einem Gasthaus im Burgund Kirsch gegen den Regen mit E. Hemingway.

1926

Fader St. Estèphe in einem trostlosen Loch namens Salies-de-Béarn. Sherry am Strand von La Garoupe. Gerald M.s Grenadinecocktail, der eine Makel, den es braucht, um das vollkommenste Haus der Welt wirklich vollkommen zu machen. Bier und Würstchen mit Grace, Charlie, Ruth und Ben in Antibes vor der Sintflut.

1927

Köstlicher kalifornischer »Burgunder« in einem der Bungalows des Ambassador in Los Angeles. Das Bier, das ich in Delaware gebraut habe und das immer dunklen Bodensatz hatte. Kisten von trübem, flauem Whiskeyverschnitt in Delaware.

1928

Der Pouilly zur Bouillabaisse im Prunier's zu einer Zeit der Niedergeschlagenheit.

1929

Ein Gefühl, als wäre aller Alkohol getrunken und als wäre jede Erfahrung damit gemacht, und dennoch: »*Garçon, un Chablis-Mouton 1902, et pour commencer, une petite carafe de vin rosé. C'est ça – merci.*«

Mädchen glauben an Mädchen

Als die Castles im Jahr 1912 das moderne Tanzen gesellschaftsfähig machten und das brave Mädchen in den Nachtclub brachten, wo es neben das eindeutig alles andere als brave Mädchen gelangte – da war die Epoche der Flapper aus der Taufe gehoben. Einige der Zehn Gebote überdauerten die Kriegswirren nicht unbeschadet, und auch danach wollte man Aufregungen nicht missen. In Büchern wurden die Möglichkeiten der Freiheit weiter ausgelotet, und eine ganze Generation, die ausschließlich von Frauen erzogen und daher formbar war, bewegte sich mühelos neuen Horizonten entgegen, die aufgeklärte Geister der Vorkriegszeit eröffnet hatten. Um das Jahr 1922 war die Jugend grundlegend verwandelt oder, wie einzelne Reaktionäre es ausdrückten, pervertiert, und viel Spaß war nicht mehr an der Sache – die »Flapper-Bewegung« als solche war vorbei.

Doch war diese Bewegung tatsächlich jemals so unsentimental gewesen, eine allumfassende Haltung, abgesehen von ein wenig zweifelhaften biologischen Gegebenheiten? (Zum Beispiel darf man sich fragen, ob eine langandauernde körperliche Brautwerbung eine normale oder gesunde Vorbereitung auf die Ehe darstellt, insbesondere für Männer.) Andererseits orientierte sich das Mädchen, das sich seinem Verehrer wie ein Geschenk darbot, weitgehend an dem Vorbild, das die Romanliteratur etabliert hatte. Es folgte Thackerays Beatrix Esmond, die anno 1912 in H. G. Wells' *Tono-Bungay* unter dem Namen Beatrice Normandy wieder auftauchte und von einem Kreis auserlesener und draufgängerischer Londoner Debütantinnen inbrünstig nachgeahmt wurde. Die faszinierende Beatrice ist das Urbild der Damen in den Büchern Michael Arlens und fast aller anderen, deren Gegenstand wagemutige englische Mädchen waren – doch die Clique von Teenagern, die in Chicago um 1915 das Automobil für sich entdeckte, hat meiner Ansicht nach damit nichts zu tun. Jedenfalls triefte die ganze Sache bei Kriegsende dermaßen vor Sentimentalität, dass die Herz-Schmerz-Presse sie ausschlachtete und die breite Öffentlichkeit sich dafür zu interessieren begann, und inmitten dieser breiten Öffentlichkeit entdeckte der Flapper eine Frau von Mitte vierzig, ein bisschen atemlos, in der er einigermaßen verblüfft die eigene Mutter erkannte.

Es war vorbei – die Mode von gestern, du lieber Himmel, wie grauenhaft! Mit der Avantgarde zu marschieren war eine Sache, mit der Herde hinterherzutrampeln eine andere, und so entstanden der Individualismus und der moderne und ein wenig verstörende Kult um das unabhängige Mädchen.

Bevor wir darauf zu sprechen kommen, tun wir gut daran, uns zu entsinnen, dass eine echte Generation, eine Generation, die einen ganz bestimmten Typus repräsentiert und sich durch eine gewisse Einheitlichkeit in Auftreten und Denken auszeichnet, nicht alle drei, vier Jahre vorkommt. Grob geschätzt bildeten die Mädchen, die in der Zeit zwischen 1917 und 1919 Debütantinnen waren oder gewesen wären, den Kern der übermütigen Generation, samt älteren und jüngeren Mädchen, wild entschlossen, nichts auszulassen, denn die Übermütigen schienen sich prächtig zu amüsieren. Inzwischen hat diese Generation sich auf Country Clubs, Casinos in Europa, die Bühne und sogar das traute Heim verteilt und feiert ihren dreißigsten Geburtstag. Vielleicht wird es etwas Vergleichbares nicht wieder geben, bis es zu einem neuen Krieg kommt oder für eine neue Jugend neue Grenzen entstehen, die es zu definieren und auszufüllen gilt. Denn die Jugend an sich ist nicht originell – man entferne nur das Automobil und die Umhängetasche aus dem vergnüglichen Schauspiel, das die ganze Nation zehn Jahre lang unterhalten hat. Der Affe auf dem Fahrrad allein bedeutet schließlich noch nichts. Was nähere Erkundung lohnt, ist die Veränderung der seelischen Haltung.

II

In meiner frühen Jugend sammelten viele ältere Mädchen noch Poesiealben über Theatergrößen und lauerten nach Matineen Elsie Janis oder Ethel Barrymore am Bühnenausgang auf. Vielleicht ist der Kult um das unabhängige Mädchen nur eine Verschärfung und Zuspitzung dieses Phänomens, aber das glaube ich nicht. Ich glaube, dass Frauen zu der Ansicht gelangt sind, dass sie von Männern nichts Sinnvolles lernen können. Alles in allem ist der intelligente Mann entweder Einzelgänger oder zerstreut sich in anregenden Kreisen – so oder so ist er für Frauen kaum greifbar; der Geschäftsmann bereichert den geselligen Umgang mit nicht viel mehr als dem, was er in der Zeitung gelesen hat, verbunden mit dem dringenden Bedürfnis, sich unterhalten zu lassen; und so kommt es, dass in den tausendundeinen weiblichen Universen im Land die männliche Stimme weitgehend von den Weichlingen und den Schwächlingen, den Schnorrern und den Versagern repräsentiert wird. Erstere sind seit dem Krieg offenkundig mehr geworden. Bestimmte Begriffe als Bezeichnung für bestimmte Menschentypen sind jedermann geläufig. Kaum eine beliebte Frau in einer großen Stadt hat nicht einen oder zwei Männer im Schlepptau, die zuverlässig ihre Partei ergreifen, ihre Kleidung sachkundig beurteilen und immer mit dem neuesten Klatsch aufwarten – und, vor allem, immer zur Stelle sind.

Wenn man eine derart entlegene Örtlichkeit überhaupt anführen wollte, stieße man in Los Angeles auf einen ganzen Schwung oftmals bezaubernder und fast ausnahmslos hübscher Frauen in ständiger Begleitung zahlloser Schauspieler, Wichtigtuer, Kostümbildner, Schmarotzer und Brüder anderer Leute – an den Wochenenden zusätzlich noch einiger besonders dickfelliger Geschäftsleute. Auf wie vielen Partys sah ich die attraktiven Mädchen unauffällig verschwinden, um mit ihresgleichen ungestört im Toilettenvorraum zu plaudern und zu scherzen, voll Überdruss und Desinteresse an der Männerwelt! Auf dem Land sieht es alles in allem nicht viel anders aus. Infolge der allgemeinen Unsicherheit darüber, was Männer wollen – »Soll ich frivol oder soll ich altmodisch sein? Soll ich ihm zum Erfolg verhelfen oder mich erst an ihn binden, wenn er erfolgreich war? Soll ich häuslich werden oder jung bleiben? Soll ich ein Kind oder vier Kinder bekommen?« –, sind Probleme, die sich früher auf bestimmte Gesellschaftsklassen beschränkten, die Probleme jedes Mädchens geworden, und sie wenden sich für Bestätigung inzwischen nicht an Männer, sondern an ihresgleichen. Das »Schwärmen« war früher ein Internatsphänomen, aber heute wird jede Frau durch mutigen Individualismus unverzüglich zu einer kleinen Gottheit. Nicht nur Edna Millay, Helen Wills, Geraldine Farrar und die Königin von Rumänien haben ihre Anhängerinnen, sondern es finden sich auch leidenschaftliche Plädoyers für Aimee Semple McPherson und sogar Ruth Snyder. Welche Wirkung hat diese Frauenverehrung auf die junge Frau?

Sie ist unauffälliger – damit andere Mädchen keine schlechte Meinung von ihr haben –, und aus demselben Grund ist sie zunehmend umgänglicher geworden. Sie will schlicht und ehrlich wirken, weil diese Eigenschaften bei Mädchen hoch im Kurs stehen. Sie trinkt nicht mehr so viel, außer im blasierten Süden und mittleren Westen, wo das immer noch Mode ist. Sie weiß »das eine oder andere über Musik«, aber sie ist vermutlich keine Virtuosin am Klavier, denn während man für Männer spielt, sind es Frauen, mit denen man darüber spricht. Sie kennt sich einigermaßen mit Kalorien, aber nicht mit dem Kochen aus, der Grund ist derselbe. Aber mit all diesen Dingen würde sie sich jederzeit bereitwilliger beschäftigen, wenn sie nur etwas sicherer wäre, dass ihr das Bedeutung verleihen würde. Bedeutung ist alles – nicht etwa die Bedeutung einer Clara Bow, sondern die einer Madame Curie. Es ist der alte amerikanische Idealismus, der sich nun auch außerhalb des allumfassenden amerikanischen Zuhauses bewährt – unablässig suchende weibliche Messias-Gestalten, die sich von den selbsternannten Galionsfiguren des öffentlichen Lebens allerdings nicht beeindrucken lassen. Sie sind den Anliegen gegenüber skeptisch geworden, für die ihre Vorgängerinnen in den vergangenen zwanzig Jahren gekämpft haben, und sind merkwürdigerweise dadurch konservativ geworden, vorsichtig, abwartend.

Vergangenen Sommer gab es an der Riviera englische Mädchen, die noch immer an Männer glaubten – man erkannte sie an ihrem übertriebenen Hüftschwung, an den Dingen, über die sie so herzlich lachten, als müssten sie sich noch immer dafür entschuldigen, dass sie als Mädchen geboren waren, und ihre Kumpelqualitäten gegenüber kritischen älteren Brüdern beweisen. Was die anderen betrifft – die Amerikanerinnen konnte man von den Französinnen nur daran unterscheiden, dass sie hübsch waren –, war die unübersehbare Nachlässigkeit, mit der sie ihre Männer behandelten, fast schon erschreckend. Abgesehen von materiellen Erwägungen war die edelste und erwünschteste Erscheinungsform des Mannes die des »braven alten Trottels«, sei er Verlobter, Ehemann oder Liebhaber. Alles Männliche galt abwechselnd als verzopft, langweilig, tyrannisch oder bloß lächerlich. Ich erinnere mich an ein Mädchen, das auf die Frage eines durchaus begehrenswerten Mannes mittleren Alters, ob er eine Zigarre rauchen dürfe, antwortete: »Ja, bitte. Ich finde, es geht nichts über eine gute Zigarre« – und ich erinnere mich an den unterdrückten Ausbruch von Heiterkeit um den Tisch herum. Das war die Stimme einer anderen Zeit, es war eine Parodie. Gewiss wollte und brauchte man Männer, aber ihnen gefallen wollen, sie tatsächlich *umschmeicheln*, das war etwas anderes.

Den Prinzen, den Helden gibt es nicht mehr – anders gesagt, sie lassen sich nicht mehr blicken, weil die Gesellschaft in ihrer Verwirrung und mit ihren weit offenen Türen nicht mehr die Stabilität von vor dreißig Jahren bietet. In New York war es seit längerem ein Problem, auf Debütantenbällen eine zahlenmäßige männliche Überlegenheit zu gewährleisten. Das Einzige, worauf das junge Mädchen sich schließlich verlassen kann, wenn es »in die Gesellschaft« entlassen wird, ist, dass es genügend männlichen Wesen begegnen wird, die seine biologischen Bedürfnisse wecken können – immerhin, wenn schon nichts sonst.

Die gegenwärtige Haltung des jungen Mädchens zu moralischen Fragen ist die des übrigen Landes – anders gesagt wird bei Mädchen über zwanzig Tugend nicht mehr mit Keuschheit gleichgesetzt, und zu behaupten, es verhielte sich anders, gehört zu den Dingen, die man gerne tun kann, wenn einem partout der Sinn danach steht. Sicherlich gibt es Vertreter einer älteren und reineren Generation, die sich gewünscht hätten, dass der Verfasser dieser Zeilen seinen ganzen Artikel diesem Phänomen gewidmet hätte – um am Ende der Lektüre die Zeitschrift tugendhaft aus dem Fenster zu werfen. Denn Amerika besteht nicht aus zwei Arten von Menschen, sondern aus zwei Geisteshaltungen – die einen sind damit beschäftigt zu tun, was zu tun ihnen beliebt, während die anderen so tun, als gäbe es diese Dinge nicht. Noch dem oberflächlichsten ehrlichen Blick drängt sich die Erkenntnis auf, dass wir die französische Leichtigkeit in sexuellen Dingen ohne Abstriche übernommen haben, in Worten wie im Handeln, mit dem Unterschied, dass diese Leichtigkeit in Amerika auch auf die jungen Mädchen zutrifft.

Sie betragen sich unauffälliger, wesentlich weniger dreist und prahlerisch als ihre älteren Schwestern, die Flapper – es erinnert mich an die Zeiten unvorstellbarer Hemmungen, in denen die Mädchen, die tatsächlich »knutschten«, nicht darüber sprachen. So problematisch es ist zu verallgemeinern, offenbart der sich lichtende Nebel dennoch zweifelsfrei, dass die meisten Schranken wohl endgültig gefallen sind. Die Männer, von unserem landesweiten Matriarchat zu kratzfüßigen Tieren zum Zweck der Reproduktion herabgewürdigt, müssen nicht länger als jene gebieterische, priesterliche und strafende Instanz gesehen werden, die Rechenschaft verlangt und Urteile fällt, denn neuerdings sind sie nur mehr »dämlich« – und wen schert es ohnedies? Die Zahl der Mädchen nimmt zu, die sich entscheiden, ihren Weg allein zu gehen.

Zudem hat das Mädchen von heute vieles, was früher als anstößig galt, mit gutem Geschmack zu bemänteln verstanden. Sie hat sich im Auftreten an ihrer Vorkriegsmutter und ihrer Nachkriegsschwester orientiert, von beiden etwas übernommen, und während sie selbstbewusst und sicher durch Europa zigeunert, wirken die englischen Mädchen dagegen unreif und die französischen Mädchen starr und schroff. Zum gegenwärtigen Zeitpunkt ist sie unser bestes und repräsentativstes Erzeugnis, was Schönheit, Charme und Mut angeht, und es erscheint regelrecht illoyal, sich zu fragen, ob der Fortschritt sich zuletzt darin erschöpfen wird, dass dieses Mädchen sich nonchalant am schmalen stählernen Träger unseres Wohlstands entlanghangelt. Und doch darf man sich fragen, ob ein so unvergleichlich vollendeter und so unendlich sorgloser Menschentyp jemals irgendetwas leisten wird.

III

Diese Frage stelle *ich* mir nicht – ich erwarte tatsächlich Wundertaten von ihnen. Ich mache mir Sorgen um den armen jungen Mann – in einer Zeit, in der niemand außer hauptberuflichen Sorgenkrämern etwas dafür erübrigen würde. Man suche sich aus dem internationalen Zirkus an der Riviera die schönste Blüte jedes Landes aus – die brünette kleine Griechin mit ihrem eines Praxiteles würdigen Kopf, die sonnengebräunte neapolitanische Jungfrau, die dunkelrosa Britin, die graziöse Pariserin –, und in der Regel erweist sie sich als Miss Mary Meriwether aus Paris, Michigan, oder aus Athens, Georgia, triumphal und erfreulicherweise eine von uns. Für sie ist die Welt nicht das romantische Mysterium, das sie für uns war – selbst die Vergangenheit wirft keinen Schatten, denn sie glauben an nichts als an sich selbst. So viel Liebreiz kann es nicht an der Stimme fehlen, sich auszudrücken, so viel Mut nicht an der Möglichkeit, sich zu beweisen. Und wendet man die Medaille, wird so viel unerträglicher Erfolg die Besiegten und Unterdrückten vermutlich dazu anspornen, ihre Existenz durch leidenschaftliche Anstrengung zu rechtfertigen. Etwas Dynamisches und Unberechenbares, das schon immer zum Leben Amerikas gehörte, selbst wenn es nur das verdrießliche Genörgel der Pioniersfrau war, etwas, was sich weder im sentimentalen Gibson Girl noch im burschikosen Flapper ausdrücken konnte, scheint endlich aus dem Ei zu schlüpfen und eigene Statur zu gewinnen.

Meine verlorene Stadt

Der erste Eindruck, wie die Fähre sich in der Morgendämmerung von der Küste New Jerseys davonstahl – dieser Augenblick kristallisierte sich zu meinem ersten Symbol für New York. Fünf Jahre später fuhr ich als Fünfzehnjähriger von der Schule in die Großstadt, um Ina Claire in *The Quaker Girl* und Gertrude Bryan in *Little Boy Blue* zu sehen. Verwirrt von meiner hoffnungslosen und schwermütigen Liebe zu beiden, konnte ich mich nicht zwischen ihnen entscheiden, und sie verschmolzen zu einer bezaubernden Einheit, dem Mädchen an sich. Das war mein zweites Symbol für New York. Die Fähre stand für Triumph, das Mädchen für die Liebe. Im Lauf der Zeit sollte ich beides kennenlernen, doch es gab ein drittes Symbol, das ich irgendwo – und unwiederbringlich – verloren habe.

Ich entdeckte es weitere fünf Jahre später an einem dunklen Aprilnachmittag.

»O Bunny«, rief ich, »*Bunny*!«

Er hörte mich nicht – mein Taxi verlor ihn und holte ihn dann einen halben Block weiter wieder ein. Den Gehsteig tüpfelten dunkle Regentropfen, und ich sah ihn rasch durch die Menge gehen; er trug einen bräunlichen Trenchcoat über seinem gewohnten braunen Anzug; erschrocken bemerkte ich, dass er einen schlanken Spazierstock in der Hand hielt.

»Bunny!«, rief ich abermals und hielt inne. Ich war noch immer ein frühes Semester in Princeton, er dagegen war ein New Yorker geworden. Das war sein Nachmittagsspaziergang, dieses eilige Ausschreiten mit Spazierstock im dichter fallenden Regen, und da es noch eine Stunde Zeit war bis zu unserer Verabredung, erschien mir ein zufälliges Aufeinandertreffen wie ein Eindringen in sein Privatleben. Doch das Taxi hielt Schritt mit ihm, und was ich beobachtete, beeindruckte mich: Er war nicht mehr der schüchterne junge Gelehrte von Holder Court – er ging selbstbewusst, mit seinen Gedanken beschäftigt, den Blick geradeaus gerichtet, und es war offensichtlich, dass sein neues Umfeld für ihn nichts zu wünschen übrigließ. Ich wusste, dass er ein Apartment mit drei anderen Männern teilte, von allen Tabus der Erstsemester befreit, doch seine Energie hatte eine andere Ursache, und ich erhielt meinen ersten Eindruck von etwas Neuem – dem Geist der Großstadt.

Bis dahin hatte ich nur das New York kennengelernt, das sich dem Betrachter bereitwillig anbot – ich war ein Dick Whittington vom Land, der die abgerichteten Bären bestaunte, oder ein Halbwüchsiger aus dem Midi, geblendet von den Pariser Boulevards. Ich war hergekommen, um die Show zu sehen, obwohl die Architekten des Woolworth Building und der Leuchtreklame mit dem Wagenrennen und die Produzenten von Musicals und Problemstücken sich keinen dankbareren Besucher wünschen konnten, denn ich nahm den Schick und das Glitzern New Yorks noch andächtiger für bare Münze, als es die Stadt selbst tat. Aber ich war nie einer der praktisch anonymen Einladungen zu Debütantenbällen gefolgt, die Erstsemestern zugeschickt wurden, vielleicht weil ich das Gefühl hatte, dass keine Realität an meine Träume von New Yorks Glanz heranreichen könnte. Zudem lebte diejenige, die ich in meiner Torheit als »mein Mädchen« bezeichnete, im Mittleren Westen, wo für mich damit das Herz der Welt schlug, so dass ich mir New York als zynisch und gefühllos vorstellte – mit Ausnahme jenes einen Abends, als SIE das Dach des Ritz bei einem kurzen Besuch zum Leuchten brachte.

Vor kurzem hatte ich sie jedoch endgültig verloren und wünschte mir eine Männerwelt, und Bunnys Anblick ließ mir New York als genau diese Welt erscheinen. Eine Woche zuvor hatte Monsignor Fay mich ins Lafayette mitgenommen, wo eine leuchtend bunte Flagge aus Lebensmitteln namens *hors d'œuvre* vor uns aufgetischt wurde, und dazu tranken wir Bordeaux, der nicht minder eindrucksvoll war als Bunnys schmucker Spazierstock – aber letzten Endes war es ein Restaurantbesuch, und danach würden wir über eine Brücke ins Hinterland zurückfahren. Das New York studentischer Ausschweifungen, von Lokalitäten wie Bustanoby's, Shanley's, Jack's, war zu einem Alptraum geworden, und obwohl ich durch manchen alkoholischen Nebel hindurch immer wieder dorthin zurückkehrte, empfand ich dabei jedes Mal ein Gefühl des Verrats an einem hartnäckigen Idealismus. Ich beteiligte mich eher gierig als ausschweifend an diesen Dingen, und ich habe so gut wie keine erfreuliche Erinnerung an jene

Zeit; wie Ernest Hemingway einmal gesagt hat, besteht der Zweck des Nachtlokals allein darin, ungebundene Männer mit entgegenkommenden Frauen zusammenzubringen. Alles Übrige ist Zeitvergeudung in schlechter Luft.

Doch an jenem Abend in Bunnys Apartment war das Leben milde und gefahrlos, eine erlesenere Verdichtung all dessen, was ich an Princeton zu lieben gelernt hatte. Die leisen Klänge einer Oboe, vermischt mit Großstadtgeräuschen von der Straße draußen, die nur leise durch dicke Bücherbarrikaden ins Zimmer drangen, und der einzige Missklang war das schroffe Geräusch, mit dem einer der Männer Einladungen aufriss. Ich hatte ein drittes Symbol für New York entdeckt, und ich begann, mich zu fragen, wie viel Miete so ein Apartment kosten mochte, und meine Freunde nach geeigneten Mitbewohnern durchzugehen.

Von wegen – in den nächsten zwei Jahren hatte ich so viel Einfluss auf mein Geschick wie ein Sträfling auf seinen Kleidungsstil. Als ich 1919 nach New York zurückkam, war ich so vom Leben beansprucht, dass an ein bisschen heiteres Mönchstum am Washington Square nicht einmal im Traum zu denken war. Es ging darum, in der Reklamebranche genug Geld zu verdienen, um eine muffige Wohnung für zwei Personen in der Bronx mieten zu können. Das betreffende Mädchen war noch nie in New York gewesen, aber es war klug genug, die Sache mit einer gewissen Skepsis zu betrachten. Und in einem Nebel aus Unruhe und Misere verbrachte ich die vier empfänglichsten Monate meines Lebens.

New York schillerte in den Regenbogenfarben einer Welt am ersten Tag. Die heimkehrenden Truppen marschierten die Fifth Avenue entlang, und Mädchen strömten ihnen instinktiv entgegen – endlich waren wir anerkanntermaßen die mächtigste Nation, und Feststimmung lag in der Luft. Wenn ich am Samstagnachmittag wie ein Gespenst im Rose Room des Plaza Hotels herumgeisterte oder luxuriöse und feuchtfröhliche Gartenpartys in den East Sixties besuchte oder mit Princeton-Kommilitonen in der Biltmore Bar zechte, quälte mich unablässig der Gedanke an mein anderes Leben – das triste Zimmer in der Bronx, die paar Handbreit Platz in der Subway, meine bange Erwartung des täglichen Briefs aus Alabama – würde er kommen, und was würde er enthalten? –, meine abgetragenen Anzüge, meine Armut und meine Liebe. Während meine Freunde ihr Leben respektabel angehen ließen, hatte ich mein schwankendes Schifflein mitten in die Strömung manövriert. Die goldene Jugend, die sich im Club de Vingt um die junge Constance Bennett sammelte, die Kommilitonen im Yale-Princeton Club mit ihren Hurrarufen bei unserem ersten Treffen nach dem Krieg, die Atmosphäre in den Häusern der Millionäre, in denen ich manchmal verkehrte – all das war leer für mich, obwohl ich es als beeindruckende Kulisse zu schätzen wusste und bedauerte, mich einem anderen romantischen Traum verschrieben zu haben. Der ausgelassenste Lunchtisch oder der schwermütigste Abend im Nachtlokal – es war mir alles einerlei; von dort kehrte ich ungeduldig in mein Zuhause an der Claremont Avenue zurück – mein Zuhause, weil vor der Tür vielleicht ein Brief wartete. Meine hochfliegenden Träume von New York verloren einer nach dem anderen ihren Glanz. Der Zauber von Bunnys Apartment schwand in meiner Erinnerung mit allem anderen, als ich mit einer rotgesichtigen Vermieterin in Greenwich Village verhandelte. Sie erklärte mir, dass ich Mädchen auf mein Zimmer mitbringen könne, und diese Vorstellung erfüllte mich mit Bestürzung. Warum sollte ich Mädchen auf mein Zimmer mitbringen wollen? Ich hatte ein Mädchen. Ich wanderte durch die Stadt der 127th Street und verargte ihr ihr pulsierendes Leben; oder ich kaufte mir in Gray's Drugstore billige Theaterkarten und versuchte, mich für ein paar Stunden in meine alte Liebe zum Broadway zu flüchten. Ich war ein Versager – eine trübe Tasse in der Reklamebranche und unfähig, als Schriftsteller Fuß zu fassen. Ich hasste die Stadt und trank mich mit meinem letzten Geld in einen kolossalen, tränenseligen Rausch und ging nach Hause…

…Unberechenbare Stadt. Was darauf folgte, war nur eine unter tausend Erfolgsgeschichten jener flitterhaften Tage, aber es war ein Teil meines eigenen Films von New York. Als ich sechs Monate später zurückkam, standen mir die Bürotüren von Lektoren und Verlegern offen, Impresarios bettelten mich um Stücke an, die Filmbranche hechelte nach Stoffen. Zu meiner Verblüffung wurde ich nicht als jemand aus dem Mittleren Westen und nicht einmal als unabhängiger Beobachter willkommen geheißen, sondern als Inbegriff dessen, was New York sich wünschte. Diese Behauptung erfordert einige Worte über die Stadt New York im Jahr 1920.

Es gab bereits die hochaufragende weiße Stadt unserer

Tage, es gab die fieberhafte Betriebsamkeit des Börsenbooms, aber es herrschte eine allgemeine Unfähigkeit, sich auszudrücken. Der Kolumnist F. P. Adams erfasste noch am ehesten den Pulsschlag des Einzelnen und der Menge, aber schüchtern, wie jemand, der etwas vom Fenster aus beobachtet. Die bessere Gesellschaft und die genuin amerikanischen Kunstformen hatten sich noch nicht vermischt – Ellin Mackay war noch nicht mit Irving Berlin verheiratet. Auch viele der Figuren Peter Arnos hätten den Zeitgenossen von 1920 nichts gesagt, und bis auf F. P. Adams' Kolumne gab es kein Forum für großstädtische Weltläufigkeit.

Und dann, für den Bruchteil eines Augenblicks, wurde die Idee von der jüngeren Generation zum Amalgam für vieles, was das New Yorker Leben ausmachte. Leute um die fünfzig konnten noch immer so tun, als gäbe es nur vierhundert Leute von gutem Ruf, und Maxwell Bodenheimer konnte noch immer so tun, als gäbe es eine Boheme, an die Farbe und Stifte nicht verschwendet waren – doch damals begann die Verquickung des Bunten, Fröhlichen, Kraftvollen, und zum ersten Mal machte sich eine Gesellschaft bemerkbar, die lebendiger war als die soliden Mahagonieinladungen einer Emily Price Post. Wenn diese Gesellschaft die Cocktailparty hervorbrachte, dann entfaltete sich aber ebenso der Geist der Park Avenue, und zum ersten Mal konnte ein gebildeter Europäer eine Reise nach New York als etwas Amüsanteres gewärtigen als eine Goldsuche in einer etwas zivilisierteren australischen Wildnis.

Für einen kurzen Augenblick, bevor sich herausstellte, dass ich der Rolle nicht gewachsen war, sah ich, der ich

New York weniger gut kannte als jeder beliebige Reporter nach sechs Monaten Anstellung und der ich von seiner Gesellschaft weniger wusste als jeder Hotelpage bei einem Herrenabend im Ritz, mich nicht nur in die Position des Wortführers jener Zeit gedrängt, sondern war auf einmal auch ein typisches Produkt besagter Epoche. Ich oder eher »wir« wussten nicht recht, was New York von uns erwartete, und fanden das Ganze ziemlich verwirrend. Wenige Monate nachdem wir uns auf das Abenteuer in der Großstadt eingelassen hatten, wussten wir kaum noch, wer wir waren, und wir hatten kaum eine Ahnung, was wir waren. Ein Sprung in einen städtischen Brunnen und eine zufällige Gesetzesübertretung genügten, um uns in die Klatschspalten zu bringen, und wir wurden zu einer Vielzahl von Themen zitiert, von denen wir nicht die geringste Ahnung hatten. Tatsächlich beschränkten sich unsere »Verbindungen« auf ein Halbdutzend ledige Freunde aus Collegezeiten und vereinzelte neue literarische Bekanntschaften – ich erinnere mich an ein einsames Weihnachtsfest, als wir in der ganzen Stadt nicht einen Freund hatten und niemanden, den wir besuchen konnten. Da wir keinen Nukleus fanden, an den wir uns heften konnten, wurden wir selbst zu einem kleinen Nukleus und passten unsere widerspenstigen Persönlichkeiten der zeitgenössischen New Yorker Gesellschaft an. Besser gesagt, New York vergaß uns und erlaubte uns zu bleiben.

Dies ist kein Bericht von den Veränderungen der Stadt, sondern von den Veränderungen der Gefühle, die dieser Schriftsteller der Stadt entgegenbringt. Aus dem Tohuwabohu von 1920 erinnere ich mich noch an eine Fahrt auf dem Dach eines Taxis in einer heißen Sonntagnacht die menschenleere Fifth Avenue entlang und an einen Lunch in den kühlen japanischen Gärten des Ritz mit der wehmütigen Kay Laurell und mit George Jean Nathan und daran, wie ich Nacht für Nacht und Nacht für Nacht schrieb und für winzige Apartments zu viel bezahlte und großartige, aber schrottreife Automobile kaufte. Die ersten Mondscheinkneipen hatten sich etabliert, man tanzte nicht mehr Toddle, man tanzte im Montmartre-Nachtclub, und Lilyan Tashmans hellblondes Haar wallte zwischen den betrunkenen Collegejünglingen auf der Tanzfläche. Die Theaterstücke hießen *Déclassée* und *Sacred and Profaned Love*, und beim Midnight Frolic tanzte man Ellbogen an Ellbogen mit Marion Davies und entdeckte vielleicht die temperamentvolle Mary Hay unter den Tänzerinnen. Wir dachten, wir hätten mit alledem nichts zu tun; vielleicht denkt jeder, er habe mit seiner Umgebung nichts zu tun. Wir kamen uns vor wie kleine Kinder in einer großen, hellen, unerforschten Scheune. Als wir in Griffith's Studio auf Long Island zitiert wurden, erbleichten wir in der Gegenwart der vertrauten Gesichter aus *Birth of a Nation*; später begriff ich, dass sich hinter einem Großteil der Unterhaltung, mit der die Stadt das ganze Land überschüttete, vor allem verlorene und einsame Menschen verbargen. Die Welt der Filmschauspieler glich unserer Welt darin, dass sie sich in New York befand und zugleich nicht zu New York gehörte. Sie hatte keine eigene Daseinsberechtigung und keinen Mittelpunkt: Als ich Dorothy Gish kennenlernte, kam es mir vor, als stünden wir beide am Nordpol und es schneite. Später haben sie ein Zuhause gefunden, aber dieses Zuhause war nicht New York.

Wenn uns langweilig war, betrachteten wir die Stadt mit der Exzentrik eines Huysmans. Ein Nachmittag ohne Besuch in unserem »Apartment«, wo wir Olivensandwiches aßen und eine Flasche Bushmill-Whiskey tranken – ein Geschenk von Zoë Akins –, dann hinaus in die aufs neue verzauberte Stadt, durch unvertraute Türen in unvertraute Wohnungen und dazwischen im Taxi durch die milden Nächte. Endlich waren wir eins mit New York und schleppten die Stadt durch jede Eingangstür mit uns. Noch heute betrete ich viele Wohnungen mit dem Gefühl, schon einmal dort oder in der Wohnung darüber oder darunter gewesen zu sein – war es der Abend, als ich mich in der *Scandals*-Show zu entkleiden versucht hatte, oder der Abend, an dem (wie ich am nächsten Morgen zu meinem Erstaunen in der Zeitung las) »Fitzgerald Polizeibeamten diesseits vom Paradies befördert« hat? Da erfolgreiche Raufereien nicht zu meinem Repertoire zählen, habe ich vergeblich versucht, die Abfolge der Ereignisse zu rekonstruieren, die zu dieser Kulmination in Webster Hall geführt haben mögen. Und als Letztes entsinne ich mich aus jener Zeit einer nachmittäglichen Taxifahrt zwischen sehr hohen Gebäuden und unter einem flieder- und rosenfarbenen Himmel; ich fing an herumzuschreien, weil ich alles hatte, was ich wollte, und wusste, dass ich nie wieder so glücklich sein würde.

Es war bezeichnend für unsere prekäre Lage in New York, dass wir auf Nummer sicher und nach St. Paul zurückgingen, als unser Kind auf die Welt kam – es wäre uns nicht richtig erschienen, ein Baby all diesem Glanz und all dieser Einsamkeit auszusetzen. Doch ein Jahr darauf waren wir wieder da und begannen, die gleichen Dinge wie zuvor zu tun, obwohl sie uns nicht mehr das gleiche Vergnügen bereiteten. Wir erlebten eine Menge, doch wir hatten uns eine fast schon theatralische Unschuld bewahrt, indem wir die Rolle des Beobachteten der des Beobachters vorzogen. Aber Unschuld ist kein Selbstzweck, und indem unser Geist widerstrebend erwachsen wurde, konnten wir New York als Ganzes sehen, und wir versuchten, etwas davon für die Personen zu retten, zu denen wir unausweichlich werden würden.

Es war zu spät – oder zu früh. Für uns war die Stadt unzertrennlich mit bacchantischen Zerstreuungen harmloser wie irrwitziger Art verbunden. Erst nach der Rückkehr nach Long Island konnten wir zu uns finden, und auch das nicht immer. Wir wollten der Stadt nicht halbherzig begegnen. Mein erstes Symbol war zur Erinnerung geworden, denn inzwischen wusste ich, dass Triumph in einem selbst begründet ist; mein zweites Symbol war alltäglich geworden – zwei der Schauspielerinnen, die ich aus der Ferne angeschmachtet hatte, hatten bei uns zu Hause gespeist. Doch es erfüllte mich mit einer gewissen Besorgnis, dass sogar das dritte Symbol zu verblassen begann – die Stille von Bunnys Apartment war in der immer schneller pulsierenden Stadt nirgends zu finden. Bunny hatte geheiratet und würde bald Vater werden, andere Freunde waren nach Europa gegangen, und die Junggesellen hatten in Häusern angeheuert, die größer und geselliger waren als das unsrige. Mittlerweile waren wir »mit jedermann bekannt«, anders gesagt mit den meisten, die der Karikaturist Ralph Barton als Publikum eines Premierenabends gezeichnet hätte.

Aber wir waren nicht mehr wichtig. Der Flapper, auf dessen Tun und Treiben die Beliebtheit meiner ersten Bücher zurückging, hatte sich 1923 überlebt, jedenfalls im Osten der USA. Ich beschloss, mit einem Stück den Broadway im Sturm zu nehmen, doch der Broadway sandte seine Scouts nach Atlantic City und verwarf die Idee von Anfang an, und mir wurde klar, dass die Stadt und ich einander bis auf weiteres nicht viel zu bieten hatten. Ich würde die Atmosphäre von Long Island nehmen, die ich in tiefen Zügen geatmet hatte, und sie unter fremden Himmeln zu neuem Leben erwecken.

Es sollte drei Jahre dauern, bis wir New York wiedersahen. Als das Schiff den Fluss hinauffuhr, brach die Stadt in der einsetzenden Abenddämmerung wie ein Donnerschlag über uns herein – der weiße Gletscher an der Battery, der wie das Tragseil einer Brücke herunterstieß, um sich dann zu Uptown zu erheben, einem Wunderwerk schäumender Lichter, das von den Sternen herabhing. Eine Kapelle begann, an Deck zu spielen, doch angesichts der Erhabenheit der Stadt klang die Marschmusik abgedroschen und blechern. In diesem Augenblick wurde mir klar, dass New York meine Heimat war, mochte ich es noch so oft verlassen.

Das Tempo der Stadt hatte sich spürbar verändert. Die Ungewissheiten von 1920 wurden von einem steten goldenen Rauschen übertönt, und viele unserer Freunde waren inzwischen wohlhabend. Doch die Rastlosigkeit New

Yorks im Jahr 1927 näherte sich der Hysterie. Die Partys waren größer – die von Condé Nast kamen auf ihre Weise an die sagenhaften Bälle der neunziger Jahre heran –, alles war eine Nummer größer – die Verköstigung der Vergnügungssüchtigen lehrte Paris das Staunen –, die Shows waren liberaler, die Gebäude waren höher, die Sitten waren lockerer, und der Schnaps war billiger, doch all das sorgte nicht für viel Freude. Junge Leute waren schon früh ausgelaugt – mit einundzwanzig Jahren abgebrüht und erschöpft, und bis auf Peter Arno konnte keiner von ihnen etwas Neues beisteuern; vielleicht haben Peter Arno und seine Mitarbeiter alles über die goldenen Jahre New Yorks gesagt, was eine Jazzband nicht ausdrücken kann. Viele, die eigentlich keinen Hang zum Alkohol hatten, waren an vier von zehn Tagen blau wie die Veilchen, und überall lagen die Nerven blank; eine allgemeine Nervosität war, was alle verband, und ein Kater war ebenso statthaft wie die spanische Siesta. Die meisten meiner Freunde tranken zu viel – je mehr sie mit der Zeit gingen, desto mehr tranken sie. Und da Zielstrebigkeit als solche nichts gegen das Füllhorn New Yorks zu jener Zeit ausrichten konnte, sprach man abschätzig davon: Jedes Vorhaben, das von Erfolg gekrönt war, war eine Gaunerei und ich ein »literarischer Gauner«.

Wir ließen uns einige Fahrstunden von New York entfernt nieder, und ich merkte, dass ich bei jedem Besuch der Stadt in einen Wirrwarr von Ereignissen geriet und mich einige Tage später ziemlich erschöpft im Zug nach Delaware wiederfand. Ganze Teile der Stadt waren einigermaßen ungenießbar geworden, doch unweigerlich fand ich zu einem Augenblick inneren Friedens, wenn ich abends durch den Südteil des Central Park dorthin fuhr, wo die Fassade der 59th Street ihre Lichter durch die Bäume wirft. Da war sie wieder, meine verlorene Stadt, unnahbar in ihr Geheimnis und in ihre Verlockung gehüllt. Doch dieser Augenblick währte nie lange – so wie der Schwerstarbeiter im Bauch der Stadt leben muss, so fand ich mich genötigt, in ihrem verstörten Geist zu leben.

Stattdessen gab es die Mondscheinkneipen – wenn man von prächtigen Bars, die in den Studentenblättchen von Yale und Princeton Reklame machten, zu Biergärten wanderte, wo das grimmige Gesicht der Unterwelt durch die gutmütige Deutschtümelei des Lokals schimmerte, und dann zu unbekannten und noch unheimlicheren Lokalitäten, wo einen junge Burschen mit steinernen Mienen beäugten und statt Heiterkeit nur noch Rohheit herrschte, die den neuen Tag befleckte, in den man hinausging. Im Jahr 1920 hatte ich einen aufstrebenden jungen Geschäftsmann schockiert, als ich ihm einen Cocktail vor dem Lunch vorschlug. Im Jahr 1929 gab es in der Hälfte der Büros der Stadt Schnaps und in der Hälfte der großen Gebäude eine Mondscheinkneipe.

Der Fokus verschob sich zunehmend auf die Mondscheinkneipen und hin zur Park Avenue. Im Verlauf der letzten zehn Jahre waren Greenwich Village, Washington Square, Murray Hill und die Châteaux der Fifth Avenue irgendwie aus dem Blickfeld verschwunden oder hatten jede Bedeutung verloren. Die Stadt war aufgedunsen, vollgestopft, verdummt von Brot und Spielen, und eine neue Redewendung – »Ach ja?« – fasste allen Enthusiasmus zusammen, den die Ankündigung eines neuen Super-Wolkenkratzers noch zu wecken vermochte. Mein Barbier zog sich nach dem Gewinn einer halben Million durch Aktienspekulation ins Privatleben zurück, und mir war klar, dass die Oberkellner, die mich mit oder ohne Bückling zu meinem Tisch führten, weit, weit wohlhabender waren als ich. Das konnte ich nicht lustig finden – ich hatte wieder einmal genug von New York und war froh, mich an Bord eines Schiffs geborgen zu wissen, auf dem Weg zu französischen Nepplokalen, wo die unablässigen Gelage sich auf die Bar beschränkten.

»Was gibt's Neues in New York?«

»Aktien steigen. Ein Baby hat einen Gangster umgebracht.«

»Sonst nichts?«

»Nichts. Auf den Straßen plärren die Radios.«

Früher hatte ich gedacht, in einem amerikanischen Leben gebe es keinen zweiten Akt, aber New Yorks Hochkonjunktur würde zweifellos einen zweiten Akt nach sich ziehen. Wir waren irgendwo in Nordafrika, als wir ein fernes dumpfes Krachen vernahmen, das bis in die letzten Ausläufer der Wüste widerhallte.

»Was war das?«

»Hast du das gehört?«

»Das war nichts weiter.«

»Meinst du, wir sollten nach Hause fahren und nachsehen?«

»Nein … es war nichts weiter.«

Im düsteren Herbst zwei Jahre später sahen wir New York wieder. Wir passierten merkwürdig höfliche Zollbeamte, und dann schritt ich mit gesenktem Kopf, den Hut in der Hand, andächtig durch das hallende Grabmal. Zwischen den Ruinen spielten noch immer ein paar kindische Geistererscheinungen, die so taten, als wären sie lebendig, obwohl ihre aufgekratzten Stimmen und hektisch geröteten Wangen verrieten, wie unglaubwürdig die Maskerade war. Cocktailpartys, ein letztes mageres Überbleibsel der Tage voller Ausgelassenheit, hallten von den Klagen der Verwundeten wider: »Erschießt mich, um Gottes willen erschießt mich!«, und vom Stöhnen und Jammern der Sterbenden: »Habt ihr gesehen, dass die Aktien von United Steel weiter gesunken sind?« Mein Barbier arbeitete wieder in seinem Laden; die Oberkellner führten wieder Gäste unter Bücklingen zu ihrem Tisch, so es denn überhaupt Leute gab, vor denen man sich bücken konnte. Aus den Trümmern ragte das Empire State Building empor, so einsam und unergründlich wie die Sphinx, und wie es mir ein Ritual gewesen war, die Dachterrasse des Plaza zu besuchen, um von der herrlichen Stadt Abschied zu nehmen, die sich so weit erstreckte, wie das Auge reichte, so betrat ich nun das Dach des letzten und überwältigendsten aller Türme. Da ging es mir auf – alles wurde mir klar: Ich hatte den Grundirrtum der Stadt entdeckt, ihre Büchse der Pandora. In seinem eitlen Stolz hatte der New Yorker diesen Turm erklommen und entsetzt erkannt, womit er nie gerechnet hätte, dass die Stadt nicht die endlose Abfolge von Canyons war, die er erwartet hatte, sondern dass sie *Grenzen* besaß – vom höchsten Bauwerk aus sah er zum ersten Mal, dass sie zu allen Seiten in die Landschaft hinein verebbte, in eine grüne und blaue Weite, die wahrhaftig grenzenlos war. Und angesichts der erschreckenden Erkenntnis, dass New York in letzter Konsequenz eine Stadt und kein Universum war, stürzte das ganze schimmernde Gebäude, das er in seiner Phantasie errichtet hatte, krachend in sich zusammen. Das war das unbesonnene Geschenk des Alfred E. Smith an die Bürger von New York.

Und so nehme ich Abschied von meiner verlorenen Stadt. Am frühen Morgen von der Fähre aus betrachtet, flüstert sie nicht länger Verheißungen wahnwitzigen Erfolgs und ewiger Jugend. Die kessen flotten Bienen, die vor ihrem leeren Zuschauerraum paradieren, haben für mich nichts von der unerreichten Schönheit der Mädchen meiner Träume aus dem Jahr 1914. Und Bunny, der so zuversichtlich mit seinem Spazierstock zu einem Kloster mitten im Trubel schlenderte, hat sich zum Kommunismus bekehrt und grämt sich über die Unbill, die Fabrikarbeitern in den Südstaaten und Farmern im Westen widerfährt, Menschen, deren Stimme vor fünfzehn Jahren die Wände seines Arbeitszimmers gar nicht durchdrungen hätten.

Alles ist verloren bis auf die Erinnerung, und doch stelle ich mir manchmal vor, ich läse nicht ohne Neugier in einer Ausgabe der *Daily News* aus dem Jahr 1945:

FÜNFZIGJÄHRIGER LÄUFT IN NEW YORK AMOK
Fitzgerald plünderte viele Liebesnester
Von düpiertem Banditen abgeknallt

Also ist es mir möglicherweise bestimmt, eines Tages zurückzukehren und in der Stadt Dinge zu erleben, wie ich sie bislang nur aus der Zeitung kenne. Vorläufig kann ich nur beklagen, dass ich meine herrliche Fata Morgana verloren habe. Komm zurück, komm zurück, du Glitzernde und Weiße!

Bringen Sie Mr. und Mrs. F. zu Nummer ***

1920

Wir sind verheiratet. Die sibyllinischen Papageien krächzen empört über den Schwung der ersten Bubikopffrisuren in der getäfelten Pracht des Biltmore. Das Hotel bemüht sich, älter zu wirken.

Die verblichenen rosenfarbenen Flure des Commodore enden in Untergrundbahnen und unterirdischen Metropolen – ein Mann drehte uns einen kaputten Marmon an, und eine Bande ausgelassener Freunde drehte sich eine halbe Stunde lang in der Drehtür.

Neben der Pension in Westport, in der wir die ganze Nacht hindurch an einer Geschichte saßen, öffneten Fliederbüsche ihre Blüten der Morgendämmerung entgegen. Im grauen Dunst des frühen Tages stritten wir über ethische Grundsätze und kamen über einem roten Badeanzug wieder zusammen.

Im Manhattan wurden wir einmal spät in der Nacht aufgenommen, obwohl wir sehr jung und sehr vergnügt gewirkt haben müssen. Undankbar, wie wir waren, packten wir Löffel und das Telefonbuch und ein großes eckiges Nadelkissen in unseren leeren Koffer.

Das Zimmer im Traymore war düster, die Chaiselongue

breit genug für eine Kurtisane. Das Meeresrauschen hielt uns wach.

Ventilatoren bliesen den Geruch von Pfirsichen und frischgebackenen Keksen und den kalten Rauch, der Handelsreisenden anhaftet, durch die Säle des New Willard in Washington.

Das Richmond dagegen hatte eine Marmortreppe und lange Flure mit geschlossenen Türen und Marmorstatuen der Götter, die sich irgendwo in seinen hallenden Weiten verloren.

Im O. Henry in Greensboro fand man, im Jahr 1920 sollte ein Ehepaar nicht die gleichen weißen Knickerbocker tragen, und wir fanden, das Wasser in der Badewanne sollte nicht wie roter Schlamm aussehen.

Am nächsten Tag blähte das sommerliche Gedudel der Grammophone die Röcke der Südstaatenmädchen in Athens. In den Drugstores roch es nach allem Möglichen, überall Musselinstoff und so viele Leute auf dem Weg irgendwohin… Wir sind im Morgengrauen abgereist.

1921

Im Cecil in London war das Personal respektvoll, ausgeglichen durch die langen majestätischen Abenddämmerungen über dem Fluss, und wir waren jung, aber dennoch beeindruckt von den Hindus und den königlichen Umzügen.

Im Saint James & Albany in Paris haben wir das Zimmer mit einem ungegerbten armenischen Ziegenfell parfümiert und die »Eiscreme«, die nicht schmelzen wollte, draußen vor das Fenster gestellt, und es gab schlüpfrige Postkarten, aber wir waren schwanger.

Im Royal Danieli in Venedig stand ein Spielautomat, und auf der Fensterbank klebte das Wachs von Jahrhunderten, und auf dem amerikanischen Zerstörer waren schicke Offiziere. Wir genossen die Fahrt in einer Gondel und kamen uns vor wie in einem einschmeichelnden italienischen Lied.

Bambusjalousien und ein Asthmatiker, der sich über den grünen Plüsch beschwerte, und ein Klavier aus Ebenholz gehörten alle gleichermaßen zum Inventar des steifen Salons im Hôtel d'Italie in Florenz.

Aber das vergoldete Filigran des Grand Hotel in Rom war von Flöhen übersät; Angehörige der Britischen Botschaft kratzten sich hinter den Palmen; das Personal sagte, es sei Flohsaison.

Im Claridge's in London wurden Erdbeeren auf einem vergoldeten Teller serviert, allerdings hatten wir ein innenliegendes Zimmer, das den ganzen Tag düster war, und den Kellner scherte es nicht, ob wir anwesend oder abwesend waren, und er war auch der Einzige, den wir vom Personal zu Gesicht bekamen.

Im Herbst kamen wir in das Commodore in St. Paul, und während Blätter die Straße entlanggeblasen wurden, warteten wir darauf, dass unser Kind geboren wurde.

Das Plaza war ein Hotel wie aus einer Radierung, elegant und unaufdringlich und mit einem so liebenswerten Ober-kellner, dass es ihm nichts ausmachte, einem fünf Dollar oder einen Rolls-Royce zu leihen. In jenen Jahren sind wir nicht viel gereist.

1924

Das Deux Mondes in Paris umschloss vor unserem Fens-ter den blauen Abgrund eines Innenhofs. Wir badeten un-sere Tochter aus Versehen im *bidet*, und sie trank den Gin Fizz, weil sie ihn für Limonade hielt, und hat am nächsten Tag die Mittagstafel vollgespuckt.

Man aß Ziegenfleisch im Grimm's Park Hotel in Hyères, und die Bougainvilleen waren so kühl wie ihre Farbe im heißen weißen Staub. Vor den Gärten und den Bordellen lungerten viele Soldaten herum und lauschten den Klängen aus den Musikautomaten. Die Nächte, die nach Geißblatt und Armeeleder rochen, krochen den Berg hinauf und senkten sich auf Mrs. Edith Whartons Garten.

Im Rühl in Nizza kamen wir überein, ein Zimmer ohne Meerblick zu nehmen, alle dunkelhäutigen Männer für Fürsten zu halten und dass wir uns dieses Hotel nicht ein-mal außerhalb der Saison leisten konnten. Beim Abendes-sen auf der Terrasse fielen Sterne in unsere Teller, und wir versuchten, uns zugehörig zu fühlen, indem wir nach be-kannten Gesichtern vom Schiff suchten. Aber es kam niemand vorbei, und wir waren allein mit der tiefblauen *grandeur* und unserem *filet de sole Rühl* und der zweiten Flasche Champagner.

Das Hôtel de Paris in Monte Carlo war wie ein Palast in einem Kriminalroman. Beamte versorgten uns mit allen möglichen Dingen: Eintrittskarten und Genehmigungen, Landkarten und ominösen neuen Ausweispapieren. Wir warteten geraume Zeit im grellen Sonnenlicht, während sie uns mit allem versahen, was nötig war, damit man als Besucher des Casinos durchgehen konnte. Zuletzt nahmen wir die Dinge in die Hand und schickten den Hotelpagen gebieterisch eine Zahnbürste besorgen.

Glyzinien hingen schwer in den Hof des Hôtel d'Europe in Avignon, und die Morgendämmerung kam in Marktkarren angeholpert. Eine einsame Dame in Tweed trank in der schäbigen Bar Martinis. In der Taverne Riche trafen wir uns mit französischen Freunden und lauschten den spätnachmittäglichen Glockenschlägen, die von den Stadtmauern widerhallten. Der Papstpalast ragte im goldenen Abendlicht wie ein Trugbild über der breiten unbewegten Rhone auf, während wir unter den Platanen am gegenüberliegenden Ufer gewissenhaft faulenzten.

Wie Heinrich IV. verabreichte ein französischer Patriot im Continental in St. Raphaël seinen kleinen Kindern Rotwein, und weil es Sommer war, gab es keine Teppiche, und so fügte sich das Protestgeschrei der Kinder harmonisch in das Klirren von Tellern und Platten. Mittlerweile konnten wir einzelne französische Wörter ausmachen und kamen uns wie Einheimische vor.

Das Hôtel du Cap in Antibes war nahezu menschenleer. Die Hitze des Tages verharrte in den blauen und weißen Steinen des Balkons, und auf den großen Segeltuchmatten, die unsere Freunde auf der Terrasse gespannt hatten, wärmten wir unsere sonnenverbrannten Rücken und dachten uns neue Cocktails aus.

Das Miramare in Genua lag wie eine Lichtergirlande in der dunklen Sichel der Küste, und der helle Schein aus den Fenstern höhergelegener Hotels löste den Umriss der Berge aus der Dunkelheit. Die Männer, die in den farbenfrohen Arkaden herumstolzierten, hielten wir für unentdeckte Carusos, aber sie versicherten uns allesamt, dass Genua eine Geschäftsstadt sei und sich nicht sonderlich von Amerika oder von Mailand unterscheide.

Pisa erreichten wir im Dunkeln, und den Schiefen Turm konnten wir nicht finden, bis wir bei der Abreise, als wir das Royal Victoria verließen, zufällig an ihm vorbeikamen. Einsam und allein stand er auf einer Wiese. Der Arno war schlammig und nicht halb so aufdringlich wie im Kreuzworträtsel.

Marion Crawfords Mutter ist im Hôtel Quirinale in Rom gestorben. Alle Zimmermädchen erinnern sich daran und erzählen den Gästen, wie sie danach das Zimmer mit Zeitungspapier ausgelegt haben. Die Salons sind hermetisch abgeriegelt, und Palmen verhindern jeden Versuch, ein Fenster zu öffnen. Engländer mittleren Alters dösen in der muffigen Luft und mümmeln muffige gesalzene Erdnüsse zu dem berühmten Kaffee des Hauses, der aus einem Apparat ausgeschenkt wird, der wie eine Dampforgel aussieht, weil er voller Kaffeesatz ist wie die Glaskugeln, in denen es schneit, wenn man sie schüttelt.

Im Hôtel des Princes in Rom ernährten wir uns von Bel Paese und Corvo-Wein und freundeten uns mit einer zarten alten Jungfer an, die dort wohnen bleiben wollte, bis sie eine dreibändige Geschichte der Familie Borgia beendet haben würde. Die Laken waren feucht und die Nächte durchlöchert vom Schnarchen der Zimmernachbarn, doch das machte uns nichts aus, denn unser Heimweg führte uns die Treppe zur Via Sistina hinunter, an der es Narzissen und Bettler gab. Damals waren wir zu überlegen, um Reiseführer zu benutzen, sondern wir wollten die Ruinen auf eigene Faust entdecken. Das taten wir, nachdem wir das Nachtleben und die Märkte und die Campagna erschöpfend genossen hatten. Die Engelsburg gefiel uns wegen ihrer runden geheimnisvollen Einheitlichkeit und wegen des Flusses und der Bruchsteine an ihrem Fuß. Es war aufregend, sich in der römischen Abenddämmerung in den Jahrhunderten zu verlieren mit dem Kolosseum als Wegweiser.

1925–1926

Im Hotel in Sorrent sahen wir den Tarantella-Tanz, aber es war das Original, und wir hatten so viele phantasievollere Abwandlungen zu sehen bekommen...

Eine südliche Sonne betäubte den Hof des Quisisana bis zur Reglosigkeit. Fremdartige Vögel begehrten unter der überwältigenden Zypresse gegen ihre Schläfrigkeit auf, während Compton Mackenzie uns erklärte, warum er auf Capri lebt: Engländer brauchen eine Insel.

Das Tiberio war ein hohes weißes Hotel, an dessen Sockel die flachen Kuppeldächer Capris wie Muscheln klebten, eine Vertiefung am Rand sollte den Regen sammeln, der nie fällt. Wir stiegen hinauf zum Hotel durch gewundene dunkle Gässchen, die die rembrandtartigen Metzger- und Bäckerläden der Insel beherbergen; und danach stiegen wir wieder hinunter zu der rätselhaften heidnischen Hysterie des Osterfests auf Capri, der Wiederauferstehung der Volksseele.

Als wir nordwärts reisten und nach Marseille zurückkamen, waren die Uferstraßen vom Glanz des Hafens wie ausgebleicht, und Fußgänger unterhielten sich gutgelaunt in kleinen Eckcafés über falsche Zeitangaben. Wir waren so unendlich froh über dieses Leben und Treiben.

Das Hotel in Lyon hatte etwas Altmodisches, und niemand hatte je von *pommes lyonnaises* gehört, und das Herumfahren machte uns so wenig Vergnügen, dass wir den kleinen Renault dort zurückließen und den Zug nach Paris nahmen.

Das Hotel Florida hatte Zimmer mit schiefen Wänden, und die Vergoldung blätterte von den Gardinenstangen ab.

Als wir einige Monate darauf wieder gen Süden aufbrachen, übernachteten wir zu sechst in einem Zimmer in Dijon (Hôtel du Dreckloch, Vollp. ab 2 Fr., fließend Wasser), weil es sonst nichts gab. Unsere Freunde fanden das ein bisschen peinlich, aber sie schnarchten bis zum Morgen.

In Salies-de-Béarn in den Pyrenäen machten wir eine Kur gegen Dickdarmkatarrh, das Modeleiden des Jahres, und ruhten im Hotel Bellevue in einem kiefernholzgetäfelten Zimmer voll blassem Sonnenlicht, das von den Bergen hinuntergerollt war. Auf dem Kaminsims stand eine Bronzestatuette von Henri IV., denn hier ist seine Mutter geboren. Die verrammelten Fenster des Casinos waren mit Vogelkot bespritzt – in den diesigen Straßen kauften wir Spazierstöcke mit Metallspitzen am einen Ende und waren von allem ein bisschen enttäuscht. Wir hatten ein Theaterstück am Broadway, und die Filmleute boten 60 000 Dollar, doch mittlerweile kamen wir uns vor wie Porzellanfiguren, und diese Dinge berührten uns nicht weiter.

Als das überstanden war, fuhren wir in einer gemieteten Limousine nach Toulouse, schlingerten um den grauen Klotz von Carcassonne und durchquerten die weiten unbewohnten Ebenen der Côte d'Argent. Das Hôtel Tivolier war trotz seines Prunks aus der Mode gekommen. Wir klingelten unbarmherzig nach dem Kellner, um uns zu vergewissern, dass irgendwo in dem trübseligen Grabmal etwas wie Leben existierte. Vorwurfsvoll ließ er sich blicken, und wir konnten ihn zuletzt dazu bewegen, uns so viel Bier zu bringen, dass es die düstere Stimmung aufheiterte.

Im Hôtel O'Connor wiegten alte Damen in weißer Spitze vorsichtig ihre Vergangenheit im einlullenden Schaukeln der Hotelsessel. Und in den Cafés an der Promenade des Anglais servierten sie blaues Zwielicht für den Preis eines Gläschens Portwein, und wir tanzten ihre Tangos und sahen Mädchen in den der Côte d'Azur angemessenen Kleidern vor Kälte bibbern. Mit Freunden besuchten wir das Perroquet, einer von uns mit einer blauen Hyazinthe und ein anderer mit schlechter Laune, die ihn veranlasste, eine Unmenge heiße Kastanien zu kaufen und ihren warmen Röstgeruch unverzüglich wie ein großzügiges Geschenk über die kalte Frühlingsnacht zu verteilen.

Im traurigen August jenes Jahres machten wir einen Ausflug nach Menton und bestellten in einem aquariumartigen Pavillon am Meer gegenüber dem Hôtel Victoria Bouillabaisse. Die Berge waren silbrig und olivgrün und hatten die richtige Form für eine Grenze.

Als wir nach einem dritten Sommer die Riviera verließen, besuchten wir einen befreundeten Schriftsteller im Hôtel Continental in Cannes. Er war stolz auf seine Unabhängigkeit, die sich in einer schwarzen Promenadenmischung manifestierte. Er hatte ein nettes Haus und eine nette Ehefrau, und wir beneideten ihn um seine behaglichen Lebensumstände, die den Eindruck weckten, als hätte er sich aus der Welt zurückgezogen, während er sich tatsächlich das von ihr genommen hatte, was er haben wollte, und sich damit begnügte.

Als wir wieder in Amerika waren, besuchten wir das Roosevelt Hotel in Washington und eine unserer Mütter. Die Hotels wie aus Pappe, im Dutzend zu kaufen, geben einem das Gefühl, als entweihe man sie, wenn man in ihnen wohnt – wir verließen die mit Ziegelsteinen gepflasterten Trottoirs und die Ulmen und die Vielfalt Washingtons und fuhren weiter nach Süden.

Die Fahrt nach Kalifornien dauert so lange, und unterwegs gab es so viele vernickelte Griffe, entbehrliche Erfindungen und zum Drücken verlockende Knöpfe und so viel Neues und Fred Harvey, dass wir in El Paso ausstiegen, als einer von uns glaubte, er habe eine Blinddarmentzündung. Eine überfüllte Brücke spuckte einen in Mexiko aus, wo die Restaurants mit Seidenpapier herausgeputzt sind und man geschmuggeltes Parfum kaufen kann – wir bewunderten die Ranger in Texas, denn seit dem Krieg hatten wir keine Männer mit Schusswaffen im Gürtel mehr zu sehen bekommen.

Wir erreichten Kalifornien gerade rechtzeitig für ein Erdbeben. Es war sonnig, nachts neblig. Weiße Rosen schaukelten an einem Spalier vor den Fenstern der Botschaft schimmernd im Nebel; ein hysterischer bunter Papagei krähte Unverständliches in ein tiefblaues Schwimmbecken, was natürlich von jedermann als Obszönitäten gedeutet wurde; die Storchschnabelgewächse unterstrichen die Disziplin kalifornischer Flora. Wir erwiesen der blassen, distanzierten Lakonik von Diana Manners' unverfälschter Schönheit unsere Reverenz und bestaunten in Pickfair beim Dinner, wie munter Mary Pickford das Leben bezwang. Eine bedächtige Limousine fuhr uns kalifornischen Stunden entgegen, in denen die Zerbrechlichkeit Lillian Gishs uns entsprechend rühren würde; sie wollte zu hoch hinaus im Leben und klammerte sich wie eine Schlingpflanze an Okkultistisches.

Von dort fuhren wir zum DuPont in Wilmington. Ein

Freund nahm uns zum Tee mit in die Mahagoninischen eines beinahe feudalen Herrensitzes, wo die Sonne verzeihungheischend das silberne Teeservice beschien und es vier Sorten Teebrötchen gab und vier ununterscheidbare Töchter des Hauses in Reitkleidung und eine Hausherrin, die zu sehr damit beschäftigt war, den Zauber einer vergangenen Zeit zu bewahren, als dass sie die Kinder hätte auseinanderhalten können. Wir mieteten ein sehr großes altes Haus am Delaware River. Die Nüchternheit der Zimmer und die Grazie der Säulen sollten uns wohlerwogene Ruhe schenken. Im Hof gab es schattige Kastanienbäume und eine Kiefer, die sich so anmutig neigte wie eine japanische Tuschezeichnung.

Wir fuhren nach Princeton. Ein neues Gasthaus hatte eröffnet, aber der Campus war noch derselbe abgetretene Rasenplatz, wo die romantischen Gespenster von Light-Horse Harry Lee und Aaron Burr paradierten. Uns begeisterten die maßvollen Formen von Nassau Halls altem Ziegelgemäuer und die Art, wie es noch immer über die traditionellen amerikanischen Ideale wachte, die Ulmenalleen und die Wiesen, wie die Fenster der Gebäude sich dem Frühling hin öffnen – allem im Leben öffnen –, für einen Augenblick.

Im Cavalier in Virginia Beach tragen die Neger Kniehosen. Das Hotel ist auf theatralische Weise südstaatlich und in seiner Neuheit ein wenig kahl, aber dort gibt es den schönsten Strand von ganz Amerika; damals, bevor dort Häuschen gebaut wurden, gab es Dünen, und der Mond strauchelte und fiel in die sandigen Wellenlinien am Meeresstrand.

Als wir uns das nächste Mal aufmachten, diesmal verloren und getrieben wie alle anderen, hatte man uns eine Reise in den Norden nach Quebec spendiert. Man hoffte, dass wir vielleicht darüber schreiben würden. Die gemauerten Bögen von Château Frontenac hatten Spielzeuggröße, die Burg eines Zinnsoldaten. Unsere Stimmen verschluckte der dichte Schneefall; die Stalaktiten der Eiszapfen an den niedrigen Dächern verwandelten die Stadt in eine winterliche Höhle; dank dem Skilehrer verbrachten wir die meiste Zeit mit Ski an den Füßen in diesem hallenden Raum, weil er es verstand, uns die Angst vor dem Wintersport zu nehmen, in dem wir so ungeübt waren. Später stellten ihn die DuPonts aus dem gleichen Grund an und machten ihn zu einem Schießpulvermagnaten oder etwas Ähnlichem.

Als wir beschlossen, nach Frankreich zurückzugehen, verbrachten wir die Nacht im Pennsylvania und probierten die neuen Radiokopfhörer aus und die Apparaturen, in denen man einen Anzug in wenigen Stunden zu einem Würfel gefrieren kann. Noch immer beeindruckten uns Dinge wie fließendes Eiswasser und Zimmer, in denen man selbst für spontane Einladungen alles hat, was man braucht. Wir waren allerdings so wenig in Kontakt mit der Welt, dass wir uns dabei wie in einer überfüllten Subway-Station fühlten.

Das Hotel in Paris hatte einen dreieckigen Grundriss und lag gegenüber von St-Germain-des-Prés. Sonntags saßen wir im Deux Magôts und sahen zu, wie die Leute mit der Andacht eines Opernchors durch die alten Türen eintraten, oder wir sahen den Franzosen beim Zeitunglesen zu. Lange Gespräche über das Ballett bei Sauerkraut in der Brasserie Lipp und müßige Stunden, in denen wir uns über Büchern und Drucken in der düsteren Rue Bonaparte erholten.

Inzwischen machten uns die Auslandsreisen nicht mehr so viel Spaß wie früher. Der nächste Ausflug in die Bretagne endete unvermittelt in Le Mans. Die träge Stadt zerbröselte in der glühenden Sommerhitze zu Staub, und nur Handelsreisende schoben ihre Stühle selbstbewusst auf dem teppichlosen Boden des Speisesaals hin und her. Platanen säumten die Straße nach La Bouille.

Im Palace in La Bouille kamen wir uns inmitten so viel eleganter Zurückhaltung wie Rabauken vor. Kinder sonnten sich am nackten weißblauen Strand, und bei Ebbe wich das Wasser so weit zurück, dass es ihnen Krebse und Seesterne zurückließ, die sie aus dem Sand ausgraben konnten.

1929

Wir besuchten Amerika, wohnten aber nicht in Hotels. Als wir nach Europa zurückkehrten, verbrachten wir die erste Nacht in einer sonnendurchfluteten Pension, dem Bertolini in Genua. Das Badezimmer war grün gekachelt, der Zimmerkellner sehr aufmerksam, das Messingbettgestell eignete sich für Ballettübungen. Es war beruhigend, die leuchtend bunten Blumen am Hang in allen Regenbogenfarben explodieren zu sehen und wieder Ausländer zu sein.

Als wir Nizza erreichten, stiegen wir aus Sparsamkeit im Beau Rivage ab, das dem blendend hellen mediterranen Licht eine Vielzahl fleckiger Glasfenster darbot. Es war Frühling, und eine spröde Kälte begleitete uns die Promenade des Anglais entlang, die Leute jedoch bewegten sich ungerührt im Sommertempo. Wir bewunderten die bemalten Glasfenster der umgebauten Paläste an der Place Grimaldi. In der Abenddämmerung drangen die Stimmen verführerisch durch das neblige Zwielicht und luden uns ein, die ersten Sterne mit ihnen zu betrachten, doch wir waren beschäftigt. Wir besuchten die billigen Ballettaufführungen im Casino an der *jetée* und fuhren für Salade Niçoise und eine ganz besondere Bouillabaisse fast bis nach Villefranche.

In Paris beschieden wir uns mit einem noch nicht ausgetrockneten Hotel aus Beton, dessen Namen wir vergessen haben. Es war am Ende ziemlich kostspielig, weil wir auf der Flucht vor einer strengen Menüfolge jeden Abend auswärts speisten. Sylvia Beach lud uns zum Essen ein, und das Tischgespräch drehte sich um all die Leute, die Joyce entdeckt haben wollen; wir besuchten Freunde in besseren Hotels: Zoë Akins, die im Foyots das Pittoreske des Kaminfeuers gesucht hatte, und Esther im Port Royal, die uns in Romaine Brooks' Atelier mitnahm, ein glasverkleidetes Stück Himmel, das hoch über Paris schwebte.

Dann wieder nach Süden, und wir verpassten die Essenszeit durch einen Streit über die Wahl des Hotels: Es gab da eines in Beaune, in dem Ernest Hemingway die Forelle gemundet hatte. Zuletzt beschlossen wir, die ganze Nacht hindurch zu fahren, und wir aßen ganz anständig in einem Stallhof mit Blick auf einen Kanal – der grünlich-weiße Sonnenglast der Provence verwirrte uns bereits, und deshalb war es uns egal, ob das Essen gut war oder schlecht. Am Abend hielten wir unter den weißstämmigen Bäumen an, um die Windschutzscheibe hinunterzuklappen, um den Mond und die Luft des Südens auf unseren Gesichtern zu spüren und um noch intensiver den Duft zu kosten, der unablässig in den Pappeln rauschte.

In Fréjus-Plage war ein neues Hotel gebaut worden, ein schmuckloses Gebäude mit Blick auf den Strand, an dem die Matrosen baden. Wir fühlten uns sehr überlegen bei dem Gedanken daran, wie wir als erste Urlauber diesen Ort für den Sommer entdeckt hatten.

Nachdem das Schwimmen in Cannes vorbei war und die diesjährigen Oktopusse in den Felsspalten herangewachsen waren, fuhren wir nach Paris zurück. Die Nacht des Börsenkrachs verbrachten wir in St. Raphaël im Beau Rivage in Ring Lardners ehemaligem Zimmer. Wir zogen aus, so bald wir konnten, weil wir schon so oft dort gewesen waren – es ist trauriger, der Vergangenheit wiederzubegegnen und festzustellen, dass sie der Gegenwart nicht gewachsen ist, als wenn sie sich einem entzieht und damit für alle Zeiten ein harmonisches Phantasiegebilde bleibt.

Im Jules César in Arles hatten wir ein Zimmer, das früher einmal eine Kapelle gewesen war. Wir folgten den fauligen Wassern eines stehenden Kanals und gelangten zu den Ruinen eines römischen Wohnhauses. Hinter den stolzen Säulen hatte ein Schmied seine Werkstatt eingerichtet, und auf der Wiese fraßen vereinzelte Kühe die goldenen Blumen.

Und hinauf und hinauf; in den Cevennen dehnten die zwielichtigen Himmel sich aus und rissen die Berge auseinander, und auf den flachen Gipfeln dräute eine furchterregende Einsamkeit. Unterwegs knabberten wir geröstete Kastanien, und aus den Hütten am Berg schlängelte sich würziger Rauch. Das Gasthaus sah wenig einladend aus, die Böden waren mit Sägespänen bestreut, doch man servierte uns den besten Fasan, den wir je gegessen haben, und die besten Würste, und die Federbetten waren eine Wucht.

In Vichy war der Platz um die hölzerne Bühne von Laub bedeckt. An den Türen des Hôtel du Parc und auf der Speisekarte las man Ratschläge für die Gesundheit, doch im Salon wimmelte es von Leuten, die Champagner tranken. Uns gefielen die mächtigen Bäume in Vichy, und uns gefiel, wie die freundliche Stadt sich in eine Senke schmiegt.

Als wir Tours erreichten, fühlten wir uns in dem kleinen Renault allmählich wie Kardinal Balue in seinem Eisenkäfig. Das Hôtel de l'Univers war nicht weniger beengt, doch nach dem Abendessen entdeckten wir ein Café voller Leute, die Schach spielten und im Chor sangen, und da hatten wir den Eindruck, dass wir trotz allem nach Paris weiterfahren konnten.

Unser billiges Hotel in Paris war zu einem Mädchenpensionat umgewandelt worden – wir gingen zu einem namenlosen Hotel in der Rue du Bac, wo Topfpalmen in der verbrauchten Luft dahinwelkten. Durch die dünnen Trennwände hindurch wurden wir hautnah Zeugen des Privatlebens und der Körperfunktionen unserer Zimmernachbarn. Abends gingen wir an den modellierten Säulen des Odéon vorbei und identifizierten die schimmelige Statue hinter dem Zaun des Jardin du Luxembourg als Maria de Medici.

1930

Der Winter war anstrengend, und um all das Ungemach zu vergessen, reisten wir nach Algier. Das Hotel Oasis war von maurischen Gittern durchbrochen, und die Bar war ein Vorposten der Zivilisation, in dem Leute ihre Eigenheiten pflegten. Bettler in weißen Tüchern lehnten an den Wänden, und der Schmiss von Kolonialuniformen verlieh den Cafés eine trotzig prahlerische Ausstrahlung. Die Berber haben schwermütig vertrauensvolle Augen, aber sie vertrauen letzten Endes nur dem Schicksal.

In Bou Saada wehten breite Wüstenumhänge den Geruch von Bernstein durch die Straßen. Wir sahen den Mond in kaltem weißen Licht über die Sanddünen klettern und glaubten dem Guide, der uns erzählte, er kenne einen Priester, der durch reine Willenskraft einen Zug entgleisen lassen könne. Die Ouled Naïl waren sehr braune, wohlgeformte junge Mädchen, die sich durch das Ritual ihres Tanzes ganz unpersönlich in Sexualobjekte verwandelten und ihren Goldschmuck zu wilden Klängen klirren ließen, deren Ursprung in den fernen Bergen verborgen waren.

In Biskra zerbröckelte die Welt; die Straßen krochen wie Ströme glühend heißer Lava durch die Stadt. Im Licht offener Gasflammen verkauften Araber Nougat und giftigrosa Gebäck. Seit *The Garden of Allah* und *The Sheik* haben getäuschte Frauen die Stadt überschwemmt. Auf den steilen Gassen mit ihrem Kopfsteinpflaster schraken wir vor der grellen Farbe der Schafskadaver zurück, die vor den Buden der Metzger baumelten.

In El Kantara stiegen wir in einem weitläufigen Gasthaus mit Koteletten aus Glyzinien ab. Die violette Abenddämmerung dampfte aus den Tiefen einer Schlucht hinauf, und wir besuchten einen Maler, der dort in der Abgeschiedenheit der Berge an Meisonnier-Imitationen arbeitete.

Und dann die Schweiz und ein anderes Leben. In den Gärten des Grand Hôtel in Glion blühte der Frühling, und in der Bergluft funkelte eine Welt in Breitwand. Die Sonne löste zarte Blüten vom Felsgestein, und tief unten glitzerte der Genfer See.

Hinter dem Geländer des Lausanne Palace spreizen Segelboote sich wie Vögel im Wind. Weiden werfen Spitzenmuster auf den Kies der Terrasse. Die Gäste sind elegante Flüchtlinge, auf der Flucht vor Leben und Tod, und klappern mürrisch mit ihren Teetassen auf dem tiefen schützenden Balkon. In der Schweiz werden Hotel- und Städtenamen aus Blumen gepflanzt, und selbst die Verkehrsampeln waren mit Verbenen bekränzt.

1931

Müßige Männer spielten Schach im Restaurant des Hôtel de la Paix in Lausanne. In den amerikanischen Zeitungen wurde inzwischen offen über die Wirtschaftskrise geschrieben, und wir wollten nach Hause zurück.

Wir fuhren jedoch im Sommer für zwei Wochen nach Annecy und wussten danach, dass wir nie wieder hinfahren würden, weil diese Wochen vollkommen gewesen waren und niemals wiederholt werden konnten. Zuerst wohnten wir im Beau Rivage, einem von Kletterrosen überwucherten Hotel mit einem Sprungbrett, das unter unserem Zimmerfenster zwischen Himmel und See hervorragte, doch auf dem Badefloß gab es riesengroße Fliegen, und deshalb zogen wir nach Menthon am anderen Ufer um. Dort war das Wasser grüner, und die Schatten waren lang und kühl, und die zottigen Gärten krochen die Terrassen zum Hôtel Palace hinauf. Wir spielten Tennis auf den verbrannten Lehmplätzen und angelten versuchsweise von einer niedrigen Ziegelmauer aus. Die Sommerhitze siedete im Harz der Badehäuschen aus Kiefernholz. Abends wanderten wir zu einem Café, blütengeschmückt mit japanischen Laternen, und die weißen Schuhe schimmerten in der feuchten Dunkelheit wie Radium. Es war wie in den guten alten Zeiten, als wir noch an sommerliche Hotels und an die Philosophie von Schlagern geglaubt hatten. An einem anderen Abend tanzten wir einen Wiener Walzer und drehten uns einfach nur.

Im Caux Palace tausend Meter weit oben tanzten wir auf den unebenen Bohlen eines Pavillons und tunkten unseren Toast in Berghonig.

Als wir durch München kamen, war das Regina-Palast-Hotel leer; wir bekamen eine Suite, in der einst königliche Hoheiten übernachtet hatten. Die jungen Deutschen, denen man auf den schlechtbeleuchteten Straßen begegnete, machten einen unheimlichen Eindruck – die Gespräche, die die Walzer in den Biergärten unterfütterten, handelten vom Krieg und von harten Zeiten. Thornton Wilder nahm uns in ein berühmtes Restaurant mit, in dem das Bier die silbernen Krüge verdiente, in denen es serviert wurde. Wir besichtigten die hochgeschätzten Zeugen einer verlorenen Sache; unsere Stimmen hallten im Planetarium wider, wo wir im tiefblauen kosmischen Wesen der Dinge die Orientierung verloren.

In Wien war das Bristol das beste Hotel, und man freute sich über uns, denn auch das Bristol hatte keine Gäste. Aus unseren Fenstern sah man über kummervolle Ulmen auf den modrigen Barock der Oper. Wir speisten bei der Witwe Sacher – über der Eichenvertäfelung hing ein Druck, auf dem Franz Joseph viele Jahre zuvor in einer Kutsche zu einem fröhlicheren Ort fährt; ein Rothschild speiste hinter einem ledernen Wandschirm. Die Stadt war bereits oder immer noch arm, und die Mienen um uns herum waren besorgt und abwehrend.

Wir verbrachten einige Tage in Vevey am Genfer See. Die Bäume in den Gärten des Hotels waren die höchsten, die wir je gesehen hatten, und riesengroße einsame Vögel flatterten über den Spiegel des Sees. Weiter weg gab es einen fröhlichen kleinen Strand mit einer modernen Bar, wo wir im Sand saßen und uns über unsere Gemütsverfassungen unterhielten.

Wir fuhren mit dem Automobil nach Paris zurück: anders gesagt, wir saßen nervös in unserem Renault mit seinen sechs Pferdestärken. Im berühmten Hôtel de la Cloche in Dijon hatten wir ein hübsches Zimmer, in dem das Bad ein überaus kompliziertes mechanisches Inferno war, das der Hausdiener uns stolz als amerikanische Installationen präsentierte.

Bei unserem letzten Aufenthalt in Paris ließen wir uns mitten im verblichenen Prunk des Hôtel Majestic nieder. Wir besuchten die Kolonialausstellung, wo unsere Phantasie in golden leuchtenden Faksimiles von Bali schwelgte. Einsame überschwemmte Reisfelder auf einsamen fernen Inseln erzählten uns die immergleiche Geschichte von Arbeit und Tod. Das Nebeneinander so vieler Nachbildungen aus so vielen Kulturen war verwirrend und deprimierend.

Zurück in Amerika, wohnten wir im New Yorker, weil in der Reklame behauptet wurde, es sei billig. Überall wurde die Ruhe der Eile geopfert, und für einen Augenblick kam uns diese Welt unmöglich vor, selbst wenn man sie vom Dach aus in der blauen Dämmerung schimmern sah.

In Alabama waren die Straßen verschlafen und abgeschieden, und eine Dampforgel auf der Suche nach Publikum keuchte die Melodien unserer Jugend. In der Familie ging Krankheit um, und das Haus war voller Krankenpflegerinnen, also wohnten wir im großen neuen und raffinierten Jefferson Davis. Die alten Häuser unmittelbar am Bankenviertel fielen endlich auseinander. Neue Bungalows säumten die zedernbestandenen Einfahrten am Stadtrand; Wunderblumen blühten unter den alten Verzierungen der Eisenzäune, und Lebensbäume fassten die schmucken Backsteintrottoirs ein, während kräftiges Unkraut das Pflaster lockerte. Seit dem Bürgerkrieg hatte sich hier nichts mehr getan. Niemand wusste, warum das

Hotel errichtet worden war, und der Mann an der Rezeption gab uns drei Zimmer und vier Bäder für neun Dollar am Tag. Wir benutzten eines der Zimmer als Wohnzimmer, damit die Hotelpagen etwas zu tun hatten, wenn wir nach ihnen klingelten.

1932

Im größten Hotel von Biloxi lasen wir die Schöpfungsgeschichte und sahen zu, wie das Meer den leeren Strand mit einem Mosaik schwarzer Zweige bedeckte.

Wir fuhren nach Florida. In den düsteren Sümpfen lauerten biblische Ermahnungen, sein Leben zu bessern; verlassene Fischerboote zerfielen im Sonnenlicht. Das Hotel Don Cesare in Passegrille dehnte sich träge über die stoppelige Wildnis aus und überließ seine Umrisse der blendenden Helligkeit des Golfs. Schillernde Muschelschalen fingen das Dämmerlicht am Strand auf, und die Pfotenabdrücke eines streunenden Hundes steckten seinen Anspruch auf freien Zugang zum Ozean ab. Nachts gingen wir spazieren und unterhielten uns über die Zahlenlehre des Pythagoras, und tagsüber angelten wir. Die Tiefseebarsche und die Amberfische taten uns leid – sie waren so leichte Beute, dass das Angeln gar keinen Spaß machte. Die Sonne bräunte uns, als wir an einem einsamen Strand *Sieben gegen Theben* lasen. Das Hotel war fast menschenleer, und so viele Kellner warteten darauf, dienstfrei zu haben, dass wir kaum dazu kamen, unsere Mahlzeiten zu essen.

Das Zimmer im Algonquin befand sich hoch oben inmitten der vergoldeten Kuppeln New Yorks. Glocken schlugen Stunden, die erst noch in die schattigen Straßen des Canyons eindringen mussten. In dem Zimmer war es zu warm, aber die Teppiche waren weich, und dunkle Flure vor der Tür und helle Fassaden vor dem Fenster schirmten es ab. Wir brachten viel Zeit damit zu, uns auf Theaterbesuche vorzubereiten. Wir sahen Bilder von Georgia O'Keefe, und es war eine tiefgehende emotionale Erfahrung, sich in der majestätischen Eindringlichkeit zu verlieren, für die die ausdrucksstarken abstrakten Formen wie gemacht sind.

Seit Jahren hatten wir nach Bermuda reisen wollen. Also taten wir es. Das Elbow Beach Hotel war voller Flitterwochenpärchen, die in den Augen des jeweiligen Partners so penetrant glänzten, dass wir zynisch das Hotel wechselten. Das St. George's war nett. Bougainvilleen ergossen sich die Baumstämme hinunter, und lange Treppenfluchten führten an unergründlichen Geheimnissen hinter einheimischen Fenstern vorbei. Katzen schliefen auf den Geländern, bezaubernde Kinder wurden groß. Wir fuhren mit dem Fahrrad die windige Promenade entlang und starrten benommen und schläfrig auf Hähne, die mitten in den Lappenblumen scharrten. Wir tranken Sherry auf einer Veranda, unten die knochigen Rücken der Pferde, die auf dem Hauptplatz angebunden waren. Wir waren viel gereist, dachten wir. Vielleicht würde dies für geraume Zeit die letzte Reise sein. Wir fanden, Bermuda sei ein netter Ort als letzter Ort nach so vielen Jahren des Reisens.

Echos des Jazz Age

Es ist zu früh, als dass man über das Jazz Age aus der Rückschau schreiben könnte, ohne in den Verdacht vorzeitiger Verkalkung zu geraten. Viele Leute müssen noch immer heftig würgen, wenn sie über einen der typischen Ausdrücke jener Zeit stolpern – Ausdrücke, deren Farbigkeit längst von der Unterwelt übertroffen wurde. Das Jazz Age ist so tot, wie es 1902 die verrufenen Neunziger waren. Und doch blickt der Verfasser dieser Zeilen bereits nostalgisch darauf zurück. Es förderte ihn, schmeichelte ihm und verschaffte ihm mehr Geld, als er sich zu erträumen gewagt hätte, nur weil er den Leuten erzählte, er sei wie sie der Ansicht, es müsse etwas angefangen werden mit all der rastlosen aufgestauten Energie, die der Krieg nicht verbraucht hatte.

Die Zeitspanne von zehn Jahren, die im Oktober in einen spektakulären Tod raste, als wäre sie nicht willens, ausrangiert im Bett zu sterben, begann um die Zeit der Mai-Unruhen von 1919. Dass die Polizei die aus dem Krieg zurückgekehrten Bauernjungen niederritt, die mit offenem Mund die Redner im Madison Square begafften, musste die intelligenteren jungen Männer der herrschenden Ordnung entfremden. Wir hatten nicht viele Gedanken auf die Bill of Rights verschwendet, bis Mencken sie zu propagieren begann, aber wir wussten, dass eine derartige Tyrannei in die unstabilen kleinen Länder Südeuropas gehörte. Wenn hasenherzige Geschäftsleute diese Wirkung auf die Regierung hatten, dann waren wir vielleicht doch hauptsächlich für J.P. Morgans Anleihen in den Krieg gezogen. Doch weil wir die großen Gefühle leid waren, kam nur kurz etwas moralische Empörung auf, versinnbildlicht durch *Three Soldiers* von Dos Passos. Dann nahmen wir uns unser Stück vom nationalen Kuchen, und Idealismus flammte nur auf, wenn die Zeitungen aus Geschichten wie der Sache mit Harding und seiner Ohio-Gang oder Sacco und Vanzetti ein Drama machten. Die Geschehnisse von 1919 stimmten uns eher zynisch als revolutionär, unabhängig davon, dass wir alle in unseren Kisten herumwühlten und uns fragten, wo zum Teufel die Freiheitsmütze hingekommen war – »ich weiß, dass ich eine hatte« – und der russische Kittel. Es war bezeichnend für das Jazz Age, dass es sich überhaupt nicht für Politik interessierte.

Es war eine Zeit der Wunder, es war eine Zeit der Kunst, es war eine Zeit der Übertreibung, und es war eine Zeit der Satire. Eine aufgeblasene Null, ein sich naturgemäß unter Erpressung windender Wurm, saß auf dem Thron der Vereinigten Staaten; ein dandyhafter junger Mann kam herbeigeeilt, um den Thron Englands zu verkörpern. Zahllose Mädchen verzehrten sich nach dem jungen Engländer; der alte Amerikaner stöhnte im Schlaf, während er darauf wartete, von seiner Ehefrau vergiftet zu werden – auf den Rat jenes weiblichen Rasputins hin, der damals das letzte Wort in nationalen Belangen hatte. Doch abgesehen von dergleichen Dingen konnten wir endlich tun und lassen, was wir wollten. Da Amerikaner nunmehr in London Anzüge en gros bestellten, mussten die Schneider der Bond Street ihre Schnitte notgedrungen der amerikanischen Figur mit ihrer langen Taille und der Vorliebe für lockeren Sitz anpassen. Eine subtile Veränderung ging mit Amerika vor, sichtbar im Kleidungsstil. In der Renaissance hatte François der Erste nach Florenz geschielt, um gepflegte Beinkleider zu tragen. Im England des siebzehnten Jahrhunderts äffte man den französischen Hof nach, und vor fünfzig Jahren kaufte der deutsche Gardeoffizier seine Zivilistenkleidung in London. Die Kleidung eines Gentlemans versinnbildlichte »die Macht, die der Mann besitzen muss und die von Rasse zu Rasse weitergereicht wird«.

Wir waren die mächtigste Nation. Wer sollte uns noch Vorschriften darüber machen, was modern war und was Spaß machte? Durch den Krieg von Europa abgesondert, hatten wir begonnen, unbekannte südliche und westliche Gefilde nach Volksgebräuchen und Zeitvertreib abzusuchen, und davon gab es mehr als genug.

Die erste gesellschaftliche Offenbarung jener Zeit wurde zu einer Sensation, die in keinem Verhältnis zu ihrer Neuheit stand. Schon in der grauen Vorzeit von 1915 hatten die unbeaufsichtigten jungen Leute kleinerer Städte die bewegliche Privatsphäre des Automobils entdeckt, das der junge Bill mit sechzehn bekommt, um »selbständig« zu werden. Anfänglich war das Knutschen selbst unter so günstigen Voraussetzungen ein gefährliches Abenteuer, doch schon bald tauschte man Vertraulichkeiten, und die alten Vorschriften wurden ignoriert. Schon 1917 wurde solches niedliche und nichtssagende Geflirte in jeder beliebigen Ausgabe des *Yale Record* oder des *Princeton Tiger* erwähnt.

Knutschen in seinen weniger harmlosen Spielarten blieb den wohlhabenderen Schichten vorbehalten; die anderen jungen Leute hielten sich bis nach dem Ersten Weltkrieg an die alten Wertvorstellungen, und ein Kuss hatte unweigerlich in einen Heiratsantrag zu münden, wie junge Offiziere in fremden Städten manchmal zu ihrem Entsetzen feststellen mussten. Erst 1920 fiel der letzte Schleier – das Jazz Age stand in voller Blüte.

Kaum hatten die gesetzteren Bürger des Staates sich von ihrer Verblüffung erholt, schubsten diejenigen, die während der Kriegswirren herangewachsen waren, die ausgelassenste von allen Generationen, meine Zeitgenossen ohne viel Federlesens aus dem Weg und tanzten ins Scheinwerferlicht. Das war die Generation, deren weibliche Mitglieder sich als flotte Flapper stilisierten, die Generation, der es gelang, ältere Generationen mit ihrer Verruchtheit anzustecken, und die zuletzt zu weit ging, weniger aus Mangel an Moral als aus Mangel an Geschmack. Könnte man das Jahr 1922 doch ungeschehen machen! Da war die jüngere Generation auf ihrem Höhepunkt, denn obwohl das Jazz Age weiterging, wurde es immer weniger eine Sache der Jugend.

Was folgte, war wie ein Kindergeburtstag, bei dem auf einmal die Erwachsenen feiern und die Kinder verwirrt und ziemlich unbeachtet und ziemlich hilflos danebenstehen. Im Jahr 1923 hatten die Älteren, die es leid waren, dem munteren Treiben mit schlecht verhehltem Neid zuzusehen, entdeckt, dass junger Alkohol junges Blut ersetzen kann, und sich mit einem Freudenschrei in die Orgie gestürzt. Die jüngere Generation war aus der Hauptrolle verdrängt.

Ein ganzes Volk wurde hedonistisch, vergnügungssüchtig. Dass man sich innerhalb der jüngeren Generation schon früh sehr nahe kam, wäre nicht zu verhindern gewesen, ob verboten oder erlaubt – der Versuch, englische Sitten an amerikanische Gegebenheiten anzupassen, brachte das zwangsläufig mit sich. (Unser Süden zeichnet sich durch tropisches Klima und frühe Reife aus, und in Frankreich oder Spanien hat man es noch nie für ratsam gehalten, junge Mädchen von sechzehn oder siebzehn Jahren ohne Anstandsdame ausgehen zu lassen.) Doch die allgemeine Entschlossenheit, sich zu amüsieren, die mit den Cocktailpartys von 1921 einsetzte, hatte vielschichtigere Ursachen.

In seiner Entwicklung zur Ehrbarkeit hin bezog sich das Wort Jazz zuerst auf Sex, dann auf Tanzen und dann auf Musik. Es ist eng verbunden mit einem Zustand nervöser Erregung, nicht unähnlich der Stimmung in großen Städten, vor denen eine Front verläuft. Für viele Engländer ist der Krieg noch nicht vorbei, weil alles, was sie bedroht, noch immer präsent ist – deshalb esset und trinket und seid fröhlich, denn morgen ist der Tag des Todes. Doch dass es nun in Amerika ganz ähnlich aussah, hatte andere Gründe, obwohl ganze Gesellschaftsbereiche (zum Beispiel Leute über fünfzig Jahre) ein Jahrzehnt damit zugebracht hatten, ebendiese Ähnlichkeit zu leugnen, selbst wenn ihr Koboldgesicht inmitten der Familie grinste. Und nie hätten sie sich träumen lassen, dass sie selbst nicht unschuldig daran waren. Die ehrbaren Bürger, die an eine unerbittliche öffentliche Moral glaubten und genug Einfluss besaßen, die entsprechenden Gesetze zu erzwingen, konnten sich nicht vorstellen, dass sie sich geradezu zwangsläufig Verbrechern und Betrügern auslieferten, und können es bis heute nicht recht glauben. Rechtschaffene Reiche hatten sich immer ehrliche und kluge Diener kaufen können, die für sie die Sklaven oder die Kubaner befreiten, und deshalb bewies die ältere Generation im Scheitern die unbeirrbare Borniertheit derer, die sich auf dünnes Eis begeben haben, wahrte ihre Rechtschaffenheit und verlor ihre Kinder. Silberhaarige Frauen und alte Männer mit edlen Gesichtszügen, die nie in ihrem Leben bewusst etwas Unredliches getan hatten, versichern einander noch heute in den Altersresidenzen von New York, Boston und Washington, es gebe »eine ganze Generation, die niemals den Geschmack von Alkohol kennenlernen wird«. Unterdessen reichen ihre Enkeltöchter einander die abgegriffene Ausgabe von *Lady Chatterley* weiter, und wenn sie auch nur einen Fuß aus dem Haus setzen, wissen sie schon mit sechzehn, wie Gin oder Maiswhiskey schmeckt. Doch die Generation, die zwischen 1875 und 1895 erwachsen wurde, glaubt weiterhin das, was sie glauben will.

Selbst die Generationen dazwischen waren skeptisch. 1920 verkündete Heywood Broun, das ganze Getue um die vermeintliche Unschuld junger Männer sei Unsinn und werde trotzdem veranstaltet. Für eine kurze Zeitspanne kamen Leute über fünfundzwanzig in den Genuss einer komprimierten Bildung. Es sei mir gestattet, einige der Enthüllungen zu skizzieren, die ihnen vermittels eines Dutzends von Werken zuteil wurden, die in jener Dekade für verschiedene Mentalitäten verfasst wurden. Beginnen wir mit der Unterstellung, dass Don Juan ein interessantes Leben führt (*Jurgen*, 1919); danach erfuhren wir, dass es eine Menge Sex gibt, wenn man Bescheid weiß (*Winesburgh, Ohio*, 1920), dass die Heranwachsenden ein Leben voller Liebesgeplänkel führen (*Diesseits vom Paradies*, 1920), dass es eine Menge unbeachteter angelsächsischer Wörter gibt (*Ulysses*, 1921), dass ältere Menschen unerwarteten Versuchungen nicht immer widerstehen (*Cytherea*, 1922), dass junge Mädchen manchmal verführt werden, ohne ins Verderben gestoßen zu werden (*Flaming Youth*, 1922), dass sogar eine Vergewaltigung oft zu einem guten Ende führen kann (*The Sheik*, 1922), dass bezaubernde englische Damen oft zur Promiskuität neigen (*Der grüne Hut*, 1924), dass sie tatsächlich die meiste Zeit mit verschiedenen Partnern zubringen (*The Vortex*, 1926), dass dieser Zeitvertreib eine feine Sache ist (*Lady Chatterleys Liebhaber*, 1928) und dass es schließlich und letztlich auch abnorme Variationen gibt (*Quell der Einsamkeit*, 1928, und *Sodom und Gomorrha*, 1929).

Meiner Meinung nach hat das erotische Element dieser Werke – sogar des *Sheik*, der für Kinder im Ton von *Peter Rabbit* verfasst ist – nicht den geringsten Schaden angerichtet. Alles, was darin geschildert wird, und noch manches mehr gehört zu unserem Alltag. Die meisten dieser Werke waren ehrlich und aufklärend – sie gaben dem männlichen Amerikaner wieder etwas Würde zurück im Unterschied zum »ganzen Kerl« der amerikanischen Vorstellung. (»Und was ist ein ›ganzer Kerl‹?«, hat Gertrude Stein einmal gefragt. »Hat er nicht genug damit zu tun, alles das auszufüllen, was früher mit dem Begriff ›ein Mann‹ gemeint war? Ein ›ganzer Kerl‹!«) Die verheiratete Frau kann nun herausfinden, ob sie an der Nase herumgeführt wird, ob Sex etwas ist, was man über sich ergehen lassen muss, und ob ihre Genugtuung darin besteht, dass sie eine seelische Tyrannei errichtet, wie ihre Mutter es ihr vielleicht diskret vorgeschlagen hat. Und vielleicht haben viele Frauen festgestellt, dass Liebe eigentlich Vergnügen bereiten soll. Jedenfalls mussten die Gegner sich geschlagen geben, und das ist einer der Gründe, warum unsere Literatur heute die lebendigste der Welt ist.

Anders als weithin vermutet haben die Filme des Jazz Age keine Auswirkungen auf die Moralbegriffe gehabt. Die gesellschaftliche Einstellung der Produzenten war zögerlich, hinter der Zeit zurückgeblieben und banal – beispielsweise wagte kein Film vor 1923 auch nur andeutungsweise ein Bild der jüngeren Generation zu entwerfen, während sie von Zeitschriften schon lange gefeiert wurde und längst nichts Neues mehr war. Ein paar schwache Gehversuche und dann Colleen Moore in *Flaming Youth*, und sofort schaufelten die Lohnschreiber von Hollywood dem Sujet sein kinematographisches Grab. Das ganze Jazz Age hindurch kam das Kino nicht über Mrs. Jiggs hinaus und beschränkte sich auf die lächerlichsten Oberflächlichkeiten. Dies war zweifellos der Zensur ebenso geschuldet wie inhärenten Zwängen der Filmindustrie. Doch das Jazz

Age raste aus eigenem Antrieb weiter, alimentiert von gewaltigen Tankstellen voller Geld.

Leute über dreißig bis hin zu Leuten um die fünfzig hatten sich dem Tanz angeschlossen. Wir Graubärte (um auf F. P. A. herumzutrampeln) erinnern uns an den Aufruhr, als 1912 vierzigjährige Omas ihre Krücken in die Ecke warfen und Tango und den Castle Walk lernten. Ein Dutzend Jahre später konnte eine Frau den grünen Hut zu ihren anderen Sachen packen, wenn sie sich nach Europa oder nach New York aufmachte, aber Savonarola war zu sehr damit beschäftigt, tote Pferde in selbstgeschaffenen Augiasställen auszupeitschen, um es zu merken. Selbst in Kleinstädten speiste die Gesellschaft mittlerweile in getrennten Räumen, und der ernste Tisch erfuhr nur durch Hörensagen vom fröhlichen Tisch. Am ernsten Tisch saßen nicht mehr viele. Eines seiner einstigen Glanzlichter, die weniger begehrenswerten jungen Mädchen, die sich früher damit abgefunden hatten, die unvermeidlich scheinende Ehelosigkeit zu sublimieren, stieß nun bei der Suche nach intellektueller Belohnung auf Freud und Jung und raste ins Getümmel zurück.

Im Jahr 1926 war die allgemeine Beschäftigung mit Sex allmählich lästig geworden. (Ich entsinne mich einer glücklich verheirateten, zufriedenen jungen Mutter, die meine Frau um Rat fragte, ob sie »so schnell wie möglich eine Affäre« haben solle, obwohl ihr der Sinn nicht sonderlich danach stand, »denn finden Sie nicht auch, dass so was eher lächerlich wirkt, wenn man über dreißig ist?«.) Eine Zeitlang sorgten schwarzgehandelte Negerschallplatten mit ihren phallischen Euphemismen für Anzüglichkeit, und gleichzeitig rollte eine Welle erotischer Theaterstücke über uns hinweg – Schülerinnen aus Mädchenpensionaten drängten sich auf den Rängen, um zu erfahren, wie romantisch ein lesbisches Leben ist, und George Jean Nathan protestierte. Dann wurde ein junger Produzent von allen guten Geistern verlassen; er trank das alkoholische Badewasser einer Schönen und wanderte ins Zuchthaus. Irgendwie schaffte es sein jämmerlicher Versuch, etwas Romantisches zu tun, ins Jazz Age, während seine Mitgefängnisinsassin Ruth Snyder von den Sensationsblättchen hineingehievt werden musste – wie die *Daily News* den Gourmets so appetitanregend anpries, würde sie »gekocht, *gebrutzelt und fritiert!*« werden.

Die fröhlichen Elemente der Gesellschaft hatten sich in zwei Hauptströme geteilt, deren einer nach Palm Beach und nach Deauville floss, während der andere, wesentlich schmalere, sich zur sommerlichen Riviera schlängelte. An der sommerlichen Riviera konnte man sich ungestraft mehr erlauben, und alles, was dort passierte, schien etwas mit Kunst zu tun zu haben. Von 1926 bis 1929, während der Hochzeit des Cap d'Antibes, beherrschte diesen Winkel Europas eine Gruppe von Leuten, die sich sehr deutlich von jener amerikanischen Gesellschaft unterschied, die von Europäern beherrscht wird. In Antibes war alles Mögliche los – 1929 ging im herrlichsten Paradies für Schwimmer im ganzen Mittelmeer niemand mehr schwimmen, höchstens eine kurze Abkühlung gegen Mittag, um den Kater zu lindern. Steile abgestufte Felsklippen ragten über dem Meer empor, und irgendjemandes Diener und ein zufällig anwesendes englisches Mädchen tauchten von dort oben ins Wasser, doch die Amerikaner waren es zufrieden, sich in der Bar mit sich selbst zu beschäftigen. Das war ein Indiz für etwas, was zu Hause passierte – die Amerikaner wurden bequem. Anzeichen sah man überall: Wir gewannen zwar noch die Olympischen Spiele, aber mit Sportlern, deren Namen wenige Vokale hatten, mit Mannschaften, die sich wie die irische Kampfeinheit Notre Dame aus frischem Übersee-Blut zusammensetzten. Sobald die Franzosen sich ernsthaft für Tennis interessierten, wurde der Davis Cup automatisch von ihrem Wettbewerbseifer angezogen. Die Grundstücke in den Städten des Mittleren Westens waren inzwischen bebaut – abgesehen von einer kurzen Phase während der Schulzeit waren wir letzten Endes vielleicht gar kein athletisches Volk wie die Engländer. Hase und Igel. Wenn wir wollten, konnten wir natürlich im Handumdrehen sportlich sein; wir hatten noch immer all die Vitalität unserer Vorväter in Reserve, doch eines Tages im Jahr 1926 sahen wir an uns hinunter und stellten fest, dass wir schlaffe Arme und einen dicken Wanst hatten und zu einem Sizilianer nicht einmal *boop-boop-a-doop* sagen konnten. Gespenst eines Van Bibber! – weiß Gott kein utopisches Ideal. Selbst Golf, der früher als weibisches Spiel gegolten hatte, war uns in letzter Zeit ziemlich anstrengend erschienen – eine verweichlichte Form kam auf und war ein Riesenerfolg.

1927 offenbarte sich allmählich eine weitverbreitete Neurose, die sich leise wie nervöses Fußwippen bemerkbar machte, nämlich durch die Beliebtheit von Kreuzworträtseln. Ich erinnere mich, dass einer aus unserer amerikanischen Kolonie den Brief eines gemeinsamen Freundes öffnete, einen Brief, der ihn aufforderte, nach Hause zu kommen und sich von den kraftvollen, stärkenden Eigenschaften des Heimatbodens neu beleben zu lassen. Es war ein eindrucksvoller Brief, der uns beide tief ergriff, bis uns auffiel, dass er aus einer Nervenheilanstalt in Pennsylvania abgeschickt worden war.

Mittlerweile wurde so mancher Zeitgenosse vom dunklen Schlund der Gewalttätigkeit verschlungen. Ein Schulkamerad tötete seine Frau und sich selbst auf Long Island, ein anderer stürzte »versehentlich« von einem Wolkenkratzer in Philadelphia, wieder ein anderer absichtlich von einem Wolkenkratzer in New York. Einer wurde in einer Mondscheinkneipe in Chicago ermordet; ein weiterer wurde in einer Mondscheinkneipe in New York fast totgeschlagen und kroch zum Princeton Club zurück, wo er starb, und einem Dritten wurde in einer Irrenanstalt, wo er interniert war, von einem Tobsüchtigen mit einer Axt der Schädel eingeschlagen. Diese Katastrophen sind keine spektakulären Ereignisse, die ich aus Sensationsgier verfolgt hätte – es handelte sich um meine Freunde; und zudem geschahen sie nicht während der Depression, sondern während der Boomjahre.

Im Frühjahr 1927 blitzte etwas Helles und Unbekanntes am Himmel auf. Ein junger Mann aus Minnesota, der mit seiner Generation nicht viel gemein zu haben schien, vollbrachte eine Heldentat, und für einen Augenblick stellten die Leute in den Country Clubs und in den Mondscheinkneipen ihre Gläser ab und erinnerten sich an ihre ältesten und schönsten Träume. Vielleicht war das Fliegen ein Ausweg, vielleicht konnte unser ruheloses Blut in der endlosen Weite der Luft Grenzen finden. Doch zu jenem Zeitpunkt hatten wir alle unsere Bindungen und Verpflichtungen, und das Jazz Age ging weiter; wir würden alle noch einen trinken.

Dennoch wanderten die Amerikaner in immer fernere Länder – meine Freunde schienen ununterbrochen nach Russland, Persien, Abessinien und Zentralafrika unterwegs zu sein. Und Paris war im Jahr 1928 erstickend eng geworden. Mit jeder neuen Schiffsladung Amerikaner, die der Boom ausspie, verringerte sich deren Qualität, bis zuletzt etwas Unheimliches an den irrsinnigen Menschenmengen war. Es waren nicht länger die schlichten Papas und Mamas und Söhne und Töchter, die in ihrer Herzlichkeit und Neugier der entsprechenden Gesellschaftsschicht in Europa unendlich überlegen waren, sondern unvorstellbare Neandertaler mit einer Überzeugung, einer sehr undeutlichen Überzeugung, die einem aus Schundromanen bekannt vorkommt. Ich erinnere mich an einen Italiener, der auf einem Dampfer in der Uniform eines amerikanischen Reserveoffiziers an Deck auf und ab wanderte und in gebrochenem Englisch mit Amerikanern Streit anfing, wenn sie in der Bar die Institutionen ihres Landes kritisierten. Ich erinnere mich an eine dicke diamantenfurnierte Jüdin, die bei der Aufführung der Ballets russes hinter uns saß und, als der Vorhang sich hob, rief: »So scheijn! Sollten sie malen ein Bild davon!« Das war vulgärer Komödienstoff, doch es war nicht zu übersehen, dass Geld und Macht in die Hände von Leuten gelangten, neben denen der Vorsitzende eines Dorfsowjets ein Ausbund an Geschmack und Lebensart sein musste. 1928 und

1929 wurden Luxusreisen von amerikanischen Bürgern unternommen, denen das Missverhältnis ihrer neuen Lebensumstände das geistige Niveau von Pekinesen, Muscheln, Kretins oder Bergziegen verlieh. Ich entsinne mich eines Richters aus irgendeinem New Yorker Bezirk, der mit seiner Tochter die Wandteppiche von Bayeux besichtigt hatte und der zu Hause einen Aufstand in den Zeitungen anzettelte und verlangte, die Wandteppiche sollten nicht mehr öffentlich ausgestellt werden, weil eine Szene darauf unmoralisch sei. Doch in jenen Tagen war das Leben wie der Wettlauf in *Alice im Wunderland*; für jeden gab es einen Preis.

Das Jazz Age hatte eine zügellose Jugend und ein ungestümes mittleres Alter. Es gab die Phase der Knutschpartys, des Leopold-Loeb-Mords (ich erinnere mich daran, wie meine Frau auf der Queensborough-Brücke festgenommen wurde, weil man sie verdächtigte, das »Banditenliebchen mit dem Bubikopf« zu sein) und der Kleidung im Stil von John Held. In der zweiten Phase wurden Phänomene wie Sex und Mord erwachsener, wenngleich auch wesentlich konventioneller. Rücksicht gegenüber Leuten mittleren Alters setzte sich durch, und am Strand wurden Pyjamas Mode, um dicke Oberschenkel und schlaffe Waden vor der Konkurrenz mit dem einteiligen Badeanzug zu bewahren. Schließlich wurden die Röcke wieder lang, und alles war wieder verdeckt. Alles war wieder auf Anfang. Also los …

Aber dazu sollte es nicht kommen. Irgendjemand hatte gepfuscht, und die kostspieligste Orgie der Menschheitsgeschichte war vorbei.

Sie ging vor zwei Jahren zu Ende, weil das unermessliche Selbstvertrauen, auf das sie sich hauptsächlich stützte, einen gewaltigen Schlag verpasst bekommen hatte und das ganze luftige Konstrukt daraufhin zu Boden sank. Und nach zwei Jahren scheint das Jazz Age in so weiter Ferne zu liegen wie die Vorkriegszeit. Es war ohnedies eine geborgte Zeit gewesen, in der die ganzen oberen Zehntausend einer Nation mit der Sorglosigkeit von Großherzögen und der Unbeschwertheit von Tanzmädchen gelebt hatten. Doch im Nachhinein zu räsonnieren ist leicht, und es war schön, als junger Mensch von Mitte zwanzig eine so selbstgewisse und sorglose Zeit zu erleben. Selbst wenn man pleite war, machte man sich keine Gedanken über Geld, weil es um einen herum in so verschwenderischer Fülle vorhanden war. Gegen Ende dieser Ära konnte es anstrengend werden, den eigenen Beitrag aufzubringen; es war fast schon eine Gefälligkeit, eine Einladung anzunehmen, die eine Anreise erforderlich machte. Charme, ein gewisser Ruf und gute Manieren allein wogen in gesellschaftlicher Hinsicht schwerer als Geld. Das war ziemlich großartig, doch die Luft wurde zunehmend dünner, je mehr die ewiggeltenden unabdingbaren Wertvorstellungen all das einzufärben versuchten. Schriftsteller waren Genies kraft eines anständigen Buchs oder Theaterstücks; so wie im Krieg Offiziere mit vier Monaten Ausbildungserfahrung Hunderte Soldaten kommandiert hatten, gaben nun viele kleine Fische in bedeutenden großen Becken den Ton an. Im Theater wurden extravagante Aufführungen von vereinzelten zweitklassigen Stars getragen, und so immer weiter die Leiter hinauf bis in die Politik, wo es schwierig war, gute Leute für Positionen von höchster Bedeutung und Verantwortung zu gewinnen, von einer Bedeutung und Verantwortung, die weit über die von Geschäftsleuten hinausging, aber nicht mehr als fünf- bis sechstausend Dollar im Jahr einbrachte.

Und nun müssen wir den Gürtel wieder enger schnallen und blicken mit gebührend entsetztem Gesichtsausdruck auf unsere verschwendete Jugend zurück. Aber hin und wieder macht sich unter den Trommeln ein gespenstisches Rumpeln bemerkbar, ein asthmatisches Flüstern in den Posaunen, das mich in die frühen zwanziger Jahre zurückwirbelt, als wir Methanol tranken und jeden Tag in jeder Hinsicht immer besser wurden und als man zum ersten Mal erfolglos versuchte, die Röcke zu kürzen, wenn auch mit Unterbrechung, und als die Mädchen in ihren Strickkleidern alle gleich aussahen, und als Leute, die man nicht kennenlernen wollte, sagten: *»Yes, we have no bananas«*, und als es nur mehr eine Frage von wenigen Jahren zu sein schien, bis die älteren Leute den Weg freimachen und diejenigen die Welt regieren lassen würden, die alles so sahen, wie es wirklich war – und für uns, die wir damals jung waren, nimmt sich das alles so rosig und romantisch aus, weil wir unserer Umgebung nie wieder so intensive Gefühle entgegenbringen werden.

Der Zusammenbruch

Zweifellos ist alles Leben ein Zersetzungsprozess, doch die Schicksalsschläge, die den dramatischen Teil des Geschehens ausmachen, die Schläge, die einen so unerwartet ereilen oder zu ereilen scheinen, die, an die man sich erinnert und die man für das verantwortlich macht, was passiert – und von denen man in schwachen Augenblicken seinen Freunden erzählt –, zeitigen ihre ganze Wirkung nicht sofort. Es gibt eine zweite Art von Schlag, die von innen erfolgt, die man nicht spürt, bis es zu spät ist, etwas dagegen zu tun, bis man sich nicht mehr gegen das Wissen sperren kann, dass man in gewisser Hinsicht nie mehr der sein wird, der man einmal war. Der erstgenannte Zusammenbruch geschieht augenscheinlich schnell, der zweite fast so, dass man ihn gar nicht wahrnimmt, bis man plötzlich begreift, was passiert ist.

Bevor ich diese kurze Geschichte weitererzähle, würde ich gerne eine allgemeingültige Beobachtung festhalten: Einen erstklassigen Kopf erkennt man daran, dass er in der Lage ist, zwei widersprüchliche Gedanken gleichzeitig zu denken, und trotzdem noch funktioniert. Man sollte beispielsweise in der Lage sein zu erkennen, dass die Lage hoffnungslos ist, und dennoch entschlossen sein, das zu ändern. Diese Geisteshaltung entsprach der ersten Zeit meines Erwachsenendaseins, als ich erlebte, dass das Unwahrscheinliche, das Unerklärliche, ja das »Unmögliche« wahr wurde. Man konnte den Gang des Lebens bestimmen, wenn man etwas taugte. Mit Grips und Willen oder so viel Grips und Willen, wie man aufbrachte, war es zu meistern. Ein erfolgreicher Schriftsteller zu sein war eine romantische Angelegenheit – man würde natürlich nie so berühmt sein wie ein Filmstar, aber das Ansehen, das man hatte, wäre wahrscheinlich dauerhafter; man würde nie so viel Macht haben wie ein Mann mit starken politischen oder religiösen Überzeugungen, aber man wäre ganz gewiss unabhängiger. Selbstverständlich blieb einem in der Ausübung des gewählten Gewerbes immer etwas zu wünschen übrig, doch ich hätte mein Gewerbe gegen kein anderes eintauschen wollen.

Als die zwanziger Jahre sich im Gefolge meiner eigenen zwanziger Jahre verabschiedeten, verwandelte sich mein Jugendkummer, dass ich erstens nicht groß genug (oder nicht gut genug) war, um am College American Football zu spielen, und zweitens im Krieg nicht nach Europa gekommen war, in kindische Träumereien von phantasiertem Heldentum – Einschlafhilfen in schlaflosen Nächten. Die großen Lebensprobleme schienen lösbar zu sein, und da es anstrengend war, sich damit herumzuschlagen, hatte man keine Energie übrig, um sich mit weitergehenden Problemen abzugeben.

Das Leben war vor zehn Jahren hauptsächlich eine persönliche Angelegenheit. Ich musste die Balance wahren zwischen dem Gefühl, jede Anstrengung sei sinnlos, und der Erfordernis, nicht aufzugeben, zwischen der Überzeugung vom unvermeidlichen Scheitern und der Entschlossenheit, es dennoch »zu schaffen« – und schlimmer noch, zwischen dem lähmenden Gewicht der Vergangenheit und den hochfliegenden Zukunftswünschen. Gelänge mir das über alles übliche Ungemach häuslicher, beruflicher und persönlicher Natur hinweg, dann würde mein Ich seine Bahn wie ein Pfeil vom Nichts ins Nichts so ungebremst fortsetzen, dass nur die Schwerkraft es zuletzt zu Boden zwingen könnte.

Siebzehn Jahre lang ging alles seinen Gang – bis auf ein Jahr bewussten Faulenzens und Ausruhens in der Halbzeit –, und jede neue Mühsal war nur eine interessante Aussicht für den nächsten Tag. Mein Leben war ziemlich anstrengend, aber ich sagte mir: »Bis neunundvierzig halte ich das durch. Darauf kann ich mich verlassen. Wer so gelebt hat wie ich, der kann nicht mehr verlangen.«

Und dann wurde mir zehn Jahre vor diesem Termin auf einmal klar, dass mir vor der Zeit die Luft ausgegangen war.

II

Man kann auf ganz verschiedene Weise die Kontrolle verlieren – im Kopf, und dann übernehmen es andere, Entscheidungen für einen zu treffen, oder körperlich, so dass man keine andere Wahl hat, als sich der weißen Krankenhauswelt zu unterwerfen, oder nervlich. William Seabrook schildert in einem unsympathischen Buch nicht ohne Stolz und mit einem Ende wie im Film, wie er zu einer Last für die Gesellschaft wurde. Was seinen Alkoholismus auslöste oder damit zusammenhing, war ein Zusammenbruch seines Nervensystems. Obwohl der Verfasser dieser Zeilen in einer weniger prekären Situation war – ich hatte seit einem halben Jahr nicht einmal ein Glas Bier getrunken –, machten seine Nerven nicht mehr mit: zu viel Zorn und zu viele Tränen.

Überdies, um zu meiner Theorie zurückzukehren, dass das Leben sein Angriffsschema variiert, kam mir die Erkenntnis des Zusammenbruchs nicht auf einmal, sondern mit Verzögerung.

Kurz davor hatte ich in der Praxis eines berühmten Arztes eine ernste Diagnose vernommen. Mit einer, wie mir im Nachhinein scheinen will, gewissen Gelassenheit hatte ich mein Leben in der Stadt, in der ich damals wohnte, weitergelebt, ohne mir groß Gedanken oder Sorgen darüber zu machen, was alles unerledigt geblieben war oder welcher Verantwortung ich nicht nachgekommen war – wie Leute es in Büchern zu tun pflegen; ich war gut versichert und hatte ansonsten das meiste, was mir überlassen worden war, nicht besonders gepflegt, nicht einmal meine Begabung.

Aber plötzlich hatte ich das starke instinktive Bedürfnis, allein zu sein. Ich wollte mit niemandem zu tun haben. Ich hatte mein Leben lang mit so vielen Leuten zu tun gehabt – ich war nur durchschnittlich gesellig, doch überdurchschnittlich in meinem Bestreben, mich, mein Denken und mein Geschick mit denen aller Gesellschaftsklassen zu identifizieren, mit denen ich in Berührung kam. Ich war ständig damit beschäftigt, andere zu retten oder selbst gerettet zu werden – an einem einzigen Vormittag durchlebte ich alle Empfindungen, die man Wellington bei Waterloo zuschreiben kann. Ich lebte in einer Welt unergründlicher Widrigkeiten und unentbehrlicher Freunde und Helfer.

Doch nun wollte ich mit nichts und niemandem zu tun haben und achtete darauf, mit verschiedenen Dingen nicht in Berührung zu kommen.

Es war keine unglückliche Zeit. Ich verreiste und sah weniger Leute. Ich merkte, wie unendlich erschöpft ich war. Ich konnte herumlümmeln und mich darüber freuen; manchmal schlief oder döste ich zwanzig Stunden am Tag, und die restliche Zeit bemühte ich mich redlich, nicht zu denken; stattdessen verfasste ich Listen – Listen, die ich dann zerriss, Hunderte von Listen: Listen von Kavallerieleitpferden, Footballspielern und Städten, von Schlagern und von Baseballspielern, von glücklichen Zeiten und Hobbys und Häusern, in denen ich gewohnt hatte, von der Anzahl meiner Anzüge seit der Militärzeit und der meiner Schuhe (ohne den Anzug mitzuzählen, den ich in Sorrent gekauft hatte und der eingegangen war, oder die Abendschuhe und das Frackhemd samt Kragen, die ich jahrelang mit mir herumgeschleppt und nie getragen habe, weil die Abendschuhe feucht und brüchig wurden und die Stärke von Frackhemd und Kragen vergilbte und vermoderte), Listen von Frauen, die mir gefallen hatten, und von Anlässen, bei denen ich zugelassen hatte, dass Leute, die mir weder charakterlich noch an Können überlegen waren, mich von oben herab behandelten.

Und dann ging es mir überraschenderweise plötzlich besser.

Und bei dieser Erkenntnis bekam ich einen Sprung wie ein alter Teller.

Das ist das eigentliche Ende der Geschichte. Wie es weitergehen sollte, wird an jenem Ort ruhen müssen, den man früher als »Schoß der Zeit« bezeichnete. Ich will mich mit der Mitteilung begnügen, dass ich nach einer Stunde einsamen Kopfkissentrostsuchens zu begreifen begann, dass mein Leben zwei Jahre lang daraus bestanden hatte, Reserven anzuzapfen, die ich nicht besaß, dass ich mich körperlich und geistig bis zum Gehtnichtmehr übernommen hatte. Was war daneben schon das kleine Geschenk des neuen Lebens für jemanden, der früher gewusst hatte, was er wollte, und auf seine Unabhängigkeit vertraut hatte?

Ich merkte, dass ich mich, um etwas zu bewahren – vielleicht eine innere Stille, vielleicht auch nicht –, in diesen zwei Jahren von allem losgesagt hatte, was ich liebte, dass jede Alltagsgeste – vom morgendlichen Zähneputzen bis zum Abendessen mit einem Freund – zu einer Anstrengung geworden war. Mir wurde klar, dass ich seit langem keine Menschen und keine Dinge mehr mochte, sondern nur eine fadenscheinige Behauptung aufrechtzuerhalten versuchte. Mir wurde klar, dass sogar meine Liebe zu dem, was mir am teuersten war, zu dem Bemühen zu lieben heruntergekommen war und dass mein Verkehr mit anderen Leuten wie Verlagsangestellten, Tabakverkäufern, Kindern von Freunden nur mehr etwas war, woran ich mich aus früheren Tagen dunkel erinnerte. In diesem einen Monat wurde ich allergisch gegen Dinge wie das Knistern des Radios, die Reklame in Zeitschriften, das Quietschen von Straßenbahnen in den Gleisen und die Totenstille auf dem Land, ich begann, menschliche Nachgiebigkeit zu verachten, ertrug aber (ohne es mir anmerken zu lassen) Härte genauso wenig – ich verabscheute die Nacht, weil ich nachts nicht schlafen konnte, und den Tag, weil er in die Nacht mündete. Ich schlief inzwischen auf der Herzseite, denn je eher ich diesen Körperteil auch nur ein wenig ermüden konnte, desto früher würde sich die ersehnte Stunde des Nachtmahrs einstellen, die mir wie eine Katharsis ermöglichen würde, dem nächsten Tag gefasster entgegenzusehen.

Es gab einzelne Stellen und einzelne Gesichter, deren Anblick ich ertragen konnte. Wie die meisten Leute aus dem Mittleren Westen hatte ich nie nennenswerte Rassenvorurteile – ich hatte immer eine heimliche Sehnsucht nach den bezaubernden skandinavischen Blondinen, die in St. Paul auf der Veranda saßen und es finanziell nicht weit genug gebracht hatten, um an dem teilzuhaben, was damals als Gesellschaft galt. Sie waren keine dummen jungen Dinger, dafür waren sie zu nett, und sie wurden auf dem Weg zu ihrem Platz an der Sonne viel zu früh aus dem Verkehr gezogen, aber ich erinnere mich, wie ich um die Häuserblocks wanderte, um einen Blick auf schimmerndes Haar zu erhaschen – auf den hellen Schopf eines Mädchens, das ich nie kennenlernen würde. Das ist gespreiztes Gerede, und es hat nicht das Geringste damit zu tun, dass ich in letzter Zeit den Anblick von Kelten, Engländern, Politikern, Fremden, Virginiern, Negern (hell-

oder dunkelhäutig) nicht ertragen konnte, den von Leuten in Jagdkleidung, von Einzelhandelsverkäufern und von Maklern überhaupt, von ausnahmslos allen Schriftstellern (um Schriftsteller machte ich einen besonders großen Bogen, denn sie können Konflikte schüren wie niemand sonst) und aller Gesellschaftsklassen als Klassen und ihrer Mitglieder als Klassenmitglieder…

Ich suchte nach irgendeinem seelischen Halt; ich konnte Ärzte leiden und Mädchen bis zum Alter von etwa dreizehn Jahren und wohlerzogene Knaben von acht Jahren an aufwärts. Mit diesen wenigen Menschen waren mir Seelenfrieden und Glück möglich. Ich vergaß zu sagen, dass ich alte Männer mochte, Männer über siebzig, auch über sechzig, wenn sie wettergegerbte Gesichter hatten. Ich mochte Katharine Hepburns Gesicht auf der Leinwand (ohne mich darum zu scheren, was über ihre Arroganz gemunkelt wurde) und Miriam Hopkins' Gesicht und alte Freunde, wenn ich sie nicht öfter als einmal im Jahr sah und mich an die, die sie einmal gewesen waren, erinnern konnte.

Das klingt alles ziemlich unmenschlich und ungesund, nicht wahr? Tja, Freunde, so sehen die untrüglichen Anzeichen des Zusammenbruchs aus.

Es ist kein schönes Bild. Und unweigerlich wurde es in seinem Rahmen herumgereicht und diversen Kritikern vorgeführt. Eine der Kritikerinnen lässt sich am ehesten damit charakterisieren, dass das Leben anderer Leute sich neben ihrem Leben wie Totenstarre ausnimmt – sogar in dem spezifischen Fall, als ihr die an und für sich undankbare Rolle zufiel, Hiob zu trösten. Obwohl meine Geschichte längst zu Ende ist, würde ich unser Gespräch gerne als Postskriptum anfügen:

»Statt sich in Selbstmitleid zu suhlen, überlegen Sie mal«, sagte sie. (Sie sagt immer: »Überlegen Sie«, weil sie denkt, tatsächlich *denkt*, während sie spricht.) Sie sagte also: »Überlegen Sie. Angenommen, nicht Sie hätten einen Sprung bekommen, sondern der Grand Canyon.«

»Ich habe einen Sprung«, sagte ich tapfer.

»Überlegen Sie mal! Die Welt existiert nur in Ihren Gedanken, in Ihrer Vorstellung. Sie können sie so groß oder klein sehen, wie Sie wollen. Und Sie wollen jetzt unbedingt ein jämmerliches kleines Subjekt sein. Mein Gott, wenn ich einen Zusammenbruch hätte, würde ich alles tun, damit die Welt mit mir zusammenbricht. Überlegen Sie! Die Welt existiert nur kraft Ihrer Wahrnehmung, und deshalb wäre es viel vernünftiger zu sagen, dass nicht Sie einen Sprung bekommen haben, sondern der Grand Canyon.«

»Braves Kind, hat seinen ganzen Spinoza aufgegessen!«

»Von Spinoza habe ich keine Ahnung. Aber ich weiß –« Und sie erzählte von alten Verletzungen, die mir als Zuhörer schmerzlicher vorkamen als das, was mir widerfahren war; sie erzählte, wie sie dem Leid die Stirn geboten hatte, es überwältigt, es besiegt hatte.

Ich spürte eine gewisse Reaktion auf ihre Worte, doch ich denke langsam, und beim Zuhören hatte ich zugleich die Erkenntnis, dass von allen Naturkräften die Vitalität am wenigsten vermittelbar ist. Zu Zeiten, als der Lebenssaft einem kostenlos zur Verfügung stand, versuchte man, ihn weiterzuverteilen, was nie gelingen wollte; anders gesagt – um eine weitere Metapher zu strapazieren –, Vitalität ist nicht »ansteckend«. Man hat sie, oder man hat sie nicht, so wie Gesundheit oder braune Augen oder Ehrgefühl oder einen Bariton. Ich hätte sie um ein bisschen davon bitten können, sauber eingepackt und fertig für Zubereitung und Verzehr zu Hause, aber bekommen hätte ich nichts, selbst wenn ich tausend Stunden lang mit dem Zinnbecher des Selbstmitleids in der Hand auf die milde Gabe gewartet hätte. Mir blieb nichts anderes übrig, als zu gehen, ganz vorsichtig, als wäre ich zerbrochenes Geschirr, in die Welt der Bitternis hinaus, in der ich mir mit dem, was zur Hand war, eine Bleibe schaffen musste, und mir, als ich ging, die Worte zu sagen:

»Ihr seid das Salz der Erde. Wenn nun das Salz kraftlos wird, womit soll man's salzen?« Matthäus, 5.13.

Das Zusammenflicken

Im früheren Artikel berichtete der Verfasser dieser Zeilen von seiner Erkenntnis, in dem Gericht, das ihm aufgetischt wurde, nicht das wiederzufinden, was er sich für sein viertes Lebensjahrzehnt bestellt hatte. Und da er und das Gericht ein und dasselbe waren, bezeichnete er sich als Teller mit einem Sprung, einen Teller, bei dem man sich fragt, ob es sich lohnt, ihn aufzubewahren. Die Redaktion war der Ansicht, dass in dem Artikel allzu vieles nur gestreift und nicht näher erörtert wurde, eine Ansicht, die möglicherweise viele Leser geteilt haben, ganz zu schweigen von jenen, die jede Selbstentblößung verachten, sofern sie nicht mit hochtrabenden Dankesworten an die Götter für die »unbesiegbare Seele« endet.

Ich aber hatte den Göttern schon zu lange und für nichts und wieder nichts gedankt. Ich hätte gern eine Klage in meinen Bericht eingeflochten, um der Sache Kolorit zu verleihen, auch ohne Shelleys »Euganeische Hügel«. Es waren keine Euganeischen Hügel in Sichtweite.

Es kommt vor, dass ein Teller mit Sprung im Geschirrschrank bleibt, weil man ihn noch brauchen kann. Er kann nicht mehr vorgewärmt werden und nicht mehr mit den anderen Tellern im Spülbecken gestapelt werden, man wird ihn keinem Gast vorsetzen, aber für Salzgebäck später am Abend oder für Reste im Kühlschrank ist er immer noch gut genug …

Deshalb diese Fortsetzung – die weitere Geschichte eines gesprungenen Tellers.

Als Patentrezept wird Leuten mit Depressionen empfohlen, an die zu denken, die wirklich Mangel leiden oder schwer erkrankt sind – Rundumerbauung für verdüsterte Gemüter und wohlfeiler Rat für jedermann. Doch um drei Uhr morgens hat jede Kleinigkeit das gleiche tragische Gewicht wie ein Todesurteil, und das Rezept schlägt nicht an – und in wahrer seelischer Düsternis ist es immer drei Uhr morgens, Tag für Tag. Um drei Uhr morgens hat man nur den Wunsch, der Wirklichkeit so lange wie möglich zu entfliehen und sich in infantile Träume zu flüchten, aus denen man allerdings immer wieder durch das Hereinbrechen der Wirklichkeit aufgeschreckt wird. Diese Zwischenfälle versucht man möglichst schnell und beiläufig zu meistern, um sich wieder in den Traum zurückzuziehen in der Hoffnung, dass ein großer, unverhoffter materieller oder spiritueller Glücksfall alles ins Lot bringen wird. Doch je länger man sich entzieht, desto mehr verflüchtigt sich der Glücksfall, bis einem zumute ist, als warte man nicht darauf, eine Sorge verschwinden zu sehen, sondern als sei man eher ungewollter Zeuge einer Hinrichtung, der Zersetzung der eigenen Persönlichkeit …

Sofern nicht Wahnsinn, Drogen oder Alkohol ins Spiel kommen, endet diese Phase irgendwann und wird von einer dumpfen Ruhe abgelöst. In diesem Zustand kann man zu erwägen versuchen, was weggeschnitten und was übrig gelassen wurde. Erst als ich diese Ruhe erfuhr, wurde mir klar, dass ich bereits zwei vergleichbare Erfahrungen durchgemacht hatte.

Das erste Mal war vor zwanzig Jahren gewesen, als ich Princeton im ersten Jahr mit einem als Malaria diagnostizierten Leiden verlassen musste. Eine Röntgenaufnahme, die ein Dutzend Jahre später gemacht wurde, enthüllte, dass es sich um Tuberkulose gehandelt hatte; ich war nur leicht erkrankt und konnte nach ein paar Monaten Erholung wieder das College besuchen. Aber ich hatte verschiedene Aufgaben verloren, vor allem den Vorsitz des Triangle Club und die Leitung eines Musicals, und ich wurde ein Jahr zurückversetzt. Die Collegezeit konnte für mich nie wieder sein, was sie gewesen war. Keine Auszeichnungen, keine Medaillen. Eines Märznachmittags war mir, als hätte ich alles verloren, was ich mir gewünscht hatte – und am Abend dieses Tages erhaschte ich zum ersten Mal den Schatten des Weiblichen, neben dem eine Zeitlang alles andere bedeutungslos erschien.

Jahre später begriff ich, dass mein Scheitern als große Nummer am College mir letzten Endes genützt hatte: Statt in Ausschüssen zu sitzen, begeisterte ich mich für englische Dichtung, und als ich zu ahnen begann, was es damit auf sich hatte, machte ich mich daran, das Schreiben zu lernen. Nach Shaws Devise, dass man gut beraten ist, zu mögen, was man bekommt, wenn man nicht bekommen kann, was man mag, hatte ich Glück im Unglück gehabt, doch damals war es für mich eine harte und bittere Erkenntnis, dass es mit meiner Karriere als Leitfigur für andere vorbei war.

Seit jenem Tag bin ich außerstande, einen unfähigen

Hausangestellten zu feuern; ich staune über Leute, die es können, und bin von ihnen beeindruckt. Ein urtümlicher Wunsch, andere zu beherrschen, war gebrochen und vergangen. Das Leben um mich herum war ein ernster Traum, und ich lebte von den Briefen, die ich einem Mädchen in einer anderen Stadt schrieb. Von solchen Schlägen erholt man sich nicht – man wird ein anderer, und irgendwann findet die neue Person neue Dinge, die ihr am Herzen liegen.

Das zweite Erlebnis, das meiner gegenwärtigen Lage entspricht, ereignete sich nach dem Krieg, als ich mir abermals zu viel zugemutet hatte. Es war eine jener Liebesgeschichten mit tragischem Ausgang infolge von Geldmangel, und eines schönen Tages beendete das Mädchen aus reiner Vernunft die Affäre. Einen langen verzweifelten Sommer verbrachte ich damit, statt Briefen einen Roman zu schreiben, so dass es doch noch gut ausging, doch der Mensch, für den es gut ausging, war ein ganz anderer. Der Mann mit dem klingelnden Kleingeld in der Tasche, der im Jahr darauf das Mädchen heiratete, beäugte die Wohlhabenden sein Leben lang mit unstillbarem Misstrauen und Widerwillen – nicht mit der Überzeugung eines Revolutionärs, sondern mit dem Ressentiment des Bauern. In jener Zeit begann ich mich zu fragen, woher meine Freunde ihr Geld hatten, und mich davor zu fürchten, dass plötzlich ein *droit de seigneur* in Kraft treten und einem von ihnen mein Mädchen geben könnte.

Sechzehn Jahre lang lebte ich weitgehend das Leben dieses anderen, ich misstraute den Reichen und arbeitete gleichzeitig für Geld, um an ihrer Mobilität und an der

Eleganz teilzuhaben, mit der manche von ihnen ihr Leben führten. In dieser Zeit wurde mir eine ganze Menge der üblichen Pferde unter dem Hintern weggeschossen; an einzelne Namen kann ich mich noch erinnern – *Verletzter Stolz, Enttäuschte Erwartungen, Treulos, Angeber, Harter Schlag, Nie Wieder.* Und nach einiger Zeit war ich nicht mehr fünfundzwanzig und dann nicht einmal mehr fünfunddreißig, und nichts war mehr wie früher. Doch in all den Jahren gab es keinen Moment der Entmutigung, an den ich mich erinnern könnte. Ich habe erlebt, wie anständige Menschen in Schwermut verfielen und mit dem Selbstmord liebäugelten – manche gaben sich auf und starben; andere passten sich an und wurden erfolgreicher als ich; doch wenn ich mich blamierte, sank mein Lebensmut nie unter den Pegelstand, bei dem der Selbstekel einsetzt. Schwierigkeiten sind nicht notwendig mit Entmutigung verbunden – die Entmutigung hat ihren eigenen Ursprung und unterscheidet sich von Schwierigkeiten nicht weniger als Arthritis von Gelenksteife.

Als im vergangenen Frühjahr ein neuer Himmel die Sonne verfinsterte, brachte ich das zuerst nicht mit dem in Zusammenhang, was vor fünfzehn oder zwanzig Jahren passiert war. Erst allmählich kam eine gewisse Verwandtschaft zum Vorschein – ich hatte mir zu viel zugemutet, hatte die Kerze an beiden Enden abgebrannt, hatte körperliche Ressourcen ausgebeutet, die ich gar nicht besaß, wie jemand, der sein Bankkonto überzieht. Die Auswirkung dieses Schlags war heftiger als die seiner Vorgänger, aber ähnlich: ein Gefühl, als stünde ich in der Dämmerung auf einem einsamen Schießstand mit einem leeren Gewehr in der Hand und ohne Zielscheibe. Kein Problem weit und breit, nur Stille, in der das einzige Geräusch der eigene Atem war.

Diese Stille sprach von einem gewaltigen Desinteresse an jeglicher Verpflichtung, einem Entweichen all meiner Wertvorstellungen. Leidenschaftlicher Glaube an die Ordnung, eine gewisse Verantwortungslosigkeit nebst einer Vorliebe für Ahnungen und Prophezeiungen, die Gewissheit, dass Können und Fleiß in jedem Universum Bestand hätten: Diese und andere Überzeugungen lösten sich eine nach der anderen in Luft auf. Ich erkannte, dass der Roman, der auf dem Höhepunkt meiner Entwicklung das stärkste und gelenkigste Medium war, um Gedanken und Gefühle von einem Menschen zum anderen zu übermitteln, inzwischen einer mechanischen und plebejischen Kunst untergeordnet wurde, die nur die plattesten Gedanken und plakativsten Emotionen wiederzugeben vermochte, unabhängig davon, ob sie von Geschäftsleuten aus Hollywood oder von russischen Idealisten ausgeübt wurde. In dieser Kunst waren die Wörter den Bildern untergeordnet, und die Individualität war in den unvermeidlich niedrigeren Gang der Zusammenarbeit hinuntergeschaltet. Schon 1930 ahnte ich, dass neben dem Tonfilm sogar der erfolgreichste Romancier bald so archaisch wirken würde wie der Stummfilm. Die Leute lasen noch immer, selbst wenn es nur das von Professor Canby empfohlene Buch des Monats war, neugierige Kinder blätterten im Drugstore in den Schlüpfrigkeiten eines Mr. Tiffany Thayer – aber bestehen blieb die nagende Schmach, die für mich fast zu einer Obsession geworden war, mit ansehen zu müssen, dass die Macht des geschriebenen Wortes einer anderen, schillernderen, grobschlächtigeren Macht untergeordnet worden war…

Das halte ich fest als Beispiel dessen, was mich in den langen Nächten heimsuchte; es war etwas, was ich nicht hinnehmen und wogegen ich mich nicht wehren konnte, etwas, was meine Anstrengungen zwangsläufig ersticken musste, so wie die Ladenketten den kleinen Einzelhändler geschwächt haben, eine Kraft von außen, unbesiegbar –

(Jetzt kommt es mir vor, als hielte ich einen Vortrag und sähe auf die Uhr auf dem Pult vor mir, um zu wissen, wie viele Minuten mir noch bleiben.)

Nun gut, als ich diese Phase des Verstummens erreicht hatte, sah ich mich zu einer Maßnahme genötigt, die niemand freiwillig auf sich nimmt: Ich war gezwungen zu denken. Du lieber Himmel, wie schwierig das war! Wie das Herumschieben großer Schrankkoffer. Bei der ersten Pause fragte ich mich erschöpft, ob ich mich schon jemals mit Denken abgegeben hatte. Nach einer langen Weile gelangte ich zu folgenden Schlussfolgerungen:

1. Dass ich bislang sehr wenig gedacht hatte, soweit es nicht um Fragen meines Handwerks ging. Zwanzig Jahre lang war ein bestimmter Mensch mein intellektuelles Gewissen gewesen. Dieser Mensch war Edmund Wilson.

2. Dass ein weiterer Mensch meine Vorstellung von einem »guten Leben« verkörperte, obwohl ich ihn nur alle zehn Jahre sah und er in der Zwischenzeit vor die Hunde gegangen sein mochte, und zwar ein Pelzhänd-

ler im Nordwesten, der seinen Namen in diesem Zusammenhang nicht gerne lesen würde. Aber in schwierigen Situationen habe ich oft versucht, mir vorzustellen, was er wohl gedacht und wie er wohl gehandelt hätte.

3. Dass ein dritter Zeitgenosse eine Art künstlerisches Gewissen für mich gewesen war – ich hatte seinen ansteckenden Stil nicht nachgeahmt, weil mein eigener Stil im Guten wie im Schlechten fertig ausgebildet war, bevor ich etwas von ihm gelesen hatte, doch wenn ich nicht mehr weiterwusste, wirkte er wie ein Magnet.

4. Dass ein vierter Mann es übernommen hatte, meine Beziehungen zu anderen Leuten zu lenken, wenn diese Beziehungen fruchtbar waren – was zu tun, was zu sagen war, wie man andere wenigstens für einen Augenblick glücklich machen konnte (im Gegensatz zu Mrs. Posts Theorien, wie man mit systematisch vulgärem Benehmen jedermann ein Größtmaß an Unbehagen verschaffen kann). Das hat mich immer verwirrt und hat in mir den Wunsch geweckt, mich schnell irgendwo zu betrinken, doch dieser Mann kannte die Spielregeln, hatte sie analysiert und war Sieger geblieben, und auf ihn war Verlass.

5. Dass ich in den letzten zehn Jahren kein nennenswertes politisches Gewissen besessen hatte, das über eine gewisse Ironie in meinem eigenen Kram hinausging. Als ich mir wieder Gedanken über das System zu machen begann, in das ich eingespannt war, rüttelte mich ein wesentlich jüngerer Mann mit einer Mischung aus Leidenschaft und frischem Wind auf.

Es gab also kein »Ich« mehr, keine Grundlage für irgendwelche Selbstachtung, abgesehen von meiner unbegrenzten Fähigkeit zum Schuften, die ich offenbar eingebüßt hatte. Es war eigenartig, keine eigene Persönlichkeit mehr zu besitzen – sich vorzukommen wie ein kleiner Junge allein in einem großen Haus, der weiß, dass er nun tun und lassen kann, was er will, und feststellen muss, dass es nichts gibt, was er gerne tun würde –

(Die Uhr zeigt an, dass die Stunde vorbei ist, und ich habe noch nicht einmal meine These vorgetragen. Ich bin mir nicht sicher, dass die Sache auf breites Interesse stößt, aber falls jemand mehr hören will, ist genug Stoff vorhanden, wie der Herausgeber dieser Zeitschrift bestätigen kann. Falls Sie genug haben, sagen Sie es ruhig – aber bitte nicht zu laut, denn ich habe das Gefühl, dass irgendjemand, wer, weiß ich nicht genau, tief und fest schläft, jemand, der mir hätte helfen können, meinen Laden am Laufen zu halten. Lenin ist es nicht und Gott auch nicht.)

Vorsicht, zerbrechlich

Ich habe an anderer Stelle berichtet, wie ein ausnehmend optimistischer junger Mann den Zusammenbruch all seiner Werte erfuhr, einen Zusammenbruch, der ihm erst bewusst wurde, als er sich schon längst ereignet hatte. Ich habe von der darauf folgenden Trostlosigkeit berichtet und von der Erfordernis, weiterzuleben, wenn auch ohne Ermutigung durch heroische Verse à la Henleys »das Haupt voll Blut, doch ungebeugt«, denn die Überprüfung meiner geistig-seelischen Verbindlichkeiten ergab, dass ich kein nennenswertes Haupt besaß, gebeugt oder ungebeugt. In früheren Zeiten hatte ich ein Herz gehabt, aber das war auch schon fast alles.

Dies war jedoch zumindest ein Anknüpfungspunkt, um aus dem Morast hinauszugelangen, in dem ich zappelte: »Ich fühlte, also war ich.« Irgendwann einmal hatten sich alle möglichen Leute auf mich verlassen, waren gekommen oder hatten mir geschrieben, um meinen Rat zu suchen, und hatten diesem Rat und meiner Einstellung zum Leben einfach vertraut. Der fadeste Platitudenklopfer und der skrupelloseste Rasputin müssen irgendeine individuelle Persönlichkeit aufweisen, wenn sie die Geschicke so vieler beeinflussen können, und deshalb stellte sich die Frage, warum und wann ich mich verändert hatte, wo die lecke Stelle war, aus der, ohne dass ich es merkte, mein Enthusiasmus und meine Vitalität so unaufhaltsam und vorzeitig versickert waren.

Eines qualvollen und verzweifelten Abends packte ich meine Aktentasche und fuhr tausend Meilen weit weg, um darüber nachzudenken. Ich mietete ein billiges Zimmer in einer stupiden Kleinstadt, in der ich niemanden kannte, und gab alles Geld, das ich mit mir führte, für einen Vorrat von Dosenfleisch, Crackern und Äpfeln aus. Aber glauben Sie bloß nicht, der Wechsel von einer ziemlich vollgestopften Welt zu verhältnismäßiger Askese hätte die Größe einer *Research Magnificent* à la H. G. Wells gehabt – ich suchte nur völlige Ruhe, um herauszufinden, warum ich eine traurige Haltung zum Traurigsein entwickelt hatte, eine melancholische Haltung zur Melancholie und eine tragische Haltung zum Tragischen, kurzum: *warum ich mit dem Gegenstand meines Abscheus oder Mitleids eins geworden war.*

Klingt das nach einer noblen Auszeichnung? Das ist es nicht: Diese Art des Sich-Identifizierens ist der Tod jeder Leistung, nicht unähnlich dem, was Geistesgestörte daran hindert zu arbeiten. Lenin hat sich ebenso wenig freiwillig den Leiden seines Proletariats unterzogen wie Washington denen seiner Soldaten oder Dickens denen seiner Londoner Armen. Und als Tolstoi versucht hat, sich dem Gegenstand seiner Aufmerksamkeit anzuverwandeln, war es nur Mummenschanz und ein Schlag ins Wasser. Ich nenne diese Männer, weil sie uns allen am bekanntesten sind.

Es war ein gefährlicher Nebel. Als Wordsworth befand,

dass »ein Glanz der Erde entschwunden« sei, fühlte er keinen Drang, mit dem Glanz zu entschwinden, und der feurige Funke Keats gab nie den Kampf gegen die Schwindsucht auf oder die Hoffnung, zu den großen englischen Dichtern zu zählen, selbst als er in den letzten Zügen lag.

Meine Selbstopferung war eine finstere und trübe Sache. Sie war ganz eindeutig nicht modern, obwohl ich das Phänomen auch bei anderen beobachtet habe, bei einem Dutzend ehrenhafter und arbeitsamer Männer nach dem Krieg. (Ja, ich weiß, aber das wäre zu einfach – unter ihnen waren sehr wohl Marxisten.) Ich hatte zugesehen, wie ein berühmter Zeitgenosse ein halbes Jahr lang mit der Vorstellung spielte, mit allem Schluss zu machen; ich hatte miterlebt, wie ein anderer, der ähnliches Ansehen genoss, Monate in einer Nervenheilanstalt verbrachte und keinen Kontakt mit seinen Mitmenschen ertrug. Und ich könnte ein Dutzend Männer aufzählen, die aufgegeben hatten und gestorben waren.

Das führte mich zu der Überlegung, dass diejenigen, die überlebt hatten, eine einschneidende Zäsur vorgenommen haben mussten. »Zäsur« ist ein gewichtiges Wort und bezeichnet etwas Gewichtigeres als einen Gefängnisausbruch, der einen wahrscheinlich in ein neues Gefängnis bringt oder in das alte zurückbefördert. Die berühmte »Flucht aus dem Alltag«, bei der man »alles hinter sich lässt«, ist ein Ausflug in eine Falle, selbst wenn die Falle die Südsee einschließt, die nur etwas für jene ist, die sie malen oder dort segeln wollen. Eine Zäsur ist etwas, was keine Rückkehr erlaubt, was sich nicht rückgängig machen lässt, weil es die Vergangenheit auslöscht. Wenn ich den Verpflichtungen, die das Leben mir auferlegt hatte, nicht mehr nachkommen konnte, warum sollte ich dann nicht die leere Hülle zerschlagen, die vier Jahre lang so getan hatte, als ob? Ich musste Schriftsteller bleiben, denn das war die einzige Existenzform, die mir möglich war, doch ich würde nicht mehr versuchen, ein Mensch zu sein, freundlich, gerecht oder großzügig zu sein. Es war genug Falschgeld in Umlauf, das anstelle dieser echten Währung durchgehen konnte, und ich wusste, wo ich es billig bekommen konnte. Im Lauf von neununddreißig Jahren lernt der aufmerksame Mensch erkennen, wo die Milch mit Wasser verdünnt und der Zucker mit Sand versetzt ist, wo Rheinkiesel als Diamanten und Stuck als Stein ausgegeben werden. Ich würde nichts mehr von mir preisgeben, denn alles Geben wäre ab sofort mit einem neuen Namen gebrandmarkt, der da lautet: »Vergeudung«.

Der Entschluss stimmte mich fast übermütig, wie alles, was sowohl echt als auch neu ist. Gewissermaßen zum Einstand wartete zu Hause ein ganzer Stapel Briefe darauf, in den Papierkorb geworfen zu werden, Briefe, deren Verfassern ich einen Gefallen tun sollte – das Manuskript des einen lesen, das Gedicht des anderen verhökern, ohne Manuskript im Rundfunk sprechen, Einführungsworte verfassen, ein Interview geben, bei der Handlung dieses Theaterstücks und bei jenen Familienproblemen helfen, diese oder jene Tat der Menschlichkeit oder Barmherzigkeit üben.

Der Zylinder des Zauberers war leer. Lange war es ein Taschenspielertrick gewesen, Dinge daraus hervorzuzaubern, doch nun (um das Bild zu wechseln) hatte ich mich für alle Zeiten von der Geberseite der Wohlfahrt verabschiedet.

Das rauschhafte schurkische Gefühl hielt an.

Ich kam mir vor wie jene Pendler mit ihren kleinen glänzenden Augen, die ich vor fünfzehn Jahren im Zug von Great Neck zur Arbeit fahren sah, Männer, die sich nicht darum scherten, ob die Welt am nächsten Tag unterging, solange ihre Häuser verschont blieben. Nun war ich einer von ihnen, einer von den Schlaumeiern, die sagen: »Tut mir leid, aber dafür habe ich keine Zeit.« Oder: »Das hätten Sie sich überlegen müssen, bevor Sie sich in diesen Schlamassel begeben haben.« Oder: »Da kann ich Ihnen leider nicht helfen.«

Und ein Lächeln – oh, ein Lächeln würde ich mir zulegen. An diesem Lächeln arbeite ich noch. Es enthält wenn möglich die besten Eigenschaften eines Hoteliers ebenso wie die eines gewieften alten Gesellschaftstiers, eines Internatsleiters am Besuchstag, eines farbigen Liftboys, eines Schwulen, der eine Pose ausprobiert, eines Produzenten, der seinen Stoff für den halben Marktwert bekommt, einer Krankenschwester, die eine neue Stelle antritt, einer Verkäuferin körperlicher Reize auf ihrem ersten Hochglanzfoto, eines hoffnungsfrohen Komparsen, der sich unverhofft in Kameranähe sieht, einer Balletttänzerin mit entzündeter Zehe und – selbstverständlich – die unwiderstehliche Ausstrahlung ausgesuchter Freundlichkeit, die von Washington bis Beverly Hills all jene kennzeichnet, die für ihren Lebensunterhalt darauf angewiesen sind, ihre Visage zu verzerren.

Und die Stimme – daran arbeite ich mit einem Lehrer. Wenn ich sie perfektioniert habe, wird dem Kehlkopf keine Überzeugung anzumerken sein außer der Überzeugung meines jeweiligen Gegenübers. Da sie hauptsächlich das Wort »Ja« äußern muss, richten mein Lehrer (ein Anwalt) und ich unser Augenmerk darauf, allerdings in Sonderstunden. Ich lerne auch, ihr die höfliche Härte zu verleihen, die dem anderen bedeutet, dass er mehr als unwillkommen ist und einer unablässigen und vernichtenden Analyse unterzogen wird. Da hat das Lächeln natürlich nichts zu suchen. Das kommt ausschließlich bei denjenigen zum Einsatz, von denen ich nichts zu erwarten habe, alte, abgearbeitete Menschen und junge Leute, die es nicht leicht haben. Ihnen kann das nichts ausmachen – du lieber Himmel, so werden sie doch immer behandelt.

Aber genug. Keine leichtfertigen Scherze mit diesem Gegenstand. Sollten Sie jung sein und mir schreiben, dass Sie mich besuchen und von mir lernen wollen, wie man ein trübseliger Literat wird, der Artikel über den Zustand emotionaler Erschöpfung schreibt, die Schriftsteller auf dem Höhepunkt ihres Schaffens ereilen kann – falls Sie jung und dumm genug sein sollten, das zu tun, würde ich Ihren Brief nicht einmal zur Kenntnis nehmen, es sei denn, Sie wären mit einer ausgesprochen reichen und wichtigen Persönlichkeit verwandt. Und wenn Sie vor meinem Fenster Hungers stürben, würde ich schnell hinaustreten und Ihnen die Stimme und das Lächeln schenken (allerdings ohne Ihnen die Hand zu geben) und in der Nähe bleiben, bis jemand anderes das Kleingeld für die Telefonzelle aufgetrieben hätte, um einen Krankenwagen zu rufen – vorausgesetzt, ich wäre der Ansicht, den Zwischenfall verwerten zu können.

Zu guter Letzt bin ich ein reiner Schriftsteller geworden. Der Mann, der zu sein ich so beharrlich versucht hatte, war zu einer solchen Last geworden, dass ich ihm »den Laufpass gegeben« hatte, ohne mehr Gewissensbisse als eine Negerdame, die am Samstagabend einem lästigen Zeitgenossen den Laufpass gibt. Das Gutsein überlasse ich den guten Menschen – den überarbeiteten Ärzten, die in den Steigbügeln sterben und eine Woche »Urlaub« im Jahr haben, die sie darauf verwenden können, ihre Familienprobleme zu lösen, den arbeitslosen Ärzten, die sich für jeden Fall abstrampeln müssen, der ihnen einen Dollar Behandlungshonorar einbringt, und den Soldaten, die sich totschießen lassen, damit sie umgehend in ihr Walhall eingehen können. Das ist ihr Pakt mit den Göttern. Ein Schriftsteller braucht solche Ideale nicht, es sei denn, er stellt sie selbst für sich auf, und für mich kommt das nicht mehr in Frage. Der alte Traum davon, ein ganzer Mensch in der Goethe-Byron-Shaw-Tradition zu sein, versehen mit einem kräftigen amerikanischen Einschlag – eine Mischung aus J. P. Morgan, Topham Beauclerk und Franziskus von Assisi –, ist auf dem Müllhaufen gelandet, bei den Schulterpolstern, die einen Tag lang beim Erstsemesterfootball in Princeton getragen wurden, und bei der Überseemütze, die nie in Übersee zum Einsatz kam.

Und was folgt daraus? Inzwischen denke ich Folgendes: dass der naturgegebene Zustand des fühlenden Erwachsenen gemäßigtes Elend ist. Und ich denke, dass der Wunsch eines Erwachsenen, zartbesaiteter zu sein als andere, sein »unermüdliches Streben« (wie es die ausdrücken, die davon leben, es so auszudrücken), letzten Endes nur zu seinem Elend beiträgt – genauso unausweichlich, wie unsere Jugend und Hoffnung enden. Mein eigenes einstiges Glücksgefühl war oft so überschwenglich, dass ich es nicht einmal mit dem mir teuersten Menschen teilen konnte, sondern es auf abgelegenen Straßen und Wegen ablaufen musste, bis nur Fragmente übrig waren, die ich zu Zeilen in Büchern verdichten konnte – und mir scheint, dass dieses Glück oder Talent zur Selbsttäuschung, oder nennen Sie es, wie Sie wollen, eine Ausnahme war. Es war nicht das Übliche, sondern das Unübliche, so unüblich wie die Börsenhausse, und meine Erfahrungen in letzter Zeit entsprechen der Welle der Verzweiflung, die über das Land hereinbrach, als die Hausse vorbei war.

Ich werde mich mit der neuen Sachlage abfinden und damit leben, auch wenn es einige Monate gedauert hat, sie anzuerkennen. Und wie der frohgemute Stoizismus, mit dem der amerikanische Neger seine unerträglichen Lebensbedingungen zu ertragen vermochte, ihn seinen Wahrheitssinn gekostet hat, so muss auch in meinem Fall ein Preis entrichtet werden. Ich kann den Briefträger nicht mehr leiden und auch nicht den Krämer, meinen Herausgeber oder den Ehemann meiner Cousine, und sie werden mich bald auch nicht mehr leiden können; das Leben wird entsprechend freudloser sein, und das Schild *Cave Canem* hängt Tag und Nacht über meiner Tür. Dennoch will ich mich bemühen, ein gewissenhafter Wachhund zu sein, und wenn Sie mir einen Knochen mit genug Fleisch daran zuwerfen, lecke ich Ihnen vielleicht sogar die Hand.

Auktion im Stil von 1934

Natürlich haben wir unsere Freunde gefragt, was sie davon hielten, und sie haben gesagt, es sei ein vollkommenes Haus – obwohl nicht einmal der kalifornische Bordeaux sie zu dem Eingeständnis bewegen konnte, sie hätten gern dort gewohnt. Wir hatten uns die Sache so vorgestellt, dass wir dort bleiben würden, bis die Bettlaken zerschlissen wären und die Matratzenfedern aussähen wie das Innere kaputter Uhren: dann müssten wir nie mehr packen; der Zahn der Zeit hätte uns davon befreit. Wir könnten wieder mit einem Koffer reisen, ohne durch Rechnungen von Möbellagern belästigt zu werden. Also suchten wir unsere Siebensachen zusammen – alles, was von fünfzehn Jahren Kaufrausch geblieben war, bis auf ein paar verschossene Sonnenschirme, die wir vor fünf Jahren im American-Express-Büro in Cannes zurückgelassen hatten. Es hätte überaus erbaulich sein sollen, endlich nur die Dinge um uns zu haben, an denen uns wirklich gelegen war, und vielleicht würde uns das neue Zuhause so gut gefallen, dass wir nie wieder umziehen, sondern nur noch im Schatten der Glyzinien sitzen und den Rhododendren beim Dahinwelken unter der Juni-, Juli- und Augusthitze zusehen würden sowie dem Trara des Hartriegels über den Hügeln.

Dann öffneten wir die Umzugskisten.

Los 1. Die erste Kiste ist länglich, riesengroß und hat in etwa die passende Form, um riesengroße Familiengemälde zu enthalten – sie birgt einen Spiegel, den wir vor Jahren gekauft haben, um zu Hause Ballettübungen zu machen. Früher hat er einmal die Wände eines Bordells geziert. Irgendwelche Gebote? Nein! Ab in das Kämmerchen auf dem Speicher.

Los 2. Eine kleinere Kiste von ähnlicher Form mit fünfzig Fotografien von uns und dito Zeichnungen von der Hand verschiedener Künstler sowie Bildern der Häuser, in denen wir und unsere Tanten und Onkel gewohnt haben, und von den Orten, an denen sie geboren und gestorben sind. Auf manchen der Bilder spielen wir Golf oder schwimmen oder posieren mit anderer Leute Haustiere oder stemmen geborgte Surfbretter in die Gischt einstiger Sommer. Es gibt auch viele eindrucksvolle Fotografien von alten und hochgeschätzten Freunden, deren Namen wir vergessen haben. Diese Gesichter waren uns seinerzeit lieb und teuer, und nun sind uns diese Zeiten lieb und teuer, obwohl es kaum vorstellbar ist, warum um alles in der Welt wir ein so gestelltes Porträt von Mae Murray hätten erbitten sollen. Das muss an jenem Sommertag in Paris gewesen sein, als wir den Kindern zusahen, wie sie die Sonne die Wege im Jardin des Plantes entlangrollten – vielleicht haben wir am späten Nachmittag dieses Tages nach dem Foto gefragt. Und ein Foto von Pascin, den wir an einem im Kies wackelnden Tisch kennenlernten, wo er elegante Damen beobachtete, die um den Rond Point wandelten, ihre Aufmerksamkeit den kreatürlichen Bedürfnissen von Pekinesen gewidmet – und Pascin war bereits von Tragik umschattet und einem so übermächtigen Verhängnis ausgeliefert, dass er sich die Nonchalance, die seinen düsteren Charme ausmachte, erlauben konnte. Möchte jemand bieten? Nein? In das Speicherkämmerchen, Essie.

Los 3. Eine pornographische Statuette, vor zwölf Jahren unter großen Schwierigkeiten in Florenz erstanden. »Un etatu *salle* – nein, nicht salle, sondern *salle*.« Leicht beschädigt – möchte jemand bieten? Schon recht, Essie, nehmen Sie das gleich mit, wenn Sie hinaufgehen. Irgendwie schade nach all dem anzüglichen Gestikulieren, das erforderlich war, um sie zu bekommen.

Los 4. Zwei Bronzebüsten von Shakespeare und Galilei, mit denen die Familie uns an dauerhaften Wohnsitzen zu verankern gehofft hatte. Durch Gebrauch im Kamin leicht abgenutzt, als Kaminböcke allerdings ungeeignet. Irgendwelche Gebote …? Schon recht, Essie.

Los 5. Ein Fass. Inhalt kostet in etwa tausend Dollar in Boomzeit-Währung. Angeschlagenes Teegeschirr aus Fayence, das die Reise nach Venedig wert war – es wäre so schade gewesen, auf dem vollgestopften Basar, unter dem Schattengefieder der weißen Platanen, nichts zu kaufen. Wir wussten nicht, was wir trinken wollten; die weiße gespenstische Landschaft war heiß; die Hügel rochen nach Jasmin und nach den erhitzten Rücken der Straßenarbeiter.

Zwei gläserne Automobile, Salz- und Pfefferstreuer, entwendet aus dem Café in Saint-Paul (Alpes Maritimes). Niemand sah hin, weil Isadora Duncan gerade am Nachbartisch eine ihrer letzten Partys veranstaltete. Sie war zu alt und zu dick, um sich darum zu scheren, ob die anderen ihre Gedanken über das Leben und die Kunst teilten oder nicht, und mit lauwarmem Champagner trank sie tapfer auf die Vergesslichkeit der Welt. Dorfhunde heulten einen unvollständigen blassweißen Augustmond an, und lange schwarze Schatten falteten sich wie ein Akkordeonbalg über die Stufen der steilen Straßen von Saint-Paul. Wir schrieben uns ins Gästebuch ein.

Zweiundfünfzig Aschenbecher – alle sehr schlicht, weil Hergesheimer uns vor Angeberei gewarnt hat, wenn man ein Haus einrichtet, ohne Geld zu haben. Ein Satz Cocktailgläser, von denen die Hähne inzwischen abgewaschen sind. Carl Van Vechten hat uns einen dazu passenden Cocktailshaker mitgebracht, aber niemand hatte den Brief gelesen, in dem er sein Kommen ankündigte – niemand wusste, wo die Post aufbewahrt wurde, es gab so viele Zimmer, zwanzig oder einundzwanzig. Zwei merkwürdige Vasen, die wir auf dem Jahrmarkt gewonnen haben. Der Wahrsager kam mit uns nach Hause und trank zu viel und wiederholte immer wieder eine Strophe von Vachel Lindsay, um das Hausgespenst zu vertreiben. Porzellan, Porzellan, Porzellan, Viererset, Fünferset, Neunerset, Dreizehnerset. Irgendwelche Gebote? Gott sei Dank! In die Küche, Essie.

Los 6. Kariertes Schultertuch, gespendet von Carmel Myers. Leicht abgenutzt nach langem Gebrauch als Tischtuch und als Verpackung für porzellanene Sparschweine und -hunde mit den Pennies aus den Taschen der Mäntel vom Vorjahr. Früher einmal ein *wunder*schönes Stück aus

Wien voller Erinnerungen an Carmel in Rom bei den Dreharbeiten zu *Ben Hur* mit Arenen aus Pappmaché, die größer und großartiger waren als ihre Originale. Ein Gong. Keine Ahnung, wofür er gedacht war oder warum wir ihn gekauft haben. Schlegel fehlt. Sieht aber aus wie eine chinesische Pagode und vermittelt den Eindruck der Weitgereistheit. Messingteile: wackelige Kerzenhalter mit Glöckchen im Fuß, die klingeln, wenn man sich damit bewegt à la Beatrix Esmond oder Lady Macbeth. Zwei phallische Symbole, von einem Archäologen erstanden. Ein deutscher Helm, Ausbeute der Schützengräben von Verdun. Ein Schachspiel. Wir spielten jeden Abend Schach, bis wir über die geistigen Fähigkeiten des jeweils anderen in Streit gerieten. Zwei Porzellanpriester aus Vevey. Sie sind mit Federn versehen und wiegen ihre Köpfe lüstern über Weinflaschen und Proviantkörben. Ziemlich viel zerbrochenes Glas und Geschirr, genau richtig, um auf Mauern angebracht zu werden. Schon gut, Essie. Gehen Sie nur – oben ist jede Menge Platz, wenn man es richtig angeht.

Los 7. Inhalt eines alten Militärkoffers. Niemand hat je erklären können, wohin Mottenkugeln verschwinden; Motten gedeihen am besten auf unersetzlichen Dingen wie alten Armeeuniformen. Außerdem gab es eine weiße Flanellhose, die mit dem ersten Geld gekauft wurde, das die Schriftstellerei einbrachte – dreißig Dollar von Menckens und Nathans altem *Smart Set*. Die Motten hatten sich auch über einen blauen Federfächer hergemacht, der mit dem Geld für eine erste Geschichte in der *Saturday Evening Post* erworben worden war; er war ein Verlobungsgeschenk – zusammen mit dem ersten Ansteckstrauß aus Orchideen für dieses junge Mädchen. Die Reste des Fächers stehen nicht zum Verkauf. Schon recht, Essie.

Los 8. Die erste Gummipuppe der Tochter, Rücken und Bauch zusammengeklebt und zu schmuddelig, als dass man sie für die Enkel aufbewahren wollte. Beißringe in gutem Zustand – ungebraucht. Bietet jemand? Bitte!!

Los 9. Skihosen. Erinnern den bankrotten Reisenden unfehlbar an blaue schneebedeckte Hänge hoch oben im Schweizer Jura, an gargantueske Käsegerichte, serviert von Kuhhirten in geblümten Samtwesten, an Glocken und an den Geruch von Kaffee, der über die Clubs in den schneeigen Bergen davonweht, an Jodler und an melancholische Töne, aus langen Hörnern geblasen, an geschmolzenen Schnee, den man von den Dächern abgeschiedener Hütten trank – all diese Dinge sind tief in den Taschen dieser Hose verstaut, nebst nichtssagenden Zügen in zornigroten Wintermorgendämmerungen voll aufgehäufter Skier und dem Einwickelpapier von Peters Schokolade. Irgendwelche Gebote? He, Essie!

Los 10. Badehosen aus Baumwolle, in denen noch die blendende Mittelmeerhitze steckt, im Seemannsviertel von Cannes gekauft. Eignen sich vorzüglich zum Staubwischen, haben an einem amerikanischen Strand aber nichts zu suchen. Dienen zurzeit zum Einwickeln des Arsenals, einer Zweiundzwanziger, die losgeht, wenn man lange genug hinsieht, eines Kavalleriekarabiners, in den die Worte »Seven Pines«, der Name eines Onkels und einige verdächtig aussehende Kerben eingraviert sind, und einer Polizei-Achtunddreißiger. Alles in allem wollen wir das Arsenal behalten und würden es gerne mit einer wohlfeilen alten Maschinenpistole vervollständigen. Schnell weg damit.

Los 11. Wieder ein Fass voller Deckel, Deckel von Zuckerdosen und verschwundenen Senftöpfen, Deckel in reizenden Farben, deren Gefäße sicher hübsch aussahen. Nehmen wir zum Beispiel diesen rosengeschmückten Deckel für Potpourri: ein Potpourri. Oder den Deckel der zierlichen Tiffany-Schokoladenkanne, die unser erstes Hochzeitsgeschenk war. Das Service stand während unserer ganzen Flitterwochen neben einer verwelkenden weißen Lilie auf einem Toilettentisch im Biltmore. An regnerischen Nachmittagen lehnten wir auf der Fenstereinfassung aus Backstein und lauschten der Musik von *The Night Boat*, deren wehmütige Klänge von einer Mauer des Hotels zur anderen pendelten. Bietet jemand? Gewiss doch dieser Gentleman – schon recht. Essie, auf den Abfallhaufen.

Los 12. Ein echtes Jean-Patou-Kostüm. Es war das erste Kleidungsstück, das nach der Hochzeitszeremonie erstanden wurde, und auch hier haben die Motten den Wollstoff am Hinterteil des Rocks asymmetrisch zerfressen. Fünfzehn Jahre lang war das Kostüm in Koffern verstaut, weil wir grundsätzlich nichts wegwerfen, was wir noch nie benutzt haben. Wir sind froh – oh, so erleichtert, dass es endlich vernichtet ist. Sonnenlicht fiel in Wellen auf die Fifth Avenue, als wir es kauften, und es war ein sonderbares Gefühl zu erleben, dass Scott Fitzgerald auf Rechnung kaufen konnte. Zu dieser Zeit ging es darum, wie Justine Johnson auszusehen, was auch im Nachhinein keine schlechte Idee war. Die Käuferin war zwei Tage zuvor aus Alabama gekommen. Von dem Laden gingen wir zum Tee im Plaza Grill. Constance Bennett war noch ein Flapper, und sie hatte eine neue Art zu tanzen entwickelt, bei der sie den Kopf hin- und herpendeln ließ. Wir besuchten eine Aufführung von *Enter Madame*, und die Schauspieler waren verärgert, weil wir Plätze in der ersten Reihe hatten und anerkennend an den falschen Stellen lachten und uns über die eigenen Witze schier nicht mehr beruhigen konnten. Wir besuchten die Mitternachtsshow und stellten uns auf die Zehenspitzen, um Ziegfelds Taftpyramide zu sehen. Wir hielten den Mann für echt, der sich als Student verkleidet in die Show drängelte und sehr überzeugend hinausexpediert wurde. Jedenfalls seid bedankt, Motten – können Sie was damit anfangen, Essie?

Als Nächstes ein weißer Pullover, der tatsächlich unverzichtbar ist, obwohl die Vorderseite überall gestopft ist und die Rückseite zu diesem Zweck aufgeribbelt; er wurde beim Schreiben von drei Büchern getragen, wenn es nachts im Haus kalt wurde, nachdem die Heizung ausgegangen war. Fünfundsechzig Geschichten wurden durch seine ausgeleierten Maschen gepresst. Es hat zusammengenommen Jahre gekostet, ihn zu waschen – ihn und die englischen Wollsocken enormen Ausmaßes. Wir haben oft ernsthaft erwogen, neue Füße anstricken zu lassen, weil wir es nicht übers Herz brächten, sie wegzuwerfen. Wir erinnern uns an den Spätnachmittag auf der Bond Street, wo wir sie in Läden kauften, die sich vorwölbten wie Dickens' Stirn, und daran, dass wir uns beeilen mussten, weil es so lange gedauert hatte, den Half-Moon Crescent zu finden, der in Mackenzies *Sinister Street* vorkommt. Wegen dieser Socken haben wir uns verspätet, als wir mit Galsworthy zum Dinner verabredet waren, während die Dämmerung sich über der Themse violett und turnerhaft färbte. Diese Socken haben auf dem Parkett von Lady Randolph Churchills Stadthaus in London Falten geschlagen und haben in einem tristen Savoy-Hotel Walzer getanzt, von schwarzgekleideten Einundzwanzigjährigen beneidet, denn eine Menge Männer hatten vergessen, nach Hause zurückzukommen. Natürlich kann man mit solcher Wolle hervorragend Spiegel putzen – aber es lässt sich auch anderes erwägen. Steht nicht zum Verkauf. Wachen Sie auf, Essie!

Los 13. Zwölf Fotoalben, die uns verraten, was für wunderbare oder abscheuliche oder mittelmäßige Menschen wir waren. Eine seltene Gelegenheit. Wie bitte? Nein, nicht mal für den doppelten Preis. Vier Dollar, sagen Sie? Angenommen!

Los 14. Hier haben wir eine Kanne, eine wunderschöne schwarze Milchkanne – der Milchmann hat sie vor Jahren zurückgelassen, als es billiger war, Eiscreme zu Hause zu machen. Jedenfalls sah sie früher einmal sehr hübsch aus, als sie mit Kletterrosen gefüllt war, und heutigentags macht sie sich mit Calla auch nicht übel. Man käme nicht darauf, dass sie ursprünglich gar nicht für diesen Zweck bestimmt war. Für wie viele Partys haben wir Punsch darin gemacht, bevor wir die Schüsseln aus geschliffenem Glas erbten! Unseren ersten kalifornischen Traubensaft haben wir in einem ganz ähnlichen Gefäß vergären lassen. Diese Teller aus dem Ramschladen, die wir für die Küche gekauft hatten, haben sich gut auf dem Tisch gemacht in dem Sommer, in dem wir im Freien zu essen versuchten. In Amerika sind solche Unternehmungen zum Scheitern verurteilt, aber allein wegen der Erinnerung, wie glücklich uns schon die Vorstellung machte, mögen wir diese Teller. Nicht zu verkaufen.

Los 15. Reste eines Services, das Charlie Mac-Arthur bei Zielübungen auf dem Rasen von Ellerslie in Stücke geschossen hat, am selben Tag, an dem wir Ackergäule für Krocket-Polo bei einem Bauern ausliehen. Und ebenso diese Lalique-Schildkröte, die einst in einem Laden gegenüber von Vantines nestete, als es dieses Etablissement noch gab. Niemand kaufte sie, und der Preis wurde nicht hinuntergesetzt, bis sie zuletzt im Gedränge moderner Schaufensterdekoration einen Fuß verlor und *wir* sie kauften und ein Restaurator sie wieder zusammenfügte. In dieser Schildkröte standen die weißen Veilchen, als Ernest Hemingway uns zum ersten Mal besuchte; diese Schildkröte war das Versteck für so manche durchgebrannte Glühbirne von so manchem Weihnachtsbaum an den Feiertagen. Sie ist aus der Mode und nicht mehr wasserdicht, aber sie taugt für alte Schlüssel, die zu keinem Schloss mehr passen. Irgendwelche Gebote? Auf den Speicher, Essie. Lalique auf den Speicher!

Los 16. Eine silberne Gebäckschale und ein Tisch, die Francis Scott Key gehört haben, und ein Bett, das wir nach einer Abbildung in *House and Garden* schreinern ließen – aber wir haben mehr oder weniger beschlossen, all diese Dinge für alle Zeiten zu behalten und auf dem Speicher zu lagern. Das Haus ist vollgestopft und behaglich. Wir besitzen fünf Grammophone inklusive der tragbaren Miniaturausgabe und kein Radio, elf Betten und keinen Schreibtisch. Wir werden das alles behalten – die greifbaren Überreste der vierhunderttausend Dollar, die wir in den letzten fünfzehn Jahren mit schwierigen Wörtern verdient und mit leichtfertigen Worten ausgegeben haben. Und schließlich und endlich ist diese Sammlung inzwischen von keinem geringeren Wert als die polnischen oder peruanischen Aktien aus dem Besitz unserer umsichtigeren Freunde.

Schlafen und Wachen

Als ich vor einigen Jahren einen Text von Ernest Hemingway mit dem Titel »Müde bin ich, geh' zur Ruh'« las, dachte ich, zum Thema Schlaflosigkeit gebe es wohl nichts mehr zu sagen. Inzwischen weiß ich, dass ich so dachte, weil es mich nicht betraf; offenbar unterscheidet sich jedermanns Schlaflosigkeit von der seines Mitmenschen genauso wie sein Hoffen und Streben tagsüber.

Wer zur Schlaflosigkeit ausersehen ist, der macht ihre Bekanntschaft erstmals gegen Ende dreißig. Die kostbaren sieben Stunden Schlaf werden auf einmal halbiert. Wenn man Glück hat, gibt es noch den »ersten süßen Schlaf der Nacht« und den letzten tiefen Schlaf am Morgen, doch dazwischen klafft ein finsteres und stetig wachsendes Intervall. Das ist die Zeit, von der es in den Psalmen heißt: *Scuto circumdabit te veritas eius; non timebis a timore nocturno a sagitta volante in die, a negotio perambulante in tenebris.* *

Bei einem Bekannten von mir begann es mit einer

---

* Psalm 91, 4-6: »Seine Wahrheit ist Schirm und Schild, dass du nicht erschrecken musst vor dem Grauen der Nacht, vor den Pfeilen, die des Tages fliegen, vor der Pest, die im Finstern schleicht, vor der Seuche, die am Mittag Verderben bringt.«

Maus; in meinem eigenen Fall neige ich dazu, es auf einen einzigen Moskito zurückzuführen.

Mein Freund war damit beschäftigt, ganz allein sein Landhaus bezugsfertig zu machen; nach einem anstrengenden Tag musste er feststellen, dass das einzige verfügbare Bett ein Kinderbett war, von ausreichender Länge, aber kaum breiter als eine Wiege. Er ließ sich hineinfallen und schlief auf der Stelle ein, aber ein Arm ragte aus der Bettstatt und hing auf den Fußboden. Einige Stunden später weckte meinen Freund ein leises Stechen in der Fingerspitze. Er zog den Arm schläfrig zur Seite und nickte wieder ein – worauf der gleiche Eindruck ihn wieder weckte.

Diesmal schaltete er die Nachttischlampe ein – und an seiner blutenden Fingerspitze hing eine kleine, aber gierige Maus. In seinen eigenen Worten »äußerte« mein Freund »einen Ausdruck des Erstaunens«, aber in Wahrheit hat er vermutlich laut aufgeschrien.

Die Maus gab auf. Sie war im Begriff gewesen, den Mann so gründlich aufzufressen, als wäre sein Schlaf ein endloser. Von da an war nicht einmal mehr mit kurzem Schlaf zu rechnen. Das Opfer saß zitternd und schrecklich müde im Bett. Er überlegte, wie er sich einen Käfig konstruieren lassen könnte, der über das Bett passte und unter dem er für den Rest seines Lebens schlafen würde. Aber dafür war es in jener Nacht zu spät, und zuletzt döste er ein und schrak in unregelmäßigen Abständen aus Alpträumen auf, in denen er ein Rattenfänger war, dessen Ratten sich gegen ihn erhoben hatten und ihn verfolgten.

Seit damals war er unfähig zu schlafen ohne einen Hund oder eine Katze im Zimmer.

Meine eigenen Erfahrungen mit nächtlichen Nervensägen machte ich zu einer Zeit äußerster Erschöpfung: zu viel Arbeit, die ich mir aufgebürdet hatte, verzwickte Umstände, die diese Arbeit doppelt anstrengend machten, Krankheit in der Familie und ringsum – das alte Lied vom Verdruss, der nie allein kommt. Und oh, wie hatte ich mir den Schlaf ausgemalt, der das Ende meiner Mühen krönen sollte – wie freudig hatte ich der Ruhe in einem Bett entgegengesehen, das so weich wie eine Wolke und so ewig wie ein Grab sein sollte. Eine Einladung zu einem *dîner tête à tête* mit Greta Garbo hätte mich kaltgelassen.

Doch hätte es eine solche Einladung gegeben, wäre ich gut beraten gewesen, sie anzunehmen, denn stattdessen speiste ich allein, besser gesagt, ein Moskito speiste allein an mir.

Es ist verblüffend, wie viel fürchterlicher ein einziger Moskito sein kann als ein ganzer Schwarm. Gegen einen Schwarm kann man sich wappnen, aber ein *einziger* Moskito wird zu einer eigenen Persönlichkeit – einer Abscheulichkeit, die das Zeug zu einem Widersacher auf Leben und Tod hat. Diese Persönlichkeit manifestierte sich wie von selbst eines Septembers im zwanzigsten Stockwerk eines New Yorker Hotels, so fehl am Platz wie ein Gürteltier. Sie war das Ergebnis der Sparmaßnahmen New Jerseys in Sachen Sumpftrockenlegung, die sie und andere jüngere Blutsauger auf Nahrungssuche in die angrenzenden Bundesstaaten getrieben hatte.

Es war eine warme Nacht – doch nach der ersten Begegnung, dem ziellosen Herumfuchteln in der Luft, dem sinnlosen Suchen, den Schlägen auf die eigenen Ohren einen Sekundenbruchteil zu spät, befolgte ich das alte Hausrezept und zog mir das Bettlaken über den Kopf.

Und so ging die alte Geschichte weiter, die Stiche durch das Laken, die Überfälle auf entblößte Körperteile, die das Laken festhielten, der Griff zur Bettdecke mit anschließenden Erstickungsanfällen, gefolgt von einem Wechsel in der psychologischen Haltung, vermehrter Wachsamkeit, blindwütigem und ohnmächtigem Zorn – und einer neuen Jagd.

Dies läutete die manische Phase ein – mit der Stehlampe unter das Bett zu kriechen, das Umrunden des Zimmers, wobei das Insekt schließlich in seinem Hinterhalt an der Zimmerdecke aufgespürt wurde, und der Angriff mit verknoteten Handtüchern, der nur den Angreifer traf – großer Gott!

Danach gab es eine kurze Erholungsphase, derer sich mein Gegner bewusst zu sein schien, denn er ließ sich dreist neben meinem Kopf nieder – und ich traf ihn wieder nicht.

Zuletzt, nach einer weiteren halben Stunde, die meine Nerven in einen hysterischen Alarmzustand aufpeitschte, war er da, der Pyrrhussieg und ein kleiner zermatschter Blutfleck – *mein* Blut – am Kopfteil des Betts.

Wie gesagt halte ich diese Nacht vor zwei Jahren für den Beginn meiner Schlaflosigkeit, weil sie mir eine Vorstellung davon vermittelte, wie einem der Schlaf durch etwas Winziges und Unberechenbares vergällt werden kann. Ich wurde dadurch im mittlerweile archaischen Sprachgebrauch »schlafbewusst«. Ich begann, mich besorgt zu fragen, ob ich schlafen würde oder nicht. Ich trank, in Abständen, aber nicht zimperlich, und an den Abenden, an denen ich nicht getrunken hatte, begann die Frage, ob mit Schlaf zu rechnen wäre oder nicht, mich lange vor dem Zubettgehen zu beschäftigen.

Eine typische Nacht (und ich wünschte, ich könnte sagen, diese Nächte gehörten allesamt der Vergangenheit an) verlebe ich gewöhnlich nach einem Tag, an dem ich lange am Schreibtisch gesessen und viel geraucht habe. So ein Tag endet, wenn man so will, ohne erholsame Distanz erst dann, wenn es Zeit ist, ins Bett zu gehen. Alles wartet, die Bücher, das Glas Wasser, der zusätzliche Schlafanzug, falls ich schweißüberströmt aufwachen sollte, die Luminal-Tabletten in ihrem kleinen Röhrchen, Notizbuch und Stift für den Fall eines aufzeichnenswerten nächtlichen Einfalls. (Viele waren es nicht – am nächsten Morgen wirkten sie immer recht dünn, was ihnen nichts von ihrer nächtlichen Intensität und Dringlichkeit nimmt.)

Ich gehe zu Bett, vielleicht mit einem Schlaftrunk – ich bin mit verhältnismäßig wissenschaftlicher Lektüre für eine entsprechende Arbeit beschäftigt, weshalb ich ein weniger schwergewichtiges Buch zu diesem Thema gewählt habe, in dem ich lese, bis ich über einer letzten Zigarette schläfrig werde. Als ich zu gähnen beginne, schließe ich das Buch über dem Lesezeichen, werfe die Zigarette in den Kamin und schalte das Licht aus. Ich drehe mich zuerst auf die linke Seite, denn das beruhigt den Herzschlag, wie ich gehört habe, und dann – Koma.

So weit, so gut. Von Mitternacht bis halb drei Frieden im Zimmer. Und unversehens bin ich hellwach, gepeinigt von einem körperlichen Unbehagen oder Bedürfnis, von einem allzu lebhaften Traum, von einem Wetterumschwung.

Man versucht schnell, es sich unter den veränderten Umständen wieder bequem zu machen, in der vergeblichen Hoffnung, man könne weiterschlafen, wovon keine Rede sein kann – und seufzend schalte ich das Licht ein, nehme eine winzige Tablette Luminal und schlage mein Buch wieder auf. Die *wahre* Nacht, die schwärzeste Stunde, hat begonnen. Ich bin zu müde zum Lesen, es sei denn, ich würde mir einen Drink genehmigen, aber das hätte Folgen – und deshalb stehe ich auf und gehe hin und her. Ich gehe aus meinem Schlafzimmer durch den Flur in mein Arbeitszimmer und wieder zurück, und im Sommer wandere ich auf die hintere Veranda hinaus. Nebel liegt über Baltimore, so dass ich keinen einzigen Kirchturm ausmachen kann. Und wieder ins Arbeitszimmer, wo ein Stapel unerledigter Sachen meine Aufmerksamkeit erregt: Briefe, Fahnen, Notizen usw. Schon gehe ich darauf zu, aber NEIN!, das wäre grundfalsch. Inzwischen macht sich die Wirkung des Luminals allmählich bemerkbar, und ich versuche es wieder mit dem Bett und stopfe mir diesmal das zusammengeknüllte Kissen unter den Nacken.

»Vor langer, langer Zeit« (erzähle ich mir) »brauchten sie in Princeton einen Quarterback und hatten keinen geeigneten Kandidaten und waren völlig verzweifelt. Da fiel ich dem Coach auf, als ich am Rand des Spielfelds kickte und den Ball warf, und er rief: ›Wer ist denn *das* – warum ist *der* uns noch nie aufgefallen?‹ Sein Assistent antwortete: ›Weil er noch nie draußen war‹, worauf der Coach sagte: ›Hol ihn her.‹

… Dann kam der Tag, an dem wir gegen das Team von Yale spielten. Ich bin ein Leichtgewicht, und deshalb sparen sie mich für das dritte Viertel auf, als der Spielstand …«

Aber es nützt nichts – diesen Traum von einem enttäuschten Traum habe ich seit fast zwanzig Jahren als Schlafmittel benutzt, und inzwischen ist seine Wirkung so gut wie aufgebraucht. Darauf kann ich mich nicht länger verlassen – obwohl es in weniger beschwerlichen Nächten noch heute etwas Einschläferndes hat …

Dann eben der Kriegstraum: Die Japaner sind auf ganzer Linie siegreich, meine Division ist aufgerieben und verteidigt einen Zipfel von Minnesota, in dem mir jeder Zentimeter Boden vertraut ist. Das gesamte Hauptquartier und die Regimentskommandanten, die sich in einer gemeinsamen Besprechung befanden, sind von einer Granate in Stücke gerissen worden. Der Oberbefehl wird Hauptmann Fitzgerald übertragen. Mit unvergleichlicher Geistesgegenwart …

… aber genug davon; auch diese Phantasie hat sich durch jahrelangen Gebrauch abgenutzt. Die Figur, die meinen Namen trägt, ist konturlos geworden. In der dunkelsten Stunde der Nacht bin ich nur einer von Millionen Schatten, die in schwarzen Bussen dem letzten Unbekannten entgegenfahren.

Wieder auf die hintere Veranda, und als Ergebnis ausgemachter geistiger Erschöpfung und widernatürlicher Wachheit des Nervensystems – vergleichbar einem überspannten Bogen, der auf einer Violine zittert – sehe ich den wahren Schrecken über den Hausdächern aufsteigen, höre ihn im grellen Hupen der Taxis, die Nachteulen nach

Hause befördern, und im vereinzelten schrillen Gesang bezechter Heimkehrer. Schrecken und Vergeudung –

Vergeudung und Schrecken – was ich hätte sein und tun können, was nun vergeudet, verschwendet und verloren ist. Dies hätte ich tun können und jenes meiden, kühn sein, wo ich ängstlich war, bedachtsam, wo ich voreilig war.

Ich hätte sie nicht so verletzen müssen.

Oder das zu ihm sagen.

Oder an dem Versuch zerbrechen, das zu bezwingen, was nicht zu bezwingen war.

Der Schrecken bricht nun herein wie ein Sturm – was, wenn diese Nacht ein Vorbote der Nacht nach dem Tode wäre, was, wenn alles danach ein ewiges Zittern am Rand eines Abgrunds wäre, an dem die eigene Niedrigkeit und Verderbtheit einen vorwärtsdrängte, geradewegs auf die Niedrigkeit und Verderbtheit der Welt zu? Keine Wahl, kein Weg, keine Hoffnung – nur die endlose Wiederholung des Abscheulichen und Halbtragischen. Oder vielleicht für alle Ewigkeit an der Schwelle des Lebens zu stehen, außerstande, sie zu überqueren und ins Leben zurückzugelangen. Als es vier Uhr schlägt, bin ich zum Gespenst geworden.

Auf der Bettkante halte ich mir die Hände vor das Gesicht. Dann Stille, Stille – und plötzlich – so kommt es mir rückblickend wenigstens vor –, plötzlich bin ich eingeschlafen.

Schlaf – richtiger, echter Schlaf, der geliebte Schlaf, das Wiegenlied. Tief und warm das Bett und das Kissen, die mich nun umfangen, die mich in den Schlaf entgleiten lassen, in das Nichtsein – und nach der Katharsis der finsteren Stunden sind meine Träume nun Träume von jungen und bezaubernden Menschen, die junge und bezaubernde Dinge tun, von den Mädchen, die ich einst kannte, Mädchen mit großen braunen Augen und echtem gelben Haar:

> In the fall of '16 in the cool of the afternoon
> I met Caroline under a white moon
> There was an orchestra – Bingo-Bango
> Playing for us to dance the tango
> And the people all clapped as we arose
> For her sweet face and my new clothes –

So war das Leben doch gewesen, mein Geist erhebt sich im Augenblick des Vergessens und sinkt dann hinab, tief hinab in das Kissen …

»… Ja, Essie, ja – du lieber Himmel, schon gut, ich gehe ans Telefon.«

Unwiderstehlich, regenbogenfarben – da ist die Morgenröte – da ist ein neuer Tag.

Das Haus des Schriftstellers

Ich habe zahlreiche Fotos der Häuser von Joan Crawford, Virginia Bruce und Claudette Colbert gesehen und viele Reportagen über sie gelesen. In der Regel verrät die Herrin des Hauses in einer koketten Latzschürze, wie man ein Hollywood-Soufflé zubereitet oder eine Suppendose öffnet, ohne sich dabei gleichzeitig den Blinddarm zu entfernen. Aber es ist lange her, dass ich ein Foto vom Haus eines Schriftstellers gesehen habe, und deshalb kam mir der Gedanke, diese Lücke zu füllen.

Allerdings muss ich zuerst um Nachsicht bitten, dass ich überhaupt über Schriftsteller schreibe. In den Tagen des alten *Smart Set* hatten Mencken und Nathan eine Standardabsage, mit der sie Bewerber darauf hinwiesen, dass Geschichten über Maler, Musiker und Schriftsteller für sie grundsätzlich nicht in Betracht kamen – vielleicht aus der Überlegung heraus, diese Gattungen seien durch ihre Arbeit umfassend repräsentiert und müssten nicht eigens porträtiert werden. Und nach dieser schüchternen Verbeugung beginne ich nun mein Porträt.

Um nicht allzu düster zu enden, wollen wir ganz unten beginnen, in einem dunklen, feuchten, unrenovierten Keller. Während der schwachgelbe Lichtschein der Taschenlampe des Hausherrn langsam über Spinnweben wandert, an alten Kisten und Fässern und leeren Flaschen und ausgedienten Geräten entlang, wird dem Besucher ein wenig mulmig.

»Kein übler Keller alles in allem«, sagt der Schriftsteller. »Sie können nicht viel erkennen, aber so geht es mir auch – das meiste ist vergessen.«

»Was wollen Sie damit sagen?«

»Das hier ist alles, was ich vergessen habe – die komplizierte undurchdringliche Mischung aus meiner Jugend und meiner Kindheit, derentwegen ich Schriftsteller geworden bin und nicht Feuerwehrmann oder Soldat. Sie müssen wissen, dass die Literatur eine Sinnestäuschung ist, von Hirn und Herzen bewirkt und aus ähnlich vielen verschiedenen Empfindungen zusammengesetzt, auf die ein Zauberer setzt, wenn er einen Trick ausführt oder aus der Hand liest. Wenn man gelernt hat, wie es geht, vergisst man es und lässt es hier unten zurück.«

»Und wann haben Sie es gelernt?«

»Ach, jedes Mal wenn ich mich ans Schreiben mache, muss ich es in gewissem Sinn wieder neu lernen. Aber das Undefinierbare daran ist hier unten. Warum ich diesen grauenhaften Beruf mit der sitzenden Lebensweise und den schlaflosen Nächten und der unablässigen Unzufriedenheit gewählt habe. Warum ich ihn wieder wählen würde. All das ist hier unten, und es ist mir ganz recht, dass ich es nicht so deutlich erkennen kann. Sehen Sie diese dunkle Ecke?«

»Ja.«

»Drei Monate vor meiner Geburt verlor meine Mutter ihre zwei anderen Kinder, und ich glaube, damit fing es an, obwohl ich nicht sagen könnte, wie dies möglich war. Ich glaube, damals fing ich an, Schriftsteller zu werden.«

Der Blick des Besuchers fällt auf eine andere Ecke, und er zuckt erschrocken zurück.

»Was ist das?«, fragt er.

»Das?« Der Schriftsteller versucht, das Thema zu wechseln und mit seinem Körper die Sicht auf den auffällig frischen Erdhaufen in der Ecke zu verdecken, der an gewisse Dinge aus Polizeiberichten erinnert.

Aber der Besucher bleibt hartnäckig.

»Das ist die Stelle, wo es begraben ist«, sagt er.

»Wo was begraben ist?«

»Dort habe ich meine Liebe begraben, nachdem …« Er zögert.

»Nachdem Sie sie *getötet* hatten?«

»Nachdem ich *die Liebe* getötet hatte.«

»Ich verstehe nicht, was Sie sagen wollen.«

Der Schriftsteller vermeidet es, den Erdhaufen anzusehen.

»Das ist die Stelle, wo ich meine erste kindische Selbstverliebtheit begraben habe, meinen Glauben, dass ich nie sterben würde wie andere Leute und dass ich nicht der Sohn meiner Eltern wäre, sondern Sohn eines Königs, eines Königs, der über die ganze Welt herrscht.«

Er verstummt.

»Aber verlassen wir diesen Ort. Gehen wir hinauf.«

Im Wohnzimmer wird die Aufmerksamkeit des Schriftstellers sogleich von einer Szene draußen vor dem Fenster gefesselt. Der Besucher folgt seinem Blick – er sieht Kinder, die auf dem Rasen vor dem Nachbarhaus Football spielen.

»Es gibt noch einen anderen Grund, warum ich Schriftsteller wurde.«

»Was war das?«

»Als Schüler spielte ich Football, und an der Schule hatten wir einen Coach, der mich einfach nicht ausstehen konnte. Jedenfalls sollte unsere Schulmannschaft irgendwo am Hudson spielen, und ich war eine Zeitlang Ersatzspieler für unseren besten Runningback gewesen, der sich in der Woche davor verletzt hatte. Es hatte mir Spaß gemacht, ihn zu ersetzen, und als er nun wieder gesund und auf seine Position zurückgekehrt war, wurde ich als Blockspieler eingesetzt. Damit kam ich nicht zurecht, vielleicht weil diese Position weniger glanzvoll und weniger aufregend war. Außerdem war mir kalt, und Kälte kann ich nicht ausstehen, und statt mich auf meine Aufgabe zu konzentrieren, fing ich an, darüber nachzudenken, wie grau der Himmel war. Als der Coach mich auswechselte, sagte er nur:

›Du bist zu unzuverlässig.‹

Und mir blieb nichts übrig, als zu antworten: ›Ja, Sir.‹

Das war tatsächlich alles, was ich ihm als Erklärung anbieten konnte – und ich habe Jahre gebraucht, bis ich es mir selbst einigermaßen erklären konnte. Ich hatte lustlos gespielt. Wir hatten das gegnerische Team mit mehreren Touchdowns völlig ins Hintertreffen gebracht, und plötzlich kam mir die Idee, ich könnte die gegnerische Seite, die noch keinen einzigen Angriff auf die Beine bekommen hatte, einen unserer Vorwärtspässe fangen lassen, aber in letzter Sekunde kam ich zu Sinnen und begriff, dass ich das auf keinen Fall tun konnte, aber ich wollte den Pass zumindest nicht abfangen und ließ den Ball einfach fallen.

Und daraufhin wurde ich ausgewechselt. Ich erinnere mich an die trostlose Busfahrt zum Zug und an die trostlose Fahrt zurück zur Schule, während alle denken mussten, ich hätte aus Feigheit so gehandelt, während ich tatsächlich nur unaufmerksam gewesen war und mit dem Passfänger der anderen Seite Mitleid gehabt hatte. So war es wirklich. Ich habe mich oft genug in meinem Leben gefürchtet, aber nicht in dieser Situation. Aber ich habe deswegen ein Gedicht für unsere Schulzeitung geschrieben, und mein Vater war genauso stolz auf mich, als wäre ich ein Football-Held. Und als ich in den Weihnachtsferien nach Hause fuhr, tat ich es im Bewusstsein, dass jemand, der kein Macher ist, stattdessen die Fähigkeit haben kann, darüber zu erzählen, weil er es mit gleicher Intensität empfindet – die Hintertür, durch die man sich der Wirklichkeit entziehen kann.«

Daraufhin betreten sie ein Esszimmer. Der Schriftsteller durchquert es eilig und mit einem gewissen Widerwillen.

»Essen Sie nicht gern?«, fragt der Besucher.

»Essen – o doch! Aber nicht die erbärmliche Pampe aus Fruchtsaft und Milch und Vollkornbrot, von der ich mich heutzutage ernähre.«

»Leiden Sie an Verdauungsbeschwerden?«

»Verdauungsbeschwerden? Ich bin praktisch ein Wrack!«

»Und wie kommt das?«

»Nun ja, zu meiner Zeit begann das Leben für Kinder im Mittleren Westen mit viel frittiertem Essen und mit

Waffeln, und das ging nahtlos in unmäßige Mengen Malz-milch und Speckküchlein am College über, und bald dar-auf wechselte ich zu Restaurants wie Foyot oder dem Cas-tello dei Cesari oder dem Escargot und aß in jedem noch so kleinen Lebensmittelladen in Frankreich und Italien. Und was den Alkohol betrifft – Bordeaux und Burgunder, Château Yquem und Champagner, Pilsener Bier und italie-nischer Landwein, Prohibitions-Scotch und billiger Mais-fusel aus Alabama. Es war eine gute Zeit, solange sie währte, aber ich sah nicht voraus, welcher Säuglingspampf mich am Ende erwarten würde.« Er erschauerte. »Denken wir nicht mehr dran – es ist ja keine Essenszeit. Und das hier«, sagt er, während er eine Tür öffnet, »ist mein Ar-beitszimmer.«

Eine Sekretärin sitzt in dem Zimmer oder eher in einer Nische und tippt. Als die beiden hereinkommen, reicht sie dem Schriftsteller ein paar Briefe. Er sieht sich den Um-schlag des obersten Briefs an, lächelt erwartungsvoll und sagt zu dem Besucher:

»Das ist eine ziemlich komische Sache. Ich muss Ihnen den Anfang erzählen, bevor ich den Brief öffne. Vor etwa zwei Wochen bekam ich von der *Saturday Evening Post* einen Brief zugeschickt, der nicht an mich adressiert war, sondern an

Thomas Kracklin, c/o Saturday Evening Post, Philadel-phia, Pennsylvania, Pa.

Auf dem Umschlag befanden sich einige Bemerkungen, die offenbar von der Poststelle stammten.

Hier nicht bekannt
In Unterlagen über Story-Serie aus den Dreißigern
nachsehen
Könnte eine Figur aus einer Story von x in den Unterlagen aus dem Jahr 1927 sein.

Die letzte Vermutung war zutreffend, denn Thomas Kracklin war tatsächlich eine Figur aus einigen meiner Kurzgeschichten. Und das stand in dem Brief:

Mr. Kracklin, ich wüsste gern ob Sie mit mir verwandt sind weil mein Geburtsname Kracklin ist und ich einen Bruder hatte und wir nicht mehr viel von ihm gehört haben und wir uns Sorgen gemacht haben wegen ihm und als ich Ihre Story las dachte ich Sie wären der Kracklin und ich dachte wenn ich Ihnen schreibe würde ich das rausfinden hochachtungsvoll Ihre Mrs. Kracklin Lee.

Es war eine Adresse in einer Kleinstadt in Michigan. Der Brief amüsierte mich, und er war so anders als alles, was man mir seit geraumer Zeit geschrieben hatte, dass ich mir eine Antwort darauf ausdachte. Sie lautete in etwa so:

Liebe Mrs. Kracklin Lee,
ich bin in der Tat Ihr lange verlorener Bruder. Ich befinde mich derzeit im Staatsgefängnis von Boston und erwarte meine Hinrichtung durch Erhängen. Sollte ich freikommen, würde ich Sie gerne besuchen. Ich denke, Sie hätten nichts an mir auszusetzen, abgesehen davon,

dass man mich nicht verärgern darf, denn ich habe schon Leute umgebracht, weil der Kaffee kalt war. Aber ich glaube, ansonsten würde ich Ihnen nicht weiter zur Last fallen, aber falls ich aus dem Staatsgefängnis entlassen werde, werde ich ziemlich arm sein, und ich wäre froh, wenn Sie mich aufnehmen könnten – es sei denn, ich werde am kommenden Donnerstag aufgeknüpft. Schreiben Sie mir an die Adresse meines Anwalts.

Als Namen des Anwalts gab ich meinen Namen an, und den Brief unterzeichnete ich mit ›Hochachtungsvoll, Thomas Kracklin.‹ Und das nun ist zweifellos die Antwort.«

Der Schriftsteller öffnete den Umschlag, der zwei Briefe enthielt. Der erste war an ihn unter seinem richtigen Namen adressiert.

Lieber Sir, ich hoffe mein Bruder ist nicht gehängt worden und ich danke Ihnen für das Schicken von seinem Brief Ich bin arm und habe heute nicht mal Kartoffeln und gerade genug Geld um eine Briefmarke zu kaufen aber ich hoffe mein Bruder ist nicht gehängt worden und wenn nicht möchte ich ihn gerne sehen und können Sie ihm diesen Brief geben hochachtungsvoll Ihre Mrs. Kracklin Lee.

Das war der zweite Brief:

Lieber Bruder, ich habe nicht viel aber wenn du freikommst kannst du hierher zurückkommen und ich kann dir zwar nicht viel bieten aber vielleicht kämen

wir irgendwie zurecht kann dir wirklich nichts versprechen aber ich hoffe du kommst frei und wünsch dir immer das Beste deine Schwester Mrs. Kracklin Lee.

Als er geendet hatte, sagte der Schriftsteller:

»Ist es nicht ein Vergnügen, so verdammt clever zu
sein? Miss Palmer, schreiben Sie bitte einen Brief des In-
halts, dass der Bruder begnadigt wurde und nach China
ausgewandert ist, und legen Sie bitte fünf Dollar bei.

Aber es ist zu spät«, sagte er, während er mit seinem
Besucher die Treppe hinaufging. »Man kann ein bisschen
Geld geben, aber das ist keine Wiedergutmachung für das,
was man einem menschlichen Herzen angetan hat. Ein
Schriftsteller lässt sich immer wieder dazu hinreißen,
Dinge zu tun, die er niemals wiedergutmachen kann.

Das ist mein Schlafzimmer. Hier schreibe ich viel, wenn
ich mich hinlege, um mich auszuruhen, und wenn zu viele
Kinder zu Besuch sind, aber im Sommer ist es hier oben
tagsüber sehr heiß, und meine Hände bleiben am Papier
kleben.«

Der Besucher schob ein Stück Stoff beiseite, um sich
auf eine Stuhlkante zu kauern, doch augenblicklich rief
der Schriftsteller warnend:

»Fassen Sie das nicht an! Es liegt genau so, wie es verlassen wurde.«

»Oh, Verzeihung.«

»Ist schon gut – es war vor langer Zeit. Setzen Sie sich
einen Augenblick, und ruhen Sie sich aus, bevor wir hinaufgehen.«

»Hinauf?«

»Auf den Dachboden. Es ist ein großes Haus – ein altmodisches Haus.«

Der Dachboden sah aus, als entstammte er einem viktorianischen Roman. Er sah gemütlich aus; Strahlen spätnachmittäglichen Lichts fielen auf Türme und Berge von Zeitschriften und Broschüren und Schulbüchern und College-Almanachen und avantgardistischen Zeitschriften aus Paris und Ballettprogrammen und ungebundenen Jahrgängen der alten *Dial* und *Mercury* und *L'Illustration* und auf *St. Nicholas* und die Publikationen der Historical Society von Maryland und auf Stapel von Karten und Reiseführern von der Golden Gate bis Bou Saada. Es gab Aktenordner, die von Briefen überquollen, einer davon mit der Aufschrift »Briefe meines Großvaters an meine Großmutter«, und mehrere Dutzend Notizbücher und Ordner voller Zeitungsausschnitte und Fotoalben und Alben mit Babyfotos und dicke Umschläge voll unsortierter Papiere und Fotos…

»Das ist die Ausbeute«, sagte der Schriftsteller mit finsterer Miene. »Das bleibt einem anstelle eines Bankkontos.«

»Sind Sie zufrieden?«

»Nein. Aber am späten Nachmittag ist es hier oben manchmal ganz nett. Es ist auf seine Weise eine Art Bibliothek – die Bibliothek eines ganzen Lebens. Und es gibt nichts Deprimierenderes als eine Bibliothek, wenn man sich lange darin aufhält. Außer natürlich, man hält sich immer dort auf, denn dann gewöhnt man sich daran und wird ein bisschen verrückt. Man stirbt teilweise ab. Kommen Sie, wir gehen hinauf.«

»Wohin?«

»Zur Kuppel, zum Türmchen, zum Wachtturm – nennen Sie es, wie Sie wollen. Ich gehe voraus.«

Dort oben ist es eng, und die Hitze steht wie in einem Backofen, bis der Schriftsteller zwei der Fensterchen in der Kuppel öffnet und ein laues Abendlüftchen hereinweht. Soweit das Auge reicht, schlängelt sich ein Fluss zwischen grünen Rasenflächen und Bäumen und purpurnen Gebäuden und roten Elendsvierteln hindurch, die im gnädigen Licht der Dämmerung sanft ineinander verschmelzen. Und noch während sie dort oben stehen, bläst der Wind stärker, bis er sich zu einem Sturm ausgewachsen hat, der das Türmchen umtost und Vögel an ihnen vorbeiweht.

»Hier oben habe ich einst gewohnt«, sagt der Schriftsteller nach einer Weile.

»Hier oben? Lange Zeit?«

»Nein. Nur kurz, als ich noch jung war.«

»Es muss ziemlich eng gewesen sein.«

»Das fiel mir damals nicht auf.«

»Würden Sie es noch einmal probieren wollen?«

»Nein. Und wenn ich wollte, könnte ich es nicht.«

Er schauderte leicht und schloss die Fenster. Als sie die Treppe hinuntergingen, sagte der Besucher halb entschuldigend: »Eigentlich ist es ein Haus wie jedes andere, nicht wahr?«

Der Schriftsteller nickte.

»Das war es nicht, als ich es erbaute, aber letzten Endes ist es wohl tatsächlich ein Haus wie jedes andere.«

Nachmittag eines Schriftstellers

I

Beim Erwachen fühlte er sich besser, als es seit Wochen der Fall gewesen war, was sich durch eine Negation bemerkbar machte: Er fühlte sich nicht krank. Eine Zeitlang lehnte er an dem Türrahmen zwischen Schlafzimmer und Bad, bis er sich davon überzeugt hatte, dass ihm nicht schwindelig war. Kein bisschen, nicht einmal, als er unter dem Bett nach einem Hausschuh suchte.

Es war ein schöner Aprilmorgen; er hatte keine Ahnung, wie spät es sein mochte, denn er hatte seine Uhr seit langem nicht mehr aufgezogen, doch als er durch die Wohnung in die Küche ging, sah er, dass seine Tochter gefrühstückt und das Haus verlassen hatte und dass die Post da war; es musste also nach neun Uhr sein.

»Ich glaube, heute gehe ich an die frische Luft«, sagte er zu dem Hausmädchen.

»Wird Ihnen guttun, ein herrlicher Tag.« Sie stammte aus New Orleans und hatte Züge und Kolorit einer Araberin.

»Ich möchte zwei Eier wie gestern und Toast, Orangensaft und Tee.«

Er hielt sich eine Weile in dem Teil der Wohnung auf,

der das Reich seiner Tochter war, und las seine Post. Es war verdrießliche Post, nichts Aufheiterndes – hauptsächlich Rechnungen und die tägliche Reklame mit dem Schuljungen aus Oklahoma und seinem aufgeklappten Autogrammalbum. Sam Goldwyn würde womöglich einen Tanzfilm mit Spessiwitza drehen oder auch nicht – das würde sich erst herausstellen, wenn Mr. Goldwyn aus Europa zurückkam und möglicherweise ein halbes Dutzend neuer Einfälle mitbrachte. Paramount wollte die Genehmigung für die Verwendung eines Gedichts aus einem Buch des Schriftstellers, wobei man nicht wusste, ob es von ihm war oder ein Zitat. Vielleicht wollten sie einen Titel daraus machen. Anspruch auf diesen geistigen Besitz hatte er sowieso nicht mehr; die Stummfilmrechte hatte er schon vor Jahren verkauft, die Tonfilmrechte im vergangenen Jahr.

»Du hast einfach kein Glück beim Film«, sagte er sich. »Schuster, bleib bei deinem Leisten.«

Während des Frühstücks sah er aus dem Fenster zu den Studenten, die auf dem Collegegelände gegenüber von einem Kurs zum anderen wechselten.

»Vor zwanzig Jahren war ich einer von denen«, sagte er zu dem Hausmädchen. Sie lachte ihr Debütantinnenlachen.

»Bevor Sie aus dem Haus gehen, brauche ich einen Scheck«, sagte sie.

»Oh, ich gehe nicht so bald. Ich habe einige Stunden zu tun. Ich wollte später am Nachmittag gehen.«

»Nehmen Sie den Wagen?«

»Die alte Kiste? Auf keinen Fall; die würde ich für fünfzig Dollar verkaufen. Ich fahre oben in einem Doppeldeckerbus.«

Nach dem Frühstück legte er sich für eine Viertelstunde hin. Dann ging er in sein Studierzimmer und machte sich an die Arbeit.

Die Schwierigkeit bestand darin, dass die Geschichte für eine Zeitschrift, an der er schrieb, in der Mitte so dünn geworden war, dass sie Gefahr lief, sich in Luft aufzulösen. Die Handlung kam ihm vor wie eine endlose Treppe, er hatte keine Überraschung in der Hinterhand, und die Figuren, die zwei Tage zuvor so wacker ins Leben getreten waren, hätten nicht einmal mehr den Anforderungen einer Fortsetzungsschmonzette genügt.

Ja, ich muss zweifellos an die frische Luft, dachte er. Ich würde am liebsten nach Shenandoah Valley fahren oder eine Schifffahrt nach Norfolk machen.

Beide Wünsche waren illusionär, denn ihre Umsetzung erforderte Zeit und Geld, beides Mangelware, und das Wenige, das vorhanden war, musste für die Arbeit aufgespart werden. Er arbeitete sich durch das Manuskript, unterstrich gelungene Stellen mit Rotstift, und nachdem er sie auf ein eigenes Blatt übertragen hatte, zerriss er den Rest der Geschichte und warf die Schnipsel in den Papierkorb. Dann ging er im Zimmer auf und ab und rauchte und hielt ab und zu Selbstgespräche.

»Hm, hm, mal sehen…«

»Und als Nächstes – wäre das Beste…«

»Ja, hm, mal sehen…«

Nach einer Weile setzte er sich. ›Ich bin einfach ausgepumpt; ich hätte die letzten zwei Tage keinen Stift anrühren dürfen‹, dachte er sich.

Er las, was unter der Überschrift »Einfälle« in seinem

Notizbuch stand, bis das Hausmädchen kam und sagte, seine Sekretärin sei am Telefon – seine Teilzeitsekretärin, seit er krank geworden war.

»Es gibt nichts zu tun«, sagte er. »Ich habe gerade alles zerrissen, was ich geschrieben hatte. Es war völlig unbrauchbar. Ich gehe heute Nachmittag raus.«

»Wird Ihnen guttun. Heute ist schönes Wetter.«

»Kommen Sie lieber morgen Nachmittag vorbei; es gibt einen Berg Post und Rechnungen zu erledigen.«

Er rasierte sich und ruhte sich vorsichtshalber für fünf Minuten aus, bevor er sich ankleidete. Es war aufregend, aus dem Haus zu gehen. Er hoffte, die Liftboys würden nicht sagen, sie freuten sich, ihn zu sehen, und er entschloss sich, den hinteren Aufzug zu nehmen, wo man ihn nicht kannte. Er zog seinen besten Anzug an, Jackett und Hose aus verschiedenem Stoff. Er hatte in sechs Jahren nur zwei Anzüge gekauft, doch von bester Qualität – allein das Jackett dieses einen Anzugs hatte einhundertzehn Dollar gekostet. Da er ein Ziel haben musste – es war nicht gut, ziellos herumzuwandern –, steckte er eine Tube Kurshampoo für den Besuch beim Barbier und ein Fläschchen Luminal ein.

Der Neurotiker, wie er im Buche steht, dachte er, als er sich im Spiegel betrachtete. Abfallprodukt einer Idee, Schlacke eines Traums.

Er ging in die Küche und verabschiedete sich von dem Hausmädchen, als wäre er auf dem Weg nach Little America in der Antarktis. Im Krieg hatte er einmal aus reinem Bluff eine Lokomotive requiriert und sie von New York nach Washington dirigiert, so dass ihm keine unerlaubte Abwesenheit von der Truppe zur Last gelegt werden konnte. Nun wartete er gehorsam an der Straßenkreuzung, bis die Ampel umschaltete, während die jungen Leute unter nonchalanter Missachtung des Verkehrs an ihm vorbeieilten. An der Bushaltestelle im Schatten der Bäume war es grün und kühl, und ihm fielen Stonewall Jacksons letzte Worte ein: »Lasst uns den Fluss überqueren und im Schatten der Bäume rasten.« Die Bürgerkriegsgeneräle hatten offenbar ganz plötzlich bemerkt, wie müde sie waren – Lee, der bis zur Unkenntlichkeit geschrumpft war, Grant, der am Ende seines Lebens wie ein Besessener seine Memoiren schrieb.

Der Bus enttäuschte ihn nicht: Es war nur ein einziger Mitpassagier im Obergeschoss. Ganze Straßenzüge hindurch wischten die grünen Zweige an jedem einzelnen Busfenster entlang. Wahrscheinlich würde man sie zurückschneiden müssen, eigentlich schade. Es gab so viel zu sehen. Er versuchte, die Farbe einer Häuserzeile zu definieren, doch ihm fiel nur ein alter Abendumhang seiner Mutter ein, der voller Schattierungen gewesen war und sich doch keiner zuordnen ließ, ein bloßer Reflektor. Von irgendwo erklangen Kirchenglocken, die *Venite adoremus* spielten, und er wunderte sich, denn es waren noch acht

Monate bis Weihnachten. Er mochte keine Glocken, obwohl es sehr bewegend gewesen war, als sie bei dem Begräbnis des Gouverneurs *Maryland, My Maryland* gespielt hatten.

Auf dem Footballspielfeld des Colleges arbeiteten Männer mit Walzen, und ihm kam der Titel für eine Erzählung in den Sinn: »Rasenmeister« oder aber »Das Gras wächst«, etwas über einen Mann, der jahrelang den Rasen walzt und sich abrackert, damit sein Sohn einst aufs College gehen und dort Football spielen kann. Doch der Sohn stirbt in jungen Jahren, und der Mann arbeitet auf dem Friedhof und legt Rasen über seinen Sohn statt unter dessen Füße. Es wäre ein Text, wie sie oft in Anthologien stehen, nichts für ihn – nichts als gefühlsduselige Antithetik, so konventionell wie eine Illustriertengeschichte und leicht zu schreiben. Viele Leute würden sie sicherlich für hervorragend halten, weil sie Tiefgang hätte, melancholisch wäre und nicht schwer zu verstehen.

Der Bus fuhr an einem Bahnhof aus hellem Stein und in griechischem Stil vorbei, den die blauen Kittel und roten Mützen der Gepäckträger vor dem Eingang belebten. Die Straße verengte sich, wo das Geschäftsviertel begann und auf einmal buntgekleidete Mädchen zu sehen waren, allesamt sehr hübsch – es kam ihm vor, als hätte er nie zuvor so hübsche Mädchen gesehen. Männer gab es auch, doch sie wirkten eher albern, ähnlich wie er, wenn er sich im Spiegel betrachtete, und es gab alte unscheinbare Frauen, und dann gab es auf einmal auch abstoßende Gesichter unter den Mädchen, doch insgesamt waren sie reizend, zwischen sechs und dreißig Jahre alt und buntgekleidet, die Mienen frei von Plänen oder Sorgen und von bezaubernder Schwerelosigkeit, herausfordernd und heiter. Für einen Augenblick liebte er das Leben mit schmerzlicher Intensität, klammerte sich mit aller Kraft daran. Vielleicht war es ein Fehler gewesen, so früh nach draußen zu gehen.

Er verließ den Bus, hielt sich unterwegs überall vorsichtig am Geländer fest und ging so einen Häuserblock weit bis zum Barbier des Hotels. Er kam an einem Sportgeschäft vorbei und sah gleichgültig in die Auslage, bis sein Blick auf einen Baseballhandschuh fiel, dessen Handfläche sich schon dunkel verfärbt hatte. Nebenan war ein Herrenausstatter; vor dessen Auslage blieb er lange stehen und betrachtete die dunkelfarbenen Hemden und die mit Karo- und Schottenmuster. Vor zehn Jahren hatten er und ein paar Freunde an der Riviera im Sommer dunkelblaue Arbeiterhemden gekauft und damit offenbar diese Mode eingeleitet. Die karierten Hemden sahen hübsch aus, so schmuck wie Uniformen, und er wünschte, er wäre zwanzig und auf dem Weg zu einem Strandclub, herausgeputzt wie ein Sonnenuntergang bei Turner oder eine Morgendämmerung von Guido Reni.

Der Barbiersalon war groß, glitzernd und parfümiert. Es war mehrere Monate her, dass der Autor zuletzt hergekommen war, und er erfuhr, dass sein gewohnter Barbier mit Arthritis darniederlag; deshalb erklärte er dem Neuen, wie mit dem Haarpflegemittel zu verfahren sei, lehnte die angebotene Zeitung ab und saß verhältnismäßig zufrieden da und genoss das körperliche Wohlbefinden, während kräftige Finger seine Kopfhaut massierten und er sich einer angenehm diffusen Erinnerung an alle Barbiere überließ, die er je besucht hatte.

Er hatte einmal eine Geschichte über einen Barbier geschrieben. 1929 hatte der Inhaber seines Lieblingsbarbiersalons in der Stadt, in der er damals wohnte, mit den Finanztipps eines örtlichen Industriellen ein Vermögen von dreihunderttausend Dollar gemacht und dachte, er könne in Ruhestand gehen. Der Schriftsteller hatte keine derartigen Investitionen getätigt, sondern stand im Begriff, sich für einige Jahre nach Europa aufzumachen und all sein Erspartes mitzunehmen. Als er im Herbst jenes Jahres erfuhr, dass der Barbier sein ganzes Vermögen verloren hatte, ließ er sich dazu verleiten, eine Geschichte daraus zu machen: Aufstieg und Fall eines Barbiers – natürlich unter Verwischen aller Spuren. Dennoch bekam er später zu hören, dass die Geschichte am Ort des Geschehens wiedererkannt worden war und einiges Befremden bewirkt hatte.

Die Haarpflege war beendet. Als der Autor ins Hotelfoyer trat, hatte in der Cocktailbar gegenüber eine Kapelle zu spielen begonnen, und er blieb eine Zeitlang in der Tür stehen und hörte zu. Er hatte so lange nicht mehr getanzt, vielleicht zweimal in den letzten fünf Jahren, doch in einer Besprechung seines letzten Buchs war er als jemand dargestellt worden, der Nachtclubs liebte; in derselben Besprechung war er auch als unermüdlich bezeichnet worden. Etwas am Klang dieses Wortes in seinen Gedanken erschütterte ihn mit einem Mal, und er musste sich abwenden, weil er spürte, wie ihm Tränen der Schwäche in die Augen stiegen. Es war wie am Anfang vor fünfzehn Jahren, als man ihn »fataler Leichtfertigkeit« bezichtigt hatte, woraufhin er wie ein Galeerensklave an jedem Satz feilte, um diesem Klischee auf keinen Fall zu entsprechen.

»Ich werde wieder bitter«, sagte er sich. »Das ist gar nicht gut, gar nicht gut – ich muss nach Hause.«

Der Bus ließ lange auf sich warten, doch der Schriftsteller mochte keine Taxis, und er hoffte noch immer, dass er vom Obergeschoss aus auf der Fahrt durch den grünen Blätterbaldachin des Boulevards etwas Interessantes sehen würde.

Als der Bus schließlich kam, fiel es ihm nicht ganz leicht, die Stufen zu erklimmen, doch es war die Mühe wert. Das Erste, was er erblickte, waren ein Junge und ein Mädchen – Highschoolschüler –, die auf dem hohen Sockel der Lafayette-Statue saßen, völlig selbstvergessen und ganz ineinander versunken. Ihre Weltvergessenheit rührte ihn. Er wusste, dass er das beruflich verwerten konnte, und sei es nur als Kontrastbild zu der zunehmenden Abgeschiedenheit seines eigenen Lebens und der immer mühsameren Erfordernis, eine bereits gründlich ausgequetschte Vergangenheit immer wieder auszuquetschen. Er brauchte eine Aufforstung, das war ihm nur allzu bewusst, und er hoffte, dass sich dem Boden noch ein letzter Ertrag abringen ließ. Es war nie ein besonders fruchtbarer Boden gewesen, denn er hatte schon früh eine Schwäche dafür gehabt anzugeben, statt zuzuhören und zu beobachten.

Da war sein Apartmenthaus; er blickte hinauf zu den Fenstern seiner Wohnung im obersten Stock, bevor er das Haus betrat.

»Der Wohnsitz des erfolgreichen Schriftstellers«, sagte er sich. »Ich frage mich, welche imponierenden Bücher er da oben gerade aus dem Ärmel schüttelt. Muss toll sein, so ein Talent zu haben – sich einfach mit Stift und Papier hinzusetzen. Zu arbeiten, wann es einem passt, zu tun, was einem gerade gefällt.«

Sein Kind war noch nicht zu Hause, aber das Hausmädchen kam aus der Küche und sagte: »Hatten Sie einen netten Nachmittag?«

»Sehr nett«, antwortete er. »Ich war Rollschuh fahren und kegeln und habe mit Man Mountain Dean herumgealbert und mich danach im Türkischen Bad erholt. Irgendwelche Telegramme?«

»Nicht eines.«

»Seien Sie so nett und bringen Sie mir ein Glas Milch, ja?«

Er ging durch das Esszimmer in sein Arbeitszimmer, für einen Augenblick geblendet vom Glanz seiner zweitausend Bücher im spätnachmittäglichen Sonnenschein. Er war richtig müde; er würde sich für zehn Minuten hinlegen und dann versuchen, in den zwei Stunden vor dem Abendessen auf eine Idee zu kommen.

Die Mutter eines Schriftstellers

Sie war eine schüchterne alte Dame in einem schwarzen Seidenkleid und einem Hut mit lächerlich hohem Kopfteil, den eine Putzmacherin ihr im Vertrauen auf nachlassende Sehkraft angedreht hatte. Sie war aus einem bestimmten Grund in die Stadt gekommen; inzwischen ging sie nur noch einmal in der Woche einkaufen und versuchte möglichst viel an einem Vormittag zu erledigen. Der Arzt hatte ihr gesagt, sie könne den Grauen Star operativ entfernen lassen, doch sie war über achtzig, und der Gedanke an die Operation erschreckte sie.

An diesem Vormittag wollte sie vor allem ein Geburtstagsgeschenk für ihren Sohn kaufen. Sie hatte an einen Bademantel gedacht, doch als sie durch die Buchabteilung des Kaufhauses ging und stehen blieb, um zu sehen, was es an Neuerscheinungen gab, fiel ihr Blick auf einen großen Band über Niaco, wo er den Winter zu verbringen beabsichtigte, und sie blätterte darin und fragte sich, ob ihm dieses Buch besser gefallen würde oder ob er es vielleicht schon besaß.

Ihr Sohn war ein erfolgreicher Schriftsteller. Nicht dass sie ihn in der Wahl dieses Berufs unterstützt hätte – sie hätte es lieber gesehen, wenn er Berufsoffizier geworden wäre oder Geschäftsmann wie sein Bruder. Ein Schriftsteller war etwas so Fremdartiges; in der Stadt im Mittleren Westen, in der sie geboren war, hatte ein einziger Schriftsteller gelebt, und der hatte als gesellschaftlicher Außenseiter gegolten. Wenn ihr Sohn ein Schriftsteller wie Longfellow gewesen wäre oder wie Alice und Phoebe Cary – das wäre etwas anderes gewesen, aber an die Namen der Verfasser der dreihundert Romane und Biographien, die sie jedes Jahr überflog, konnte sie sich beim besten Willen nicht erinnern. Gewiss erinnerte sie sich an Mrs. Humphrey Ward, und inzwischen gefiel ihr Edna Ferber, doch als sie sich an diesem Vormittag in der Buchabteilung umsah, kehrten ihre Gedanken immer wieder hartnäckig zu den Gedichten Alice und Phoebe Carys zurück. Was für reizende Gedichte das gewesen waren! Vor allem das eine über das Mädchen, das dem Künstler erklärte, wie er das Porträt seiner Mutter malen sollte. Dieses Gedicht pflegte ihre eigene Mutter ihr vorzulesen. Aber die Bücher ihres Sohns hatte sie nicht in lebhafter Erinnerung, und obwohl sie in gewisser Weise stolz auf ihn war und sich immer freute, wenn ein Buchhändler ihn erwähnte oder wenn jemand sie fragte, ob sie seine Mutter sei, fand sie seinen Beruf doch riskant und exzentrisch.

Es war ein warmer Tag; nach dem Einkaufen an diesem Vormittag war ihr ein wenig schwindelig, und sie bat den Verkäufer, sich einen Augenblick hinsetzen zu dürfen.

Er holte ihr höflich einen Stuhl, und als wolle sie ihn dafür belohnen, indem sie ihm etwas auftrug, hörte sie sich fragen: »Haben Sie die Gedichte von Alice und Phoebe Cary?«

Er wiederholte die Namen.

»Warten Sie mal – nein, ich glaube, da haben wir nichts vorrätig. Die Lyrikabteilung habe ich gestern erst inspiziert. Wir bemühen uns immer, alle zeitgenössischen Dichter auf Lager zu haben.«

Sie lächelte still über seine Ignoranz.

»Diese Dichterinnen sind seit langen Jahren tot«, sagte sie.

»Ich glaube, ich habe die Namen noch nie gehört – aber ich könnte das Buch für Sie bestellen.«

»Nein, danke – es war nur eine Frage.«

Er schien ein entgegenkommender junger Mann zu sein, und sie versuchte, ihren Blick auf ihn zu richten, denn sie fand höfliche junge Männer angenehm, doch die Bücherstapel verschwammen auf einmal, und sie dachte, sie solle besser nach Hause zurückgehen und den Bademantel für ihren Sohn telefonisch bestellen.

Direkt vor dem Eingang des Kaufhauses stürzte sie. Ein paar Minuten lang war sie sich undeutlich eines störenden Durcheinanders bewusst, das sich um sie herum abspielte, und dann wurde sie allmählich gewahr, dass sie auf einer Art Bett in einem Gefährt lag, das offenbar ein Automobil war.

Der weißgekleidete Mann, der neben ihr saß, sagte freundlich: »Wie fühlen Sie sich jetzt?«

»Oh, mir geht es gut. Bringen Sie mich nach Hause?«

»Nein, Mrs. Johnston, wir bringen Sie ins Krankenhaus; wir wollen die Wunde an Ihrer Stirn behandeln. Ich habe mir erlaubt, in Ihrer Einkaufstasche nachzusehen, deshalb weiß ich, wie Sie heißen. Wären Sie so nett, mir Namen und Adresse Ihrer nächsten Verwandten anzugeben?«

Wieder begann ihr Bewusstsein sich zu umwölken, und sie sagte etwas Unzusammenhängendes über ihren Sohn, der Geschäftsmann im Westen war, und ihre Enkelin, die vor kurzem ein Modewarengeschäft in Chicago eröffnet hatte. Doch bevor er etwas Konkretes in Erfahrung bringen konnte, wechselte sie das Thema, als wäre es nebensächlich, und versuchte sich von der Bahre zu erheben.

»Ich will nach Hause. Ich weiß nicht, warum Sie mich in ein Krankenhaus bringen wollen – ich war noch nie in einem Krankenhaus.«

»Mrs. Johnston, Sie müssen wissen, dass Sie beim Verlassen des Kaufhauses gestolpert und eine Treppe hinuntergefallen sind, und dabei haben Sie sich leider etwas verletzt.«

»Mein Sohn wird darüber schreiben.«

»Was!«, sagte der Arzt ein wenig überrascht.

Ohne sich näher zu äußern, wiederholte die alte Frau: »Mein Sohn wird darüber schreiben.«

»Ist Ihr Sohn journalistisch tätig?«

»Ja – aber Sie dürfen ihm nichts verraten. Sie dürfen ihn nicht stören –«

»Mrs. Johnston, sagen Sie jetzt für einen Augenblick nichts. Ich möchte diesen kleinen Schnitt zusammenhalten, bis wir Ihre Wunde versorgen können. Sie hatten einen Schwindelanfall.«

»Mein Sohn ist kein Schwindler, mein Sohn ist Schriftsteller, habe ich gesagt.«

»Das war ein Missverständnis, Mrs. Johnston. Ich sprach von Ihrem Schwindelanfall und Ihrem Sturz. Wir müssen Ihre Wunde versorgen…«

Ihr Puls wurde unregelmäßig, und er gab ihr Riechsalz, um sie bei Bewusstsein zu halten, bis sie das Krankenhaus erreichten.

»Nein, mein Sohn ist kein Schwindler«, wiederholte sie. »Warum behaupten Sie das? Er ist Schriftsteller.« Sie sprach sehr langsam, als wären ihr die Worte unvertraut, die aus ihrem müden Mund kamen. »Ein Schriftsteller ist jemand, der Bücher schreibt.«

Sie hatten das Krankenhaus erreicht, und der Arzt war damit beschäftigt, sie aus dem Krankenwagen zu bugsieren. »Ja, Mrs. Johnston, ich verstehe. Halten Sie jetzt bitte Ihren Kopf möglichst ruhig.«

»Meine Wohnung hat die Nummer Drei-Null-Fünf«, sagte sie.

»Wir möchten nur, dass Sie für ein paar Stunden ins Krankenhaus kommen. Was für Bücher schreibt Ihr Sohn, Mrs. Johnston?«

»Oh, er schreibt alle möglichen Bücher.«

»Versuchen Sie, Ihren Kopf so ruhig wie möglich zu halten, Mrs. Johnston. Unter welchem Namen schreibt Ihr Sohn?«

»Hamilton B. Johnston. Aber er ist kein Schwindler, sondern ein Schriftsteller. Sind Sie ein Schwindler?«

»Nein, Mrs. Johnston. Ich bin Arzt.«

»Aber hier sieht es nicht aus wie in meiner Wohnung.« Mit einer Handbewegung hielt sie zusammen, was noch von ihr übrig war, und sagte: »Stören Sie bitte nicht meinen Sohn John oder meine verstorbene Schwiegertochter oder meinen Sohn Hamilton, der –« Sie raffte sich zu einer letzten Anstrengung auf und sprach eingedenk des einzi-

gen Buchs, das sich ihrem Herzen unauslöschlich einge-
schrieben hatte, die verblüffenden Worte: » – meinen Sohn
Hamilton, der die Gedichte von Alice und Phoebe Cary
geschrieben hat.« Ihre Stimme erstarb, und als ihre Trag-
bahre in den Aufzug gelangte, wurde ihr Puls zunehmend
schwächer, und der Arzt wusste, dass die Wunde nicht
mehr versorgt werden musste, denn die Natur hatte der
alten Stirn ihre letzte Kerbe eingeprägt. Doch ihre letzten
Gedanken konnte er nicht erraten, und er konnte nicht
ahnen, dass Alice und Phoebe Cary gekommen waren, um
sie abzuholen, und sie an den Händen hielten und behut-
sam in das Land zurückgeleiteten, das sie verstehen konnte.

Früher Erfolg

Diesen Monat ist es siebzehn Jahre her, dass ich meine Arbeit an den Nagel gehängt oder mich, wenn Sie so wollen, aus dem Geschäftsleben zurückgezogen habe. Ich hatte es satt – sollte doch die Street Railway Advertising Company aus eigener Kraft weitermachen. Ich kündigte nicht aufgrund von Gewinnen, sondern meiner Verluste wegen, wozu Schulden, Verzweiflung und eine gescheiterte Verlobung gehörten, und so kam ich nach St. Paul zurückgekrochen, um »einen Roman zu Ende zu schreiben«.

Dieser Roman, den ich gegen Ende des Krieges in einem Ausbildungslager begonnen hatte, war mein letzter Trumpf. Ich hatte ihn zur Seite gelegt, als ich eine Anstellung in New York fand, doch war er mir immer im Bewusstsein geblieben, so wie einen ganzen trostlosen Frühling lang jener Schuh mit Pappe in der Sohle. Es war wie die Sache mit dem Wolf, dem Schaf und dem Kohlkopf: Hörte ich zu arbeiten auf, um den Roman zu Ende zu schreiben, verlor ich das Mädchen.

Also plagte ich mich in einem mir verhassten Geschäft weiter, und alles Selbstvertrauen, das ich in Princeton und im Lauf einer stolzen Karriere als schlechtester Flügeladjutant der Armee gewonnen hatte, schwand dahin. Verloren und vergessen entfernte ich mich von so manchem Ort sehr schnell – vom Pfandleihhaus, wo ich den Feldstecher gelassen hatte, von den wohlhabenden Freunden, denen ich in einem Vorkriegsanzug über den Weg lief, aus dem Restaurant, wo ich meinen letzten Heller fürs Trinkgeld ausgegeben hatte, aus den heiter-betriebsamen Büros, die ihre Stellen für die eigenen Kriegsheimkehrer freihielten. Nichts als Kleingeld in der Tasche. Ergab es einen ganzen Dollar? Beinahe – wären die zwei Briefmarken nicht gewesen. Und wenn man weniger als einen Dollar hat, wird alles anders, die Menschen sehen anders aus, das Essen sieht anders aus.

Selbst als zum ersten Mal eine meiner Geschichten angenommen wurde, versetzte mich das nicht in Begeisterung. Dutch Mount und ich saßen uns in unserem Straßenbahnreklame-Büro gegenüber und erhielten beide mit derselben Post eine Zusage von derselben Zeitschrift – der alten *Smart Set*.

»Ich habe einen Scheck über dreißig – und du?«

»Fünfunddreißig.«

Das Bedrückende war, dass ich meine Geschichte bereits zwei Jahre zuvor auf dem College geschrieben hatte und ein Dutzend andere nicht einmal eines persönlichen Briefs für wert befunden worden waren. Das sollte mir wohl sagen, dass ich mich mit zweiundzwanzig Jahren auf dem absteigenden Ast befand. Für die dreißig Dollar kaufte ich einen purpurroten Federfächer für ein Mädchen in Alabama.

Diejenigen unter meinen Freunden, die nicht verliebt waren oder »vernünftige« Mädchen hatten, die auf sie warteten, wappneten sich mit Geduld für eine lange Durststrecke. Ich nicht – ich war in einen Wirbelwind verliebt und musste ein Netz spinnen, das groß genug war, um ihn mit dem Kopf allein zu fangen, einem Kopf voll klimpernder Nickel und kleckernder Dimes, jener ewigen Spieldose der Armen. So konnte es natürlich nicht funktionieren, also kehrte ich, als mir das Mädchen den Laufpass gab, nach Hause zurück und schrieb meinen Roman zu Ende. Dann plötzlich änderte sich alles, und dieser Text handelt vom ersten stürmischen Tosen des Erfolgs und dem herrlichen Nebel, den er mit sich bringt. Es ist eine kurze und kostbare Zeit, denn wenn sich der Nebel nach ein paar Wochen oder Monaten lichtet, muss man feststellen, dass das Beste bereits vorbei ist.

Es begann im Herbst 1919, als ich vollkommen pleite und dazu von der Schreiberei des Sommers so stumpfsinnig geworden war, dass ich mir einen Job bei Northern Pacific gesucht hatte, wo ich Wagendächer reparierte. Dann klingelte der Briefträger an meiner Tür, und ich kündigte noch am selben Tag, lief durch die Straßen und hielt Autos an, um es meinen Freunden und Bekannten zu erzählen: Mein Roman *Diesseits vom Paradies* war zur Veröffentlichung angenommen worden. In jener Woche klingelte der Briefträger wieder und wieder an meiner Tür, und ich zahlte meine entsetzlichen kleinen Schulden ab, kaufte mir einen Anzug und erwachte jeden Morgen mit einem Gefühl unbeschreiblicher Erhabenheit und Verheißung. Diese Phase endete mit einem Besucher.

Der Besucher hinterließ zunächst nur seinen Namen, doch irgendjemand sagte mir, es sei der Name eines großen Zeitungsverlegers aus einer Nachbarstadt. Was lag näher, als dass dieser Mann bereits von meinen glänzenden Zukunftsaussichten gehört hatte und mich ersuchen wollte, ihm eine Kolumne aus meinen Gedankenresten zu gewähren. Eines Tages kam mein Vater zu mir herauf, jenen Ausdruck auf dem Gesicht, den er den notorisch Gesetzesuntreuen vorbehielt.

»Ein Herr A. ist unten«, sagte er.

»Schön – das ist der Zeitungsverleger.«

»Hm!«, sagte mein Vater, womit es ihm gelang, unbestimmt zu bleiben.

Binnen zwei Minuten war ich mir selbst unsicher, was es mit Herrn A. auf sich hatte. Da stand mein erster anonymer Bewunderer, einer, der nicht mal mein Buch gelesen hatte, und weit davon entfernt, ein Zeitungsverleger zu sein, war er vor allem ein hauptamtliches Scheusal, jemand, der sich mit Zielstrebigkeit und Hingabe darauf konzentrierte, ein Scheusal zu sein. Alles an ihm war aalglatt und in ständiger Bewegung – Auge, Zunge, glitschige Hand und tänzelnder Fuß. Er schnatterte in koketter, abscheulicher Erregung vor sich hin, sagte, er habe Gedichte geschrieben, und machte das Schreiben an sich zu etwas Beschämendem und Anstößigem. Jahrelang war er es, auf den ich mich mehr oder weniger gefasst machte, wenn ein Bewunderer bei mir zu Hause aufkreuzte. Mein uneingeschränktes Glück wankte unter diesem Schlag.

Die Wandlung vom Amateur zum Profi nahm ihren Lauf – eine Art Zusammenflicken des eigenen Lebens zu einem Muster, in dem das Ende eines Jobs automatisch der Anfang des nächsten ist. Vielversprechende Männer, deren

Stern binnen eines Jahres wieder verblasst, sind nicht imstande gewesen, all ihr Denken und Fühlen der Aufgabe unterzuordnen, dramatisch zu denken und zu fühlen – Genussmensch und Politiker, Verleger und Idealist, Schmeichler und Hedonist, kluger Kopf und Faulenzer, sie alle finden einen Weg, diese Notwendigkeit zu umgehen, und wenn sie sich an ihre Arbeit setzen, bleiben die Bänder ihrer Schreibmaschinen trocken. Im Juni jenes Jahres noch Amateur, war ich im Oktober, als ich mit einem Mädchen im Süden des Landes zwischen den Grabsteinen eines Friedhofs einherschlenderte, bereits zum Profi geworden und mein Entzücken über manches, was sie fühlte und sagte, von der Ungeduld begleitet, es in einer Geschichte festzuhalten – sie hieß »Der Eispalast«. So war ich auch eines Abends während der Weihnachtstage in St. Paul zwei Bällen ferngeblieben, um an einer Geschichte zu arbeiten. Im Laufe des Abends riefen mich drei Freunde an und erzählten mir, welche ungewöhnlichen Ereignisse ich verpasst hätte: Ein stadtbekannter Müßiggänger habe sich als Kamel verkleidet und sei in dieser Aufmachung – mit einem Taxifahrer als Hinterteil – auf der falschen Party erschienen. Voller Wut auf mich selbst, weil ich nicht dabei gewesen war, brachte ich den folgenden Tag damit zu, Bruchstücke der Geschichte zusammenzusammeln:

»Also, es war unglaublich komisch, aber mehr weiß ich auch nicht.«

»Nein, keine Ahnung, wo er den Taxifahrer herhatte.«

»Man muss ihn schon gut kennen, um sich vorstellen zu können, wie komisch es war.«

Verzweifelt sagte ich: »Na schön, offenbar kann ich nicht

herausfinden, was genau geschehen ist, aber ich werde darüber schreiben, als wäre es noch zehnmal komischer gewesen als alles, was ihr mir erzählt habt.« Und so schrieb ich es innerhalb von zwanzig Stunden auf, und zwar als »komische« Geschichte, einfach weil alle mit solchem Nachdruck behauptet hatten, es sei komisch gewesen. »Eher geht ein Kamel…« erschien in der *Post* und taucht bis heute immer wieder in humoristischen Anthologien auf.

Gegen Ende des Winters begann eine angenehme Phase, in der ich mich ganz leergepumpt fühlte, und während ich mir eine kleine Pause gönnte, formte sich vor meinen Augen ein neues Bild vom Leben in Amerika. Die Ungewissheiten des Jahres 1919 waren vorüber – es schien kaum Zweifel darüber zu geben, was geschehen würde: Amerika bewegte sich auf den großartigsten, prachtvollsten Rausch seiner Geschichte zu, und es würde jede Menge darüber zu erzählen geben. Der ganze goldene Aufschwung lag in der Luft – mit all seinen herrlichen Freizügigkeiten und empörenden Verderbtheiten und dem qualvollen Todeskampf des alten Amerika der Prohibition. Alle Geschichten, die mir in den Sinn kamen, hatten einen Stich ins Katastrophale – die entzückenden jungen Geschöpfe in meinen Romanen gingen zugrunde, die Diamantberge meiner Kurzgeschichten explodierten, meine Millionäre waren so schön und verdammt wie Thomas Hardys Bauern. Im Leben waren diese Dinge noch nicht passiert, aber ich war mir ziemlich sicher, dass das Leben kein so ungefährliches, sorgloses Unterfangen war, wie die Leute meinten – die Leute jener Generation, die nur wenig jünger war als ich.

Denn mein Ausgangspunkt war die Trennlinie zwischen den beiden Generationen, und dort stand ich nun, meiner selbst nicht ganz gewiss. Als ich zum ersten Mal stapelweise Post bekam – Hunderte und Aberhunderte von Leserbriefen zu einer Geschichte über ein Mädchen, das sich einen Bubikopf schneiden ließ –, schien es mir einigermaßen absurd, dass man sich damit an mich wandte. Andererseits war es für einen schüchternen Mann ganz angenehm, mal wieder jemand anders als nur er selbst zu sein: »der Autor« zu sein, wie er einst »der Leutnant« gewesen war. Natürlich war man genauso wenig Autor, wie man je Armeeoffizier gewesen war, aber niemand schien hinter die falsche Fassade zu blicken. Dann heiratete ich, und die Druckerpressen hämmerten *Diesseits vom Paradies* heraus wie Extrablätter im Kino – alles innerhalb von drei Tagen.

Nach der Veröffentlichung erreichte ich ein Stadium manisch-depressiven Wahns. Zorn und Glückseligkeit wechselten im Stundentakt. Viele Leute meinten, es sei ein Schwindel, und vielleicht war es das, und viele andere meinten, es sei eine Lüge, was es nicht war. Völlig benebelt gab ich ein Interview – ich erzählte, was für ein großartiger Schriftsteller ich sei und wie ich diese Höhen erklommen hätte. Heywood Broun, der mir auf der Spur war, zitierte dies mit dem Kommentar, ich sei offenbar ein sehr selbstgefälliger junger Mann, und ein paar Tage lang war mit mir ausgesprochen schlecht Kirschen essen. Ich lud ihn zum Mittagessen ein und sagte ihm in freundlichem Ton, wie schade es doch sei, dass er sein Leben habe vorüberziehen lassen, ohne etwas zustande zu bringen. Er war gerade dreißig geworden. Ungefähr zur gleichen Zeit schrieb ich auch jenen Satz, den mich manche Leute seitdem nicht mehr vergessen lassen: »Sie war eine welke, aber immer noch schöne Frau von siebenundzwanzig Jahren.«

Benebelt erklärte ich dem Verlag Scribner, ich ginge nicht davon aus, dass von meinem Roman mehr als zwanzigtausend Exemplare verkauft würden, und als das Gelächter verebbt war, sagte man mir, fünftausend verkaufte Exemplare seien für einen Erstlingsroman hervorragend. Ich glaube, es dauerte eine Woche, bis die Zwanzigtausendmarke überschritten war, aber ich nahm mich selbst dermaßen ernst, dass ich das nicht einmal komisch fand. Benebelt schlug ich jeden Morgen die *Tribune* auf, um nachzusehen, ob F.P.A. noch mehr Rechtschreibfehler in meinem Buch gefunden hatte. Er begann mit einer Liste von dreißig, und Leser seiner Kolumne, die eifrig daran mitwirkten, fügten noch einhundert weitere hinzu. Du meine Güte – erwarteten sie denn von mir, dass ich die Rechtschreibung beherrschte? Wenn ich so ein Teufelskerl war, konnten das dann nicht die Korrektoren besorgen?

Diese Wochen in den Wolken fanden etwa eine Woche später ein jähes Ende, als Princeton sich gegen das Buch wandte – nicht die jüngere Studentenschaft, sondern die schwarze Messe der Lehrer und Ehemaligen. Es gab einen freundlichen, aber vorwurfsvollen Brief von Präsident Hibben, und ein ganzer Raum voller Kommilitonen strafte mich plötzlich mit Verachtung. Wir hatten eine ziemlich ausgelassene Party gefeiert – ausgerechnet in Harvey Firestones taubeneiblauem Wagen –, in deren Verlauf ich mir bei dem Versuch, einen Zweikampf zu beenden, ein Veilchen eingehandelt hatte. Der Vorfall wurde zu einer Orgie aufgebauscht, und obwohl eine Delegation von Studenten beim Direktorium vorsprach, wurde ich für ein paar Monate von meinem Club suspendiert. Das wöchentlich erscheinende Ehemaligenblatt fiel über mein Buch her, und allein Dekan Gauss legte ein gutes Wort für mich ein. Die allgemeine salbungsvolle und scheinheilige Haltung war zum Davonlaufen, und in der Folge hielt ich mich sieben Jahre lang von Princeton fern. Dann bat mich eine Zeitschrift um einen Artikel über die Universität, und als ich zu schreiben begann, merkte ich, dass ich sie eigentlich liebte und die Erlebnisse dieser einen Woche im Gesamtbudget nur einen kleinen Posten ausmachten. An jenem Tag im Jahr 1920 verflüchtigte sich jedoch ein großer Teil der Freude über meinen Erfolg.

Aber ich war jetzt ein Profi – und die neue Welt konnte unmöglich dargestellt werden, ohne die alte aus dem Weg zu schaffen. Man entwickelt mit der Zeit eine schützende Härte gegen Lob wie Tadel. Zu häufig gefielen meine Sachen den Menschen aus den falschen Gründen, oder sie gefielen solchen, deren Missfallen ein Kompliment gewesen wäre. Keine anständige Karriere gründete sich je allein auf öffentliche Anerkennung, also lernte man, ohne Vorbilder und ohne Angst voranzuschreiten. Als ich Kassensturz machte, stellte ich fest, dass ich 1919 mit dem Schreiben 800 Dollar, 1920 hingegen 18 000 Dollar verdient hatte – Kurzgeschichten, Bildrechte und Buch zusammengenommen. Der Preis für meine Erzählungen war von 30 auf 1000 Dollar gestiegen. Im Vergleich zu dem, was später in der Blütezeit gezahlt wurde, war das zwar eine kleine Summe, doch wie es in meinen Ohren klang, lässt sich kaum beschreiben.

Mein Traum hatte sich früh verwirklicht, und diese Verwirklichung barg einen gewissen Vorteil und eine gewisse Last. Frühzeitiger Erfolg gibt einem einen fast mystischen Begriff von der Vorsehung versus die eigene Willenskraft – schlimmstenfalls in Form des napoleonischen Wahns. Wer schon als junger Mensch ans Ziel kommt, glaubt, er übe seinen Willen aus, weil die Sterne günstig für ihn stünden. Wer sich erst mit dreißig behauptet, nimmt an, dass Willenskraft und Schicksal in einem ausgewogenen Verhältnis daran beteiligt seien; und wer mit vierzig oben ankommt, wird geneigt sein, allein den Willen zu betonen. All das tritt zutage, wenn man in stürmischeres Fahrwasser gerät. Was mein Vater an Erfolg verzeichnen konnte, kam relativ spät in seinem Leben und war von kurzer Dauer, und nie habe ich ihn sein Versagen auf irgendetwas anderes als das eigene Unvermögen zurückführen hören – was er durchaus hätte tun können, schließlich war er einmal einer Panik und ein anderes Mal jener ersten Welle zum Opfer gefallen, in der ältere Männer aus der Geschäftswelt aussortiert wurden. Bei mir hingegen genügte, nachdem ich etliche Jahre privaten Missgeschicks überstanden hatte, ein vergleichsweise kleiner Schlag, um meine Moral vorübergehend völlig außer Gefecht zu setzen. Verbittert und entmutigt schmollte ich zwei Jahre lang und war mir meiner Sache derart sicher, dass ich allen davon erzählte und sogar darüber schrieb, mit so wenig Zurückhaltung als hätte ich bei einem Eisenbahnunfall ein Bein verloren.

Der Mann, der mit dreißig seine Blüte erreicht, blüht im Sommer. Doch der Ausgleich für den sehr frühen Erfolg ist die Überzeugung, dass das Leben ein romantisches Abenteuer sei. So bleibt man im besten Sinne jung. Als ich mich um die wichtigsten Ziele, Liebe und Geld, nicht mehr zu kümmern brauchte und ein wankelmütiger Ruhm seinen Reiz verloren hatte, konnte ich gute Jahre, Jahre, die ich nicht aufrichtig zu bereuen vermag, darauf verschwenden, den ewigen Jahrmarkt am Meer aufzusuchen. Einmal, Mitte der zwanziger Jahre, fuhr ich in der Dämmerung die Grande Corniche entlang, und die ganze französische Riviera glitzerte unter mir auf dem Meer. In der Ferne lag, gerade noch zu erkennen, Monte Carlo, und obwohl die Saison vorbei und kein einziger Großherzog, mit dem man sich im Glücksspiel hätte versuchen können, mehr anwesend war und E. Phillips Oppenheim sich als ein dicker, emsiger Mann entpuppt hatte, der im Bademantel in meinem Hotel lebte – war doch der Name allein so unverbesserlich bezaubernd, dass ich meinen Wagen anhalten musste und wie die Chinesen flüsterte: »O ja! O ja!« Nicht Monte Carlo war es, was ich sah. Vielmehr blickte ich zurück in das Herz jenes jungen Mannes mit den Pappkartonsohlen, der einst durch die Straßen New Yorks gelaufen war. Ich war wieder er – für einen Augenblick hatte ich das Glück, seine Träume zu teilen, ich, der ich keine eigenen Träume mehr hatte. Und noch immer gibt es Zeiten, da ich mich an ihn heranschleiche, ihn an einem Herbstmorgen in New York oder einem Frühlingsabend in Carolina überrasche, wenn es so still ist, dass man einen Hund in der Nachbarstadt bellen hört. Aber

nie wieder so wie in jener allzu kurzen Phase, als er und
ich dieselbe Person waren, als sich die verheißungsvolle
Zukunft und die wehmutsvolle Vergangenheit in einem
köstlichen Moment vermischten – als das Leben im wahrs-
ten Sinne des Wortes ein Traum war.

Meine Generation

Im Jahr 1918 stahl der Verfasser dieser Zeilen eine Lok samt vertrauensvollem Lokführer und fuhr damit zweihundert Meilen weit, um nicht als unerlaubt von der Truppe entfernt zu gelten. Für dieses Vergehen kann er heute noch vor Gericht gebracht werden, deshalb darf er nichts weiter darüber ausplaudern. Es soll hier nur als Beispiel dafür dienen, wie tollkühn unsereins in jenen Tagen war – Kinder! Keine Fallschirme im Haus! Na gut – lassen wir das lieber.

Unsereins, die wir mittlerweile zwischen vierzig und fünfundvierzig sind, wurden in der Regel zu Hause bei Gasbeleuchtung oder – auf dem Land – im Licht von Öllampen geboren. Als wir in den Armen unserer Ammen unwissenschaftlich wimmerten und Bäuerchen machten, wussten wir nicht, welches große Erbe wir antreten würden – wir wussten nicht, dass die Robe der Führerschaft um unsere schmächtigen Schultern gelegt wurde, als wir die Überreste des zerbröckelnden spanischen Weltreichs übernahmen. Zusammen mit diesem neuen Weltreich wurden an die zehn Millionen von uns geboren, und in unseren ersten Buster-Brown-Kragen durften wir eine neue Art von Zirkusparade miterleben, eine Wildwestshow auf dem Wasser: Die Flotte wurde auf Weltreise geschickt. Um die letzte Jahrhundertwende – gegen 1800 – hatte es ebenfalls etwas Mitreißendes gehabt, Amerikaner zu sein, doch das hatte vor allem mit Ignoranz zu tun, denn außerhalb unseres Kontinents hatten wir nicht viel zu melden. Diesmal jedoch gab es keinen Zweifel – wenn sogar in unseren Kinderbüchern die letzten sinkenden Schornsteine von Cerveras Flotte abgebildet waren, dann mussten wir eine große Nation sein.

Wir waren vor allem groß im Glauben. Laut Edmund Wilson rührt der machtvolle Eindruck von Desillusionierung in Hemingways *In einem andern Land* von dessen ursprünglichem Vertrauen und Glauben her. Andernfalls hätte er nicht so über den Krieg schreiben können: »... zuletzt hatten nur noch die Ortsnamen Würde. (...) Abstrakte Begriffe wie Ruhm, Ehre, Mut oder heilig waren obszön neben den konkreten Namen der Dörfer, den Nummern der Straßen, den Namen der Flüsse, den Nummern der Regimenter und den Daten.« So empfand Hemingway im Jahr 1918. Als er 1899 geboren wurde, herrschten Vertrauen und Glauben in einem Ausmaß, wie es wenige moderne Nationen gekannt haben.

Der Zeitpunkt, zu dem eine neue Generation das Licht der Welt erblickt, ist wichtig; unter Generation verstehe ich eine Gegenbewegung zu den Vätern, etwas, was sich in jedem Jahrhundert etwa dreimal zu ereignen scheint. Sie zeichnet sich durch Gedanken und Vorstellungen aus, die sie von den Verrückten und Gesetzlosen der vorausgegangenen Generation übernommen hat; wenn sie eine echte Generation ist, hat sie ihre eigenen Anführer und Sprecher, und sie zieht jene in ihren Bannkreis, die kurz vor und kurz nach ihr geboren sind und deren Gedanken weniger klar definiert und weniger herausfordernd sind. Eine ausgeprägt individuelle Generation entspringt am ehesten einer Zeit der Not und des Drucks – die Anspannung, die den Kindern von den Eltern übermittelt wird, hinterlässt offenbar ihre Spuren im Herzen. Die Generation, die um 1800 erwachsen wurde, war seelisch in Valley Forge geboren. Ihre Muttermilch waren die ungelenken Briefe, die mündlichen Botschaften, die Verlustmeldungen während der sieben Jahre verzweifelten Rückzugs von Massachusetts nach Nord- und Süd-Carolina – und während des erneuten Vorrückens nach Virginia; ihr Spielzeug waren das Steinschlossgewehr in der Zimmerecke und die Epauletten eines hessischen Grenadiers; ein Druck von George Washington an der Wand des Klassenzimmers war ihre erste Begegnung mit einer Legende. Sie wuchs zu der hartgesottenen Generation eines Andrew Jackson und eines Daniel Webster heran, zu Männern wie Fulton, Eli Whitney, Lewis und Clark. Die wenigen Schriftsteller, die sie hervorbrachte, geben sich alle Mühe, Amerika eine Vergangenheit zu verleihen, ein lebendiges Verzeichnis jener, die seine Wälder und Wiesen und Städte gekannt hatten, eine Reverenz vor seinen Toten.

Sie waren zäher und ungehobelter als ihre Väter; sie mussten sich in einem Land zurechtfinden, das fernab vom Weltgeschehen lag, und ihre bangen Fragen erfüllten sie mit Verzweiflung. Sie erweckten das Duell wieder zum Leben, das in England seit langem dahinsiechte. Sie standen vor einem Scherbenhaufen – Washington sorgte sich bei seinem Tod mehr um die Republik als am Tiefpunkt der Revolution, und jene Zeit prägte ihr Leben mit Rastlosigkeit. Im Nachhinein wirken diese Männer wie aus einem Guss. Als der Letzte von ihnen, der alte General Winfield Scott, bei Bull Run eine neue Tragödie ihren Lauf nehmen sah, waren nicht mehr viele Männer am Leben, die er mit der Sprache seines gebrochenen Herzens hätte erreichen können.

Lassen Sie mich schnell hinzufügen, dass meine Generation sehr wohl lebendig ist. Einer von uns hat erst kürzlich Hedy Lamarr geheiratet!

II

Wir wurden in eine Atmosphäre von Macht und überwältigendem Nationalismus hineingeboren. Um uns dessen gewahr zu sein, mussten wir nicht erst im Kino aufstehen und das Flaggengelübde für Kinder ablegen. Einzeln und als Gruppe wurde uns eingebleut, dass wir eine Rasse seien, die zehn beliebige andere mit größter Wahrscheinlichkeit in die Knie zwingen konnte. Ich schreibe nicht aus Nostalgie, sondern mit Blick auf etwas Bestimmtes, aber jedenfalls wurden wir als kleine Jungen in Anzüge im Stil des kleinen Lord Fauntleroy gesteckt (und oft genug in Matrosenanzüge, um Spanien zum Gespött zu machen). Chauvinismus herrschte allenthalben – wir sahen Theaterstücke mit Titeln wie *Paul Revere* oder *Geheimpolizei*, und unsere Spielzeugschiffe hießen Columbia und Reliance nach den Gewinnern des America's Cup. Wir schnitzten unsere eigenen Holzschwerter und pfiffen dabei *Way Down in Colon Town*, bevor wir uns dort mit minderen Rassen Gefechte lieferten. Wir sangen: *Tease Me*, *Coax Me*, *Kiss Me Goodnight*, *Dear Love* und *If You Talk in Your Sleep Don't Mention My Name* (ein Lied, das durch die Bosheit falscher Freunde den ganzen Russisch-Japanischen Krieg hindurch *Fitzboomski* hieß). Wir bauten »Seifenkisten« mit Fahrradrädern, ohne dafür in die Zeitung zu kommen, und machten unsere eigenen Abzüge von Fotografien in verblassendem Braun und Blau. Das Zeitalter der Maschinen brach herein, aber viele Dinge, mit denen wir spielten, bastelten wir selbst.

Dieses Amerika verschwand irgendwann in den Jahren zwischen 1910 und 1920, und dieser Umstand macht meine Generation so einzigartig: Wir sind gleichermaßen Vorkriegsgeneration wie Nachkriegsgeneration. Im spannungsgeladenen Frühjahr von 1917 waren wir keine Kinder mehr, aber großenteils noch nicht verheiratet und nicht etabliert. Der Frieden traf uns weitgehend unversehrt an – weniger als fünf Prozent meiner Mitschüler aus dem College waren gefallen, dabei hatten die Colleges einen hohen Blutzoll entrichtet, gemessen am Durchschnitt unseres Landes. Männer unseres Alters gab es in Europa nicht. Ich habe oft nach ihnen gesucht, aber sie sind seit fünfundzwanzig Jahren tot.

Wir erbten also zwei Welten – die Welt der Hoffnung, für die man uns erzogen hatte, und die der Desillusionierung, die wir zeitig entdeckt hatten. Und diese erste Welt wurde uns so fremd wie ein fernes Land, mochte sie uns in Jahren noch so nahe sein. Mein Vater verwendete in den Briefen aus seiner Jugend noch das lange S, und als Junge gehörte er im Bürgerkrieg zum Spionagenetz, das die Konföderierten zwischen Washington und Richmond eingerichtet hatten. In höchster Erregung pflegte er zu sagen: »Verwünscht!« Ich lebe vernünftig in einer Welt wissenschaftlicher Wundertaten, deren Flüche oder prometheische Aufschreie unverblümter sind, aber auch wirkungsloser. Ich nehme diese Welt nicht für gegeben, wie meine Tochter es beispielsweise tut. Aber ich lebe darin und gewöhne mich an sie, und nach und nach übernimmt meine Generation die Regie.

III

Was hat es mit den Männern auf sich, die »We're in the army now« sangen, als sie volljährig wurden? Als Erstes durften sie 1919 feststellen, dass niemand sich für sie interessierte. Schluss mit dem Gerede über den Krieg – das Leben war nun einmal eine schiefe und scheeläugige Sache. Das vergaß man lieber so schnell wie möglich.

Nun gut. Hack McGraw, der als Hauptmann in Frankreich gekämpft hatte, kam nach Princeton zurück als Captain eines siegreichen Footballteams – wenn ich ihn spielen sah, fragte ich mich immer, was er sich wohl dabei dachte. Tommy Hitchcock, der aus einem Zug gesprungen war, um sich aus Deutschland zu retten, ging nach Harvard – vielleicht, um den Grund herauszufinden. Der beste Musiker, den ich je kannte, war so sehr von allen guten Geistern verlassen, dass er sich aufmachte, um den Mädchen in Polynesien Blusen anzuziehen! Männer um die fünfzig besaßen die Dreistigkeit, uns zu erklären, dass sie zu trinken aufhörten, wenn ihre Keller geleert waren – doch sie hatten dafür gesorgt, dass für uns nur billiger Fusel blieb. Damals tranken die meisten von uns, aber wir hatten uns das nicht ausgedacht – auch wenn der schwarzgebrannte Schnaps und das Petting, zwei Phänomene, die sich schon 1915 vom tiefen Süden und von Chicago aus verbreitet hatten, uns auf die Rechnung gesetzt wurden.

In Wahrheit verhielt es sich so, dass wir die Jugend, die jünger war als wir, die Gigolos und die Flapper, eher beunruhigend fanden. Wir hatten uns ans Arbeiten gewöhnt. George Gershwin klimperte Melodien zwischen den Auftritten anderer Künstler, die sich in Tin Pin Alley vorstellten, und Ernest Hemingway berichtete von den Massakern in Smyrna. Ben Hecht und Charlie MacArthur beobachteten, wie die Unterwelt von Chicago entstand. Dempsey, auf ganz andere Art vom Krieg verschreckt, wurde zum Sinnbild des Banditen jener Tage, während Tunney auf den richtigen Augenblick wartete. Donald Peattie trat sein Erbe aus Wäldern und all dessen, was er in ihnen entdeckte, an. George Antheils Musik und Paul Nelsons hängendes Haus waren noch Zukunftsmusik, aber Vincent Youmas hatte sein Publikum bereits mit *Oh Me, Oh My, Oh You* verzaubert. Merian Cooper sollte noch ein wenig länger als Glücksritter fliegen, bevor er seriös werden und die Filme *Chang* und *Gras* drehen würde. Auch Denny Holden hatte den Krieg noch nicht hinter sich – im vergangenen Sommer stürzte ein tapferer und lebensfroher Tausendsassa mit seinem Flugzeug ab, ein Mann, dessen Leben aus Hunderten von Geschichten bestand.

Der unlängst verstorbene Tom Wolfe verließ die Werften von Norfolk und besuchte das College, um sich zu bilden. Sein Ende war so tragisch, dass ich froh bin, ihn in sorgloseren und glücklicheren Zeiten gekannt zu haben. Er hatte das besondere Gespür für das Extravagante und Phantastische, das von Irving und Poe bis Dashiell Hammett so typisch amerikanisch ist. Er war mehr als zwei Meter groß, und eines Abends am Genfer See stellte er überrascht fest, dass er nicht nur die Leitungen berühren konnte, die über der Straße verliefen, sondern auch einen Stromausfall in Montreux verursachen, wenn er daran zog. Für den neugierigen Geist ist so etwas eine Entdeckung, wie man sie nicht alle Tage macht. Es war nicht einfach, Tom möglichst schnell von der Straße zu bugsieren. Fenster wurden aufgerissen, Leute riefen durcheinander, hastige Schritte waren zu hören, aber Tom hantierte noch immer an den Stromleitungen mit der Nonchalance eines Straßenbahnschaffners, der Fahrkarten verkauft. In derselben Nacht verdrückten wir uns über die Grenze nach Frankreich.

Wolfes Tod war ein schmerzlicher Verlust. Zusammen mit Hemingway, Dos Passos, Wilder und Faulkner gehörte er zu einer Gruppe von talentierten Schriftstellern, wie man sie selten auf einem Haufen findet. Jeder von ihnen schuf seine eigene Welt und lebte darin ein überzeugendes Leben. Das ausgezehrte Europa hatte dem Werk dieser jungen Männer nichts Vergleichbares entgegenzusetzen.

Die Dichter meiner Zeit haben es schwerer – wenigstens will es mir so scheinen, weil der Roman so elastisch geworden ist, dass man in diesem Genre fast alles ausprobieren kann. Einzelne Kritiker aber, darunter Wilson, Mumford und Seldes, haben in den letzten zwanzig Jahren den Geschmack und die Neigungen des Publikums nachhaltig beeinflusst. Die Stückeschreiber – Sherwood und Behrman, Barry und Stallings, Hecht und MacArthur – sind so erfolgreich, dass sie mittlerweile ihre eigenen Finanziers sind. Wenn sie eine Produktion ins Auge fassen und sich die Liste der potentiellen Geldgeber vorlegen lassen, entdecken sie nicht selten den eigenen Namen an erster Stelle. Und jene Kunstform, die von Aktionären, Produzenten und Publikum in ihren Kinderschuhen gehalten wird, hat zwei Regisseuren wie Frank Capra und King Vidor viel zu verdanken, die sich zumindest aus der Abhängigkeit von den Produzenten zu lösen verstanden.

Alles in allem war es eine starke Generation. Wer könnte es mit Tommy Hitchcock oder Bill Tilden aufnehmen, als Sieger zu überleben? In den Außenbezirken einiger Städte im Osten gab es in jedem Häuserblock ein leeres Grundstück, und dort spielte ich bescheiden im selben Team wie künftige Minnesota-Stürmer, der landesweite Medaillengewinner im Golf Dudley Mudge und der Amateurchampion Harrison Johnston.

Später, als Beamte der Schulbehörde mich wegen Schwänzens von einem Versteck zum nächsten verfolgten, lernte ich frühzeitig einige künftige Schriftsteller kennen. In New Jersey besuchte ich die Oberschule zusammen mit dem Pulitzer-Preisträger Herbert Agar und den Romanciers Cyril Hume und Edward Hope (Coffey). Hope und mir war es bestimmt, einem ähnlichen Muster zu folgen –

in Princeton verfassten wir Libretti, alberten in der Studentenzeitung herum und schrieben Collegeromane. Aber am deutlichsten erinnere ich mich an ihn als an den Mittelstürmer in der zweiten Mannschaft unserer Schule, in der ich Quarterback war. Wir waren beide fünfzehn und fürchterlich schlechte Spieler. Es gab zwei schwergewichtige Halbstürmer, denen es Spaß machte, mich außer Gefecht zu setzen, und Hope hat mich nie gedeckt – kein bisschen –, und ich hätte alles für etwas Deckung gegeben. Wir waren die faulsten Schüler und die mit den schlechtesten Noten.

Am College traf ich es etwas besser. Ich lernte die künftigen Vorstände vieler Banken und Ölfirmen kennen, den Gouverneur von Tennessee, und an Intellektuellen begegnete ich John Peale Bishop, dem »Kriegsvogel« Elliott Springs, Richter John Biggs und Hamilton Fish Armstrong. Natürlich wusste ich nicht, wer sie waren, und sie wussten es auch nicht, denn sonst hätte ich sie ein Tischtuch mit ihren Autogrammen bedecken lassen können. Unruhe machte sich breit: Richard Cleveland, Henry Strater und David Bruce führten einen Aufstand gegen die »Klassenordnung« an. In Yale taten Spence Pumpelly und Charlie Taft das Gleiche.

Als Nächstes finde ich auf meiner Liste Al Capone, der 1899 geboren wurde – aber er kam in Neapel zur Welt. So oder so ein guter Moment, um zum Ende zu kommen.

IV

Diejenigen, die ich erwähnte, sind nur ein Zug in einer Armee von fünf Millionen. Sind sie bezeichnend für meine Generation – für jene, die mit einem Fuß vor dem Krieg stehen und mit dem anderen hinter ihm? Zumindest sind sie in der Lage, sich zu äußern, und ich wage zu behaupten, dass sie nicht »gehätschelt« wurden – und wenn ein Naseweis mir erzählt, wir hätten in einem »Elfenbeinturm« gelebt, kocht mir das Blut, und ich muss in mein Paraldehyd weinen. *Der Sumpf* und *Der Oktopus* standen in unseren Bücherregalen, bevor John Steinbeck die *Früchte des Zorns* kostete. Im Jahr 1920 empfahl der Verfasser dieser Zeilen, alle heiratsfähigen Männer auf der Stelle zu erschießen. Die Revolution wartete nicht nur gleich hinter der nächsten Ecke – sie brannte mir auf den Nägeln. Aber es lässt sich nicht leugnen, dass die Fähigkeit dieser Generation zu glauben sich weitgehend erschöpft hat. Krieg und Frieden, Aufschwung und Krise und der Schatten eines neuen Krieges stehen wohl kaum in Einklang mit der Vorstellung einer *manifest destiny*. Viele Männer meines Alters neigen dazu, die Worte Sir Edward Greys von 1914 auf ihre Zeit anzuwenden: »Die Lichter gehen in der ganzen Welt aus – und wir werden sie zu unseren Lebzeiten nicht wieder leuchten sehen.«

Man darf nicht vergessen, dass Steinbeck und Dr. Hutchins, Peter Arno und der kürzlich verstorbene Irving Thalberg, Caldwell und O'Hara, Saroyan und Odets, Oberst Lindberg und District Attorney Dewey allesamt zu jung waren, um in unserem Team mitzuspielen. Ihre

Erfahrungen, Leistungen und Gewissheiten gehören nicht zu unserer Welt. Wir sind dem unförmigen Klotz in einem Hospital für Veteranen näher – denn die jüngeren Männer tanzten nicht den Grizzly Bear oder den Bunny Hug, als man dafür noch den Rauswurf aus dem College riskierte, und sie marschierten nicht tausend Meilen zur Melodie von *Beautiful Katy*. Doch gleichwohl umschließt unser Blick sie alle; wie Picasso sagt: »Man macht etwas als Erster, und dann kommt ein anderer und macht es gefälliger.« Vorsicht mit der Weltraumkanone! Nicht zielen! Alles in allem muss ich ihnen eine Lockerheit zugestehen, die wir nicht hatten, und es mag ja durchaus sein, dass der Messias sich unter ihnen befindet. Aber wir sind und bleiben etwas anderes.

Nun denn – viele sind gestorben, und mit manchen bin ich zerstritten und sehe sie nicht mehr. Doch nie sind mir Menschen so sehr ans Herz gewachsen wie jene, die das erste Frühlingserwachen so empfanden, wie ich es empfand, und die den Tod vor Augen sahen und verschont wurden – und die nun durch den langen stürmischen Sommer laufen. Sie sind eine Generation von ererbter Unerschütterlichkeit und erworbener Raffinesse – und von erstaunlicher Klugheit. Alles, was ich von dieser Generation denke, lässt sich mit einer Zeile von Willa Cather sagen: »Wir besitzen zusammen die kostbare, die unvermittelbare Vergangenheit.«

Anmerkungen

Eine Ausgabe der Essays F. Scott Fitzgeralds ist zu seinen Lebzeiten nicht erschienen. In einem Brief vom 15. Mai 1934 schlug er seinem Lektor Max Perkins im Verlag Charles Scribner's Sons neben anderen Buchvorhaben ein solches Projekt vor, stieß damit jedoch auf wenig Gegenliebe. Im Frühjahr 1936 unternahm Fitzgerald einen erneuten Vorstoß, nachdem der Verlag Simon and Schuster ihm in Aussicht gestellt hatte, eventuell einen Band mit verschiedenen seiner autobiographischen Texte zu veröffentlichen. Er erinnerte Perkins an den seinerzeitigen Vorschlag und schickte ihm diesmal eine durchnummerierte Auflistung sämtlicher von ihm vorgesehener Texte; die von ihm gewählte Reihenfolge lag ihm am Herzen, wie er Perkins erklärte, denn er hatte die Texte nicht chronologisch, sondern nach inhaltlichen Schwerpunkten zu einer Art *tour d'horizon* seiner persönlichen und schriftstellerischen Entwicklung zusammengestellt.

Verwirklicht wurde weder dieses Projekt noch das Vorhaben des Konkurrenzverlags. Nach Fitzgeralds Tod im Jahr 1940 veröffentlichte sein Freund und Mentor Edmund Wilson eine Essaysammlung, die fast ausschließlich Fitzgeralds spätere, nach 1933 entstandene Texte berücksichtigt.

Der vorliegende Band enthält Essays aus Fitzgeralds

gesamter Schaffensperiode. Den ersten Teil bilden die Texte, die Fitzgerald in seinem Brief an Perkins aufgelistet hat, in der von ihm vorgesehenen Reihenfolge. Der zweite Teil besteht aus zwei launigen Texten aus dem Jahr 1934 und fünf wesentlich ernsteren Texten aus Fitzgeralds letzten Lebensjahren; diese sieben Essays hat James L.W. West III., Herausgeber des Essaybands im Rahmen der Cambridge Edition, der amerikanischen Gesamtausgabe der Werke Fitzgeralds, als Glanzstücke unter den späten autobiographischen Schriften des Verfassers ausgewählt. Beide Teile zusammen lassen sich als eine ungefähre Annäherung an einen Essayband von Fitzgeralds Hand lesen, in dem seine schriftstellerische und persönliche Entwicklung dokumentiert wäre.

Textgrundlage dieser Ausgabe sind die erhaltenen Typoskripte und veröffentlichten Artikel und in einem einzigen Fall eine Manuskriptfassung. Soweit mehrere Vorlagen existieren, hat der amerikanische Herausgeber sich für die Fassungen entschieden, die das letzte Stadium der Bearbeitung durch den Verfasser darstellen. Fitzgerald selbst hat diese Texte nicht für die Publikation innerhalb eines Sammelbands durchgesehen, überarbeitet oder gestrafft, wie aus Wiederholungen innerhalb der einzelnen Artikel ersichtlich ist.

Anmerkungsapparat und Variantenverzeichnis der amerikanischen Ausgabe setzen eine englischsprachige Leserschaft mit spezifisch amerikanischer Bildung voraus. Sie wurden nicht für die deutschsprachige Ausgabe übernommen. Die Anmerkungen der deutschsprachigen Ausgabe hat Melanie Walz besorgt.

Der Text mit dem Titel »Früher Erfolg« ist von Bettina Abarbanell übersetzt, der Text mit dem Titel »Hundert Fehlstarts« von Renate Orth-Guttmann.

Nach dem kursiv gesetzten Originaltitel ist jeweils das Entstehungsjahr angegeben, gefolgt vom Namen der Zeitung oder Zeitschrift der Erstveröffentlichung und dem Publikationsdatum.

Wer es zu etwas bringt – und warum (*Who's Who – and Why*, 1920; *Saturday Evening Post*, 193, 18. September 1920)
Triangle Club: Die Studentenclubs der amerikanischen Universitäten waren zu Fitzgeralds Studienzeit berühmt für ihre umfassende und aufwendige Freizeitgestaltung. Der Triangle Club hatte sich auf Musicals spezialisiert, die von seinen Mitgliedern verfasst und aufgeführt wurden. Fitzgerald war an drei Produktionen beteiligt.

Ich wurde sehr krank: Fitzgerald war als Kind an Tuberkulose erkrankt und hatte später mehrere Rückfälle oder berief sich auf solche, um seine mäßigen Noten an der Universität zu erklären.

The Romantic Egotist: Fitzgeralds erstes Romanprojekt, das in der ursprünglichen Form nicht veröffentlicht wurde, zum großen Teil jedoch in *Diesseits vom Paradies* Eingang fand.

In den Worten des unsterblichen Julius Cäsar: »Das ist alles, mehr gibt es nicht«, sind die umgehend unsterblich gewordenen Worte, mit denen 1904 die Film- und Bühnenschauspielerin Ethel Barrymore dem nach der Aufführung des Stücks *Sunday* von Thomas Raceward frenetisch klatschenden Publikum nach zahllosen Vorhängen unverblümt zu verstehen gab, es sei genug des Beifalls gewesen. Es wurde ihre Gepflogenheit, sich mit diesen Worten vom Publikum zu verabschieden.

Princeton (*Princeton*, 1927; *College Humor*, 13, Dezember 1927)

Die University of Princeton ist die viertälteste Universität der Vereinigten Staaten – nach Harvard (Cambridge, Massachusetts, 1636 gegründet), dem College of William and Mary (Williamsburg, Virginia, 1693 gegründet) und Yale (New Haven, Connecticut, 1716 gegründet). Sie zählt zur sogenannten Ivy League der acht herausragendsten Universitäten der USA. Gegründet wurde sie 1746 von Presbyterianern als College of New Jersey; zehn Jahre später wurde sie nach Princeton verlegt. Den Rang der Universität erhielt sie 1896. Schon früh galt sie als besonders fortschrittliche und aufgeklärte Hochschule, und viele der führenden geistigen Persönlichkeiten der Amerikanischen Revolution und der Frühzeit der amerikanischen Republik waren Princeton-Absolventen. Auch zu Fitzgeralds Studienzeit galt sie als Universität mit besonderem Schwergewicht auf den Geisteswissenschaften. Viele der in diesem Artikel erwähnten Kommilitonen Fitzgeralds wurden zu mehr oder weniger bekannten Journalisten, Schriftstellern, Politikern und Geschäftsleuten.

Die Studentenclubs wurden von ihren Mitgliedern sehr ernst genommen, und ihre Aufführungen waren so bekannt und begehrt, dass sie am Jahresende auch außerhalb der Universität gastierten. Wie Fitzgerald ausführt, konnte man in besonders snobistische Clubs nur aufgenommen werden, wenn man vorher die »richtige« Prep School besucht hatte. Auch Sport hatte einen wichtigen Stellenwert; die Football-Mannschaften der Universitäten waren berühmt.

Wilsons klösterliche Pläne: Woodrow Wilson reformierte und modernisierte den Studienplan der Universität, konnte sich mit vielen Reformen aber nicht durchsetzen.

Gertrude Ederle *und* Ruth Snyder: Die Schwimmerin G. Ederle überquerte als erste Frau 1926 schwimmend den Ärmelkanal; Ruth Snyder gewann Sympathien durch den melodramatischen Mord an ihrem Ehemann und durch ihre sensationelle, weil von einem Pressefotografen heimlich fotografierte Hinrichtung in Sing-Sing auf dem elektrischen Stuhl 1928; nach Martha M. Place (1899 für den Mord an ihrer Stieftochter hingerichtet) war Snyder die zweite Frau in den USA, die auf den elektrischen Stuhl kam; James M. Cains Roman *Double Indemnity* basiert auf dem Mord an Mr. Snyder durch seine Ehefrau und deren Geliebten Henry Judd Gray, der zusammen mit ihr verurteilt und hingerichtet wurde.

Rektor Hibben: Den Begriff der »Normalheit« (*normalcy* statt, wie es korrekt lauten müsste, *normality*) prägte Warren G. Harding in einer Rede während seines Wahlkampfs als Präsidentschaftskandidat; statt sich kleinmütig zu korrigieren, trat der amerikanische Heinrich Lübke die Flucht nach vorn an und verwendete das Wort trotz allen Spotts hartnäckig weiter; Fitzgerald vergleicht boshaft Hibben mit Harding – beide waren Nachfolger Woodrow

Wilsons, John Grier Hibben als Rektor von Princeton, Warren G. Harding als Präsident der Vereinigten Staaten.

Himmel des preußischen Rheinlands: Diese Formulierung ist wohl nicht ganz wörtlich zu nehmen; vermutlich meint Fitzgerald die altehrwürdige Universitätsstadt Heidelberg, vielleicht auch Tübingen.

Was ich mit fünfundzwanzig denke und fühle (*What I Think and Feel at 25*, 1922; *American Magazine*, 94, September 1922)
Er war alt, aber kein Seefahrer: Das ist eine scherzhafte Anspielung auf S. T. Coleridges Gedicht *The Ancient Mariner*.

Knutschpartys: Sogenannte *petting-parties* wurden in den zwanziger Jahren in Amerika neben anderen »lasterhaften« Neuerungen von der Jeunesse dorée als Zeitvertreib eingeführt; wie die kurzen Röcke, die kurzen Haare und das androgyne Gebaren der jungen Mädchen sind auch die Knutschpartys Ausdruck eines (kurzlebigen) völlig neuen Verhältnisses zwischen den Geschlechtern.

Achtzehnter Verfassungszusatz: Dieser Verfassungszusatz hatte mit Wirkung vom 16. Januar 1919 der Prohibition Gesetzeskraft verliehen. Aufgehoben wurde er am 5. Dezember 1933.

Elektrische Waschmaschine: Nicht der Waschmaschine jener Zeit als solcher gebührt der gefährliche Ruf, Frauen fast zu skalpieren, sondern ihren seitlichen Aufsätzen, zwei hölzernen Mangeln zum mechanischen Auswringen der nassen Wäsche, aus denen kein Entkommen war, wenn man sich mit den Haaren darin verfangen hatte.

Washingtons Abschiedsrede: George Washingtons »Farewell Address« an das Volk der Vereinigten Staaten erschien anlässlich seines Rücktritts vom Amt des Präsidenten nach zweiter Amtszeit am 19. September 1796 in der Zeitung; sie ist sein moralisches und politisches Vermächtnis, im kollektiven Gedächtnis von vergleichbarem Stellenwert wie Lincolns »Gettysburg Address«.

Zion City: Vom Begründer der Christian Catholic Church J. A. Dowrie 1901 in Illinois gegründetes Zentrum dieser Sekte.

Philadelphia im Jahr 1727: Benjamin Franklin gilt als Paradebeispiel des Selfmademan; in seiner *Autobiographie* und anderen Memoiren gratuliert er sich unverhohlen zum Aufstieg vom bettelarmen Druckereigehilfen zum wohlhabenden Geschäftsmann und Staatsmann; 1727 konnte er in Philadelphia seine erste eigene Druckerei eröffnen. Die Episode mit dem Brotlaib bei seiner Ankunft in Philadelphia berichtet Franklin in der obengenannten *Autobiographie* (trotz Armut und abgerissenem Äußeren besaß er genug geistige Unabhängigkeit, sich von den befremdeten Mienen der braven Bürger nicht einschüchtern zu lassen).

Wie man mit 36 000 Dollar im Jahr auskommt (*How to Live on $ 36 000 a Year*, 1924; *Saturday Evening Post*, 196, 5. April 1924)

Liberty Bonds: Staatsanleihen, die ausgegeben wurden, um den Eintritt in den Ersten Weltkrieg zu finanzieren.

Mein erstes Theaterstück: Fitzgeralds Stück *The Vegetable*.

Geldsegen aus Filmrechten: Vermutlich die Tantiemen

für die Verfilmung des Romans *Die Schönen und Ver-dammten* von 1922.

Ich hatte nämlich einen neuen Roman zu schreiben be-gonnen: Es handelt sich um den ersten Entwurf für den späteren *Großen Gatsby* ohne Ich-Erzähler.

Wie man mit fast nichts über die Runden kommt (*How to Live on Practically Nothing a Year*, 1924; *Saturday Evening Post*, 197, 20. September 1924)

... das Wort Chicago: Aus der Stadt der Großschlachte-reien und Wurstfabriken versprach man sich in Europa eine besonders wohlhabende Gattung amerikanischer Touristen.

Phantasie – und verschiedene Mütter (*Imagination – and a Few Mothers*, 1923; *Ladies' Home Journal*, 40, Juni 1923)

Wie Shelley es nicht ausgedrückt hat: Ausgedrückt hat Shelley es in seinem (postum veröffentlichten) Gedicht »To –: One Word Is Too Often Profaned«, das sich an die platonische Freundin Jane Williams richtete, mit den Worten: »Die Sehnsucht des Nachtfalters nach dem Stern / Der Nacht nach dem Morgen«.

Hippodrome: Dieser 1905 errichtete New Yorker Ver-gnügungspalast war mit seinen Attraktionen aus dem 19. Jahrhundert für Zeitgenossen der »modernen« zwan-ziger Jahre hoffnungslos veraltet.

»Warten Sie nur, bis Sie Kinder haben!« (*»Wait Till You Have Children of Your Own!«*, 1924; *Woman's Home Companion*, 51, Juli 1924)

Grover Cleveland Bergdoll: Der Spross einer deutsch-stämmigen Brauereifamilie aus Philadelphia, Pilot und Rennfahrer, entzog sich dem Militärdienst im Ersten Weltkrieg, indem er sich nach Eberbach bei Heidelberg absetzte, wo er Verwandte hatte; es gab mehrere gescheiterte Entführungsversuche durch US-Militärpolizisten, 1939 kehrte Bergdoll aus freien Stücken in die Vereinigten Staaten zurück und saß dort bis 1944 im Gefängnis.

»My Country, 'Tis of Thee«: Bis zur Etablierung von »The Star-Spangled Banner« im Jahr 1931 war dieses patriotische Lied eine der »inoffiziellen« Nationalhymnen der USA.

Van Loons Geschichte der Menschheit: Ein seinerzeit sehr beliebtes populärwissenschaftliches Buch des Niederländers Hendrik Willem van Loon, der 1902 in die USA eingewandert war.

Polyanna: Die kindliche Heldin des gleichnamigen Romans von Eleanor H. Porter ist eine unverbesserliche Optimistin.

Anthony Hope, J.S. Fletcher: Britische Verfasser von Trivialliteratur, im Falle Hopes von Abenteuer- und Liebesromanen (am bekanntesten *Der Gefangene von Zenda*), während der ungemein produktive Fletcher mit seinen Kriminalromanen seinerzeit so populär war wie A. Christie und E. Wallace.

Richard Harding Davis: Der amerikanische Journalist und Schriftsteller R.H. Davis beeindruckte junge Menschen durch sein verwegenes Leben als Kriegsberichterstatter.

Taft *bis* John Drew: Diese Aufzählung umfasst zwei ehemalige US-Präsidenten und einen erfolglosen Präsidentschaftskandidaten, vier hochrangige Militärs, einen Schriftsteller und Kritiker, einen Maler, einen Stahlmagnaten, einen Eisenbahnunternehmer, einen Ölmagnaten und einen Bühnenschauspieler.

Stonewall Jackson *bis* General Gordon: Eine Liste farbenprächtiger Charaktere des frühen und mittleren 19. Jahrhunderts (mit Ausnahme des britischen Spions Major John André, der im Amerikanischen Unabhängigkeitskrieg hingerichtet wurde, und Roger Williams, der im 17. Jahrhundert Providence, die Hauptstadt von Rhode Island, gründete), die sich durch eine fesselnde Lebensgeschichte oder dramatische Todesumstände als Helden empfehlen.

Cummings *bis* Boyd: Fitzgerald zitiert Lyriker, die ihre Erlebnisse im Ersten Weltkrieg in Gedichten und Tagebucheintragungen verarbeitet haben, mit zwei Ausnahmen, seinen Freunden Edmund Wilson und Thomas Boyd; Boyd hat einen Roman über seine Erlebnisse im Schützengraben an der Westfront verfasst.

Stephen Crane: In allen Auflistungen herausragender Männer in diesem Text mischt Fitzgerald Dichter unter Militärs, Geschäftsleute und Staatsmänner, aber die Nachbarschaft des Schriftstellers Stephen Crane zu dem Architekten White und dem Eisenbahnunternehmer Harriman ist am ehesten durch die ihnen gemeinsame Modernität im Denken zu erklären.

Booth Tarkington: Dieser fruchtbare und erfolgreiche amerikanische Romancier, Studienfreund Fitzgeralds in Princeton, erhielt den Pulitzer-Preis zweimal.

Lucy Stone League: 1921 gegründete Frauenorganisation, benannt nach der Frauenrechtlerin und Abolitio-

nistin Lucy Stone (1818–1893), die als erste Ehefrau in
Amerika ihren Geburtsnamen beibehielt.

Wie man Stoff vergeudet (*How To Waste Material*, 1926;
Bookman, 63, Mai 1926)

Through the Wheat, *Three Soldiers*, *Les Croix de Bois*
und *The Red Badge of Courage*: Die ersten drei Romane
(von Thomas Boyd, John Dos Passos und Roland Dorge-
lès) handeln vom Ersten Weltkrieg, *The Red Badge of
Courage* von Stephen Crane hat den Amerikanischen
Bürgerkrieg zum Gegenstand.

»New poetry movement«: Unter dieser Bewegung versteht Fitzgerald offenbar die sogenannten Imagisten mit
ihrer radikalen Abkehr von romantischer und viktorianischer Dichtung, deren berühmteste Vertreter James Joyce
und Ezra Pound sind.

… die erste Veröffentlichung Ernest Hemingways: Fitzgerald hatte Hemingway 1925 in Paris kennengelernt, wo
dieser seit 1921 lebte. *In Our Time* (erschienen 1925) ist
Hemingways erste literarische Veröffentlichung in den
USA; in Frankreich war 1923 der Band *Three Stories and
Ten Poems* (bei einem Kleinverlag in Dijon) erschienen,
der zwei der fünfzehn Erzählungen aus *In Our Time* enthält, und 1924 bei der bibliophilen Three Mountains Press
des Amerikaners Bill Bird in Paris unter dem in konse-
quenter Kleinschreibung gehaltenen Titel *in our time* die
Sammlung der Prosaminiaturen Hemingways mit Kriegs-
eindrücken, die in der amerikanischen Ausgabe von 1925
als Vignetten die Geschichten von *In Our Time* sowohl
trennen als auch verbinden.

Hundert Fehlstarts (*One Hundred False Starts*, 1933; *Saturday Evening Post*, 205, 4. März 1933)

Ouled-Naïl-Tanztruppe: Die Ouled Naïl sind ein Berberstamm in Nordafrika, deren Töchter von den Müttern zu Tänzerinnen ausgebildet wurden, um reich geschmückt, leicht bekleidet, stark geschminkt und mit verführerischen Tanzposen so viel Geld zu verdienen, dass sie sich damit zu Hause einen Ehemann kaufen konnten. Im Zuge neuer Sittenstrenge nach Ende der Kolonialzeit wurde dieser Brauch verboten.

Schweizer Familie Robinson: *Der Schweizerische Robinson oder der schiffbrüchige Schweizer-Prediger und seine Familie. Ein lehrreiches Buch für Kinder und Kinder-Freunde zu Stadt und Land* ist unter den zahlreichen Robinsonaden, die in Anlehnung an Defoes Roman entstanden, eine der berühmtesten und beliebtesten; der Berner Pfarrer Johann David Wyss hat sie Ende des 18. Jahrhunderts für seine Söhne verfasst (die als Protagonisten darin auftauchen); sein zweitältester Sohn ließ die Geschichte 1812 drucken. *Zwei kleine Wilde* (*Two Little Savages*) ist eine Abenteuergeschichte für Kinder von Ernest Thompson Seton, 1903 erschienen, in der zwei Jungen sich aufmachen, wie Indianer zu leben. Beide Bücher sollen Jules Verne als Inspirationsquelle für *Die geheimnisvolle Insel* gedient haben.

Mr. Terhune: Albert Payson Terhune war ein Trivialautor, besonders beliebt für seine Geschichten über Hunde.

… eine junge Frau namens Elsie: Der autobiographische Hintergrund dieser Passage ist Fitzgeralds glücklose romantische und weitgehend brieflich unterhaltene frühe Liebesbeziehung zu Ginevra King, einer verwöhnten Tochter aus reichem Haus.

Joseph Conrad: Laut dem Herausgeber der amerikanischen Ausgabe von Fitzgeralds Essays, *My Lost City*, zitiert der Autor möglicherweise aus dem Gedächtnis eine Stelle aus Conrads Vorwort zu seinem Roman *Der Nigger von der Narcissus*. Im Original lautet der Satz (ins Deutsche übersetzt): »Meine Aufgabe, die ich zu erfüllen versuche, ist die, Sie durch die Macht des geschriebenen Wortes hören zu machen, fühlen zu machen – mehr als alles andere, Sie *sehen zu machen!*«

Ring (*Ring*, 1933; Nachruf am 11. Oktober 1933 in *New Republic*, 76)

Artikelserie über Katze und Mantel: In seiner Funktion als Sportreporter kommentierte Ring Lardner die Baseballmeisterschaften zwischen den Giants und den Yankees Anfang Oktober 1922, und zum großen Gaudium des Publikums würzte er seine Berichte mit einem Running Gag: Er habe seiner Frau einen Pelzmantel versprochen, sein Geld aber auf die Verlierer gesetzt und daher beschlossen, die vier Hauskatzen zum Pelzmantel verarbeiten zu lassen. Fitzgerald und Lardner hatten sich 1921 kennengelernt, aber eine Freundschaft wurde daraus erst nach der zweiten Begegnung im Herbst 1922.

George Kaufman: Der enorm produktive und erfolgreiche Stückeschreiber und Regisseur George S. Kaufman schrieb zusammen mit Lardner nach dessen Erzählung »Some Like Them Cold« die Komödie *June Moon*, die Ende Oktober 1929 am Broadway uraufgeführt, nach

273 Aufführungen von Theatern in anderen Städten übernommen und später mehrmals verfilmt wurde.

Frank Chance: Der legendäre First Baseman der Chicago Cubs war von 1906 bis 1912 auch Manager der Baseballmannschaft, die unter seiner Leitung den Titel in der National League in Serie holte.

Niles, Michigan: Es handelt sich um die vorerwähnte Kleinstadt, aus der Lardner stammt.

You Know Me Al: Dieser Briefroman in sechs Episoden wurde zuerst als Zeitungsserie veröffentlicht, erschien 1916 in Buchform und machte Lardner im Handumdrehen populär; die Briefe sind von »Jack Keefe« verfasst, einem ungebildeten hinterwäldlerischen Baseballspieler mit vorgestrigen Ansichten, der einen Freund zu Hause an seinen Gedanken teilhaben lässt. Der vorher von Fitzgerald angesprochene Comicstrip, gezeichnet von Dick »Tad« Dorgan und getextet von Ring Lardner, war aus dem Buch hervorgegangen.

Dutch-Treat-Show: Es handelt sich um das jährliche Festbankett mit Begleitprogramm des Dutch Treat Club, eines New Yorker Künstler- und Schriftstellerclubs.

Eine kurze Autobiographie (*A Short Autobiography*, 1929; *The New Yorker* vom 25. Mai 1929)

mit Dank an Nathan: George Jean Nathan, Schriftsteller und Theaterkritiker.

Great-Western-Champagner: Die Pleasant Valley Wine Company im Staat New York, genannt Great Western Winery, besteht seit 1860; 1865 begann sie mit der Herstellung von Champagner, der seit der Pariser Weltausstellung von 1867 wiederholt prämiert wurde; Pleasant Valley trug lange Jahre den Beinamen »Reims der USA«.

Rohwhiskey: Frisch destillierter Whiskey, noch farblos und von beißendem Geruch und Geschmack.

Die Stingers bei Tate's: Ein Teil weiße Crème de Menthe und drei Teile Brandy auf zerstoßenem Eis.

Sazerac: Gilt als ältester Cocktail der USA, soll 1830 von dem Apotheker A. A. Peychaud in New Orleans erfunden worden sein; Peychauds Patentmedizin war ursprünglich ebenso Bestandteil des Cocktails wie der französische Cognac, dem er seinen Namen verdankt, sowie Absinth (heute mixt man ihn aus Bourbon oder Canadian Whiskey, Angostura und Pastis mit etwas Zucker, Zitronenschale und Eis).

Canadian Ale: Mildes, leicht gehopftes Lagerbier.

Champagnercocktail: Besteht aus gutgekühltem Champagner mit einem Streifen Orangenschale und etwas Cognac, der auf dem Champagner schwimmen soll.

Chambéry Fraise: Ein Teil Erdbeerlikör und zwei Teile trockenen Wermuts auf zerstoßenem Eis, mit Soda aufgefüllt.

Ein trockener Weißer: Kampanische Weißweine waren von der Antike bis in das zehnte Jahrhundert berühmt und begehrt; zu Fitzgeralds Lebzeiten galten sie nicht viel; es kann sich um einen Falerner, einen Fiano di Avellino oder einen Greco di tufo handeln.

Gerald M.: Der Maler Gerald Murphy und seine Frau Sara waren seit Anfang 1924 mit dem Ehepaar Fitzgerald befreundet; der Lebensstil des wohlhabenden und großzügigen Ehepaars in seiner Villa America an der Riviera dient als Kulisse für *Zärtlich ist die Nacht*. Gerald Murphy war berühmt für seine Cocktails, die er einem Freund zufolge mit der Andacht mixte, mit der ein Priester die Messe feiert.

Der Pouilly zur Bouillabaisse: Vermutlich ein Pouilly-Fuissé, ein kräftiger, körperreicher weißer Mâcon.

Chablis-Mouton 1902: Es handelt sich nicht um einen Cocktail aus Chablis und Mouton-Rothschild, sondern um einen der acht Grand Crus des Chablis, La Moutonne.

Mädchen glauben an Mädchen (*Girls Believe in Girls*, 1930; *Liberty* vom 8. Februar 1930, 7)

Die Castles: Das Showtänzerehepaar Irene und Vernon Castle revolutionierte unmittelbar vor dem Ersten Weltkrieg den Gesellschaftstanz und machte bis dahin als frivol oder gar unzüchtig geltende Tänze wie den Tango gesellschaftsfähig.

Edna Millay *bis* Ruth Snyder: Edna St. Vincent Millay war eine angesehene Dichterin, Helen Wills eine erfolgreiche Tennisspielerin, Geraldine Farrar eine beliebte Opernsängerin, Marie Alexandra Victoria von Edinburgh, nachmals Königin Maria von Rumänien, eroberte die Herzen durch ihre Tätigkeit als Rotkreuzschwester im Ersten Weltkrieg und durch ihr romantisches Leben; Aimee Semple McPherson gründete eine Privatsekte mit Namen International Church of the Fourthsquare Gospel und war für exzentrische Auftritte bekannt; Ruth Snyder erwähnt Fitzgerald in seinem Essay »Princeton«.

Clara Bow: Die Filmschauspielerin verkörperte in den zwanziger Jahren geradezu das Ideal des Flappers.

Gibson Girl: Der Graphiker und Illustrator Charles Dana Gibson ist der Vater des Gibson Girls, das mit seiner wuchtigen Haartolle und seinem Schmollmund eine züchtigere Vorläuferin des Flappers darstellt.

Meine verlorene Stadt (*My Lost City*, 1935/1949; *Cosmopolitan*, 131, Juli 1951)

Bunny: Das war der Spitzname Edmund Wilsons, Fitzgeralds Freund und Mentor aus der gemeinsamen Studienzeit in Princeton. – Holder Court ist die Bezeichnung des Wohntrakts, in dem Wilson als Student einquartiert war.

Emily Price Post: Die Verfasserin von *Etiquette in Society, in Business, in Politics and at Home* war eine unangefochtene Autorität in Sachen Manieren und Lebensstil – eine amerikanische Erica von Pappritz, wenn man so will.

Midnight Frolic: Dieses Nachtlokal, dessen Eigentümer Florenz Ziegfeld war, befand sich auf einer Dachterrasse; dort tanzten seine Revuemädchen.

Scandals-Show: Die Nummernrevue mit dem Titel »Scandals« war mit wechselnder Besetzung und unter wechselnder Leitung ein langjähriger Dauerbrenner am Broadway.

»Bringen Sie Mr. und Mrs. F. zu Nummer ***« (*»Show Mr. and Mrs. F. to Number ***«*, 1934; *Esquire*, 1 und 2, Mai und Juni 1934)

Dieser Text und der Text »Auktion, Modell 1934« sind Gemeinschaftsarbeiten des Ehepaars Fitzgerald. Das Typoskript mit dem Text Zelda Fitzgeralds und mit Fitzgeralds handschriftlichen Änderungen ist vollständig erhalten;

Fitzgeralds Eingriffe sind in der Hauptsache Straffungen, oft mit dem Ziel eines vagen poetischen Verfremdungseffekts, und das durchgängige Ersetzen der von Zelda gewählten ersten Person Singular durch den Plural in der Erzählperspektive.

Marmon: Von diesem Wagentyp wurden nur wenige Exemplare gebaut und verkauft; das Ehepaar Fitzgerald zählte zu den glücklosen Besitzern eines dieser kapriziösen und störanfälligen Automobile.

Wir hatten ein Theaterstück am Broadway: Dies bezieht sich auf die erfolgreiche Aufführung einer Bühnenversion des *Großen Gatsby*.

... die silbernen Krüge: Das Bier in dem berühmten Münchner Restaurant wurde in Zinnkrügen serviert, die frisch poliert an Silber erinnern.

... hochgeschätzte Zeugen einer verlorenen Sache: Dem erhaltenen Typoskript lässt sich entnehmen, dass diese Stelle in ungekürzter Fassung sich auf einen Besuch des Münchner Armeemuseums bezieht (»we went to the war museum and wept over the cherished witnesses to a lost cause«); die »Zeugen« sind also die in den Kriegen Gefallenen.

Planetarium: Das Planetarium wird sich im Deutschen Museum befunden haben, dem berühmten Museum für Naturwissenschaften und Technik.

Echos des Jazz Age (*Echoes of the Jazz Age*, 1931; *Scribner's Magazine*, 90, November 1931)

Maiunruhen von 1919: Im Rahmen der ersten großen Welle der Kommunistenobsession in den Vereinigten

Staaten zu Anfang des 20. Jahrhunderts wurden alle gewerkschaftlichen Bestrebungen verteufelt; die Umzüge und Versammlungen am 1. Mai, dem Tag der Arbeit, galten den Behörden als Brutherde einer Verschwörung, die mit allen Mitteln niedergeschlagen werden musste.

Harding: Der Mann, mit dem Fitzgerald in seinem Text über Princeton den seinerzeitigen Rektor Hibben so unfreundlich in Zusammenhang bringt, war als Präsident der Vereinigten Staaten ein ausnehmend skrupelloser und korrupter Politiker, der vor allem Freunde aus seiner Heimat Ohio in Amt und Würden brachte.

Sacco und Vanzetti: Die Anarchisten Nicola Sacco und Bartolomeo Vanzetti wurden 1921 als Raubmörder hingerichtet. Zweifel an ihrer Schuld wurden während des Verfahrens und auch danach immer wieder geäußert; 1977 ehrte sie Michael Dukakis, damals Gouverneur von Massachusetts.

Eine aufgeblasene Null: Diese wenig schmeichelhaften Worte gelten Woodrow Wilson, dem vormaligen Rektor der Universität von Princeton; offenbar konnte Fitzgerald für einen Präsidenten, der voreingenommen den Interessen der Südstaaten entgegenkam und in vielen Bereichen die Rassentrennung wieder einführte, keine Wertschätzung aufbringen.

…ein dandyhafter junger Mann: Edward, Prince of Wales, als Geck oder Stutzer weithin bekannt, war ein großer Frauenliebling, besonders in den USA.

…jenes weiblichen Rasputins: Das ist eine drastische Bezeichnung für Woodrow Wilsons Ehefrau Ellen Luise; nach einem Schlaganfall im Jahr 1919 war Wilson gesundheitlich dauerhaft beeinträchtigt, und es wurde gemunkelt, seine Ehefrau führe in Wahrheit die Regierungsgeschäfte.

… deshalb esset und trinket: Fitzgerald spielt auf eines der Leitmotive des Buchs Kohelet bzw. des Predigers Salomo an, das allerdings im zweiten Teil des Satzes nicht an den Tod gemahnt, sondern von Gottes Wohlgefallen an einem Menschen spricht, der sich seines Lebens zu freuen weiß.

Heywood Broun: einflussreicher Journalist und Kritiker der dreißiger Jahre.

Jurgen bis *Sodom und Gomorrha*: Der Roman *Jurgen* von James Branch Cabell galt als »unmoralisches« Buch und wirbelte bei Erscheinen viel Staub auf; in einer Neuauflage von 1926 rächte sich der Verfasser an den Sittenhütern, indem er sie in einer Passage karikiert, und dankte ihnen in einem zweiten Buch *(Taboo)* explizit für die Reklame, die *Jurgen* zu seinem Erfolg verhalf. Autor von *Winesburgh, Ohio* ist Sherwood Anderson. Auch *Ulysses* von James Joyce war bei sittenstrengen Amerikanern nicht wohlgelitten, so wenig wie *Cytherea* von Joseph Hergesheimer oder *Flaming Youth* von Samuel Hopkins Adams (unter Pseudonym veröffentlicht und mit Colleen Moore in der Hauptrolle 1923 verfilmt). In der Verfilmung des Bestsellers *The Sheik* von Edith Maude Hull spielte der Frauenschwarm Rudolph Valentino die Hauptrolle, auf die Vergewaltigungsszene wurde allerdings verzichtet. Michael Arlens Roman *The Green Hat*, Noel Cowards Theaterstück *The Vortex* und D. H. Lawrences Roman *Lady Chatterley's Lover* sprechen offen von der weiblichen Sexualität; Margaret Radclyffe Halls Roman *The Well of Loneliness* und Marcel Prousts Romanwerk *À la recherche du temps perdu* machen die weibliche und die männliche Homosexualität zum Thema.

Mrs. Jiggs: In dem Cartoon *Bringing up Father* von George McManus ist Mr. Jiggs ein irischstämmiger Arbeiter, der durch einen Lotteriegewinn zum Millionär wird, seine proletarische Lebensweise aber beibehalten will, während seine Ehefrau Maggie, vormals Wäscherin, sich als Neureiche gebärdet.

Dann wurde ein junger Produzent: Bei einer Party am 22. Februar 1926 sprang ein minderjähriges Fotomodell in eine Badewanne voll Champagner, und die Gäste tranken das »Badewasser«. Im *Daily Mirror* vom 24. Februar wurde dieses Ereignis genüsslich ausgeschlachtet, und der Veranstalter der Party kam vor Gericht und wurde zu sechs Monaten Gefängnis verurteilt.

Van Bibber: Der in »Warten Sie nur, bis Sie Kinder haben!« erwähnte Richard Harding Davis verfasste unter anderem eine Reihe leicht satirischer Erzählungen über die New Yorker Hautevolee mit einer Hauptfigur namens Cortlandt Van Bibber.

Ein junger Mann aus Minnesota: Dieser junge Mann ist, wie unschwer zu erraten, Charles Lindbergh.

Leopold-Loeb-Mord: Im Mai 1924 entführten und ermordeten die Studenten Nathan Leopold jr. und Richard Loeb in Chicago den entfernt mit ihnen verwandten vierzehnjährigen Bobby Franks. Ihr Motiv war Experimentierlust, der Beweis, dass das »perfekte Verbrechen« für einen überdurchschnittlich intelligenten Menschen ohne weiteres zu bewerkstelligen sei. Überführt wurden sie dennoch ziemlich bald. Dass sie nicht hingerichtet wurden, verdankten sie ihrem brillanten Verteidiger Clarence Darrow, einem unermüdlichen Streiter gegen die Todesstrafe. Alfred Hitchcocks Film *Rope* basiert auf ihrer Tat und ist ebenfalls ein Experiment, ein Film, der den Eindruck erwecken will, als bestünde er aus einer einzigen Einstellung.

John Held: Berühmter Illustrator und Cartoonist der zwanziger und dreißiger Jahre, der für zwei Bücher Fitzgeralds den Umschlag gestaltet hat.

Der Zusammenbruch (*The Crack-Up*, 1936; *Esquire*, 5, Februar 1936)

William Seabrook: In dem autobiographischen Bericht *Asylum* schildert der Journalist und Schriftsteller W. B. Seabrook seine mehrmonatige Entziehungskur in einer Nervenheilanstalt im Jahr 1933 (deutsch unter dem Titel *Lass den Vogelfänger kommen. Abenteuer eines Trinkers*).

Das Zusammenflicken (*Pasting It Together*, 1936; *Esquire*, 5, März 1936)

»unbesiegbare Seele«: Die »unbesiegbare Seele« entstammt einem Gedicht des englischen Schriftstellers und Journalisten W. E. Henley, eines engen Freundes R. L. Stevensons, bis er dessen Geduld und Nachsicht überstrapazierte. Wie Fitzgerald andeutet, handelt es sich bei dem Gedicht um ein schwülstiges spätviktorianisches Elaborat.

Shelleys »Euganeische Hügel«: Die Hügelkette der Colli Euganei im Veneto hat Shelley zu einem elegischen

Gedicht inspiriert – *Lines Written Among the Eugenaean Hills*.

…das von Professor Canby empfohlene Buch des Monats: Der Kritiker und Journalist Henry Seidel Canby gehörte zu den Gründern der *Saturday Review of Literature* und war 28 Jahre lang Vorsitzender des Komitees, das die Titel für den monatlichen Versand des Book-of-the-Month Clubs auswählte.

Tiffany Thayer: Ein unermüdlicher Verfasser umfangreicher Romane mit haarsträubenden Plots voller Erotik, Exotismus, Gewalt, Verbrechen, Parapsychologie etc. für ein sensationshungriges und naives Publikum.

Mrs. Posts Theorien: Emily Price Post erwähnt Fitzgerald in »Mädchen glauben an Mädchen«.

Vorsicht, zerbrechlich (*Handle with Care*, 1936; *Esquire*, 5, April 1936)

Henley: W. E. Henley, den Fitzgerald im Text »Das Zusammenflicken« erwähnt.

Wordsworth: Fitzgerald bezieht sich auf Wordsworths Ode mit dem Titel »Intimations of Immortality from Recollections of Early Childhood«.

…der feurige Funke Keats: Diese Formulierung geht auf Keats' Freund Lord George Gordon Byron zurück, der wiederum vermerkt, er habe diese Worte, mit denen er den früh verstorbenen Keats charakterisiert, den Satiren des Horaz entlehnt.

J.P. Morgan, Topham Beauclerk *und* Franziskus von Assisi: Die Unmöglichkeit des Traums vom »ganzen Menschen« verdeutlicht Fitzgerald, indem er dem bereits übermenschlichen Amalgam aus Goethe, Byron und Shaw weitere völlig unvereinbare Eigenschaften unterstellt – den Erwerbssinn des eisenharten Bankiers und Kapitalisten, die Nonchalance des geistreichen Dandys und die Selbstlosigkeit des sanftmütigsten aller Heiligen.

Auktion im Stil von 1934 (*Auction – Model 1934*, 1934; *Esquire*, 2, Juli 1934)

Von diesem Artikel existiert kein Manuskript, dem man entnehmen könnte, wie die Zusammenarbeit der Fitzgeralds in diesem Fall beschaffen war. Veröffentlicht wurde er unter beider Namen.

Un etatu salle: Möglicherweise versucht Fitzgerald hier ein französisches (oder was er dafür hält) Wortspiel (italienisch ausgesprochen) ob des pornographischen Sujets: »une statue sale« – eine schmutzige Statue.

Beatrix Esmond: Thackerays Romanfigur erwähnt Fitzgerald in »Mädchen glauben an Mädchen«.

»*Seven Pines*«: Die Schlacht von Seven Pines am 31. Mai und 1. Juni 1862 endete mit schweren Verlusten für beide Seiten, geringfügig zugunsten der Union.

Justine Johnson: Tänzerin, die als eine von Ziegfelds *Follies* auftrat.

Ellerslie: Im März 1927 mietete das Ehepaar Fitzgerald das klassizistische Herrenhaus Ellerslie in der Nähe von Wilmington, Delaware. Neben rauschenden Partys gab es zunehmend schwere Zerwürfnisse zwischen den beiden. Im Frühjahr 1929 gingen sie nach Frankreich zurück.

Vantine's: Das New Yorker Ladengeschäft des berühmten Importeurs von Asiatika, Ashley Abraham Vantine, war über Jahrzehnte eine Institution; Vantine handelte außerdem mit ausgesuchtem Kunsthandwerk des Jugendstils und des Art déco und prägte den Geschmack seiner Zeitgenossen ähnlich wie Siegfried Bing in Paris.

Schlafen und Wachen (*Sleeping and Waking*, 1934; *Esquire*, 2, Dezember 1934)

»Müde bin ich, geh' zur Ruh'«: Der Originaltitel von Hemingways Story ist weniger pseudopossierlich und lautet schlicht: »Now I Lay Me« (in dem Band *Männer ohne Frauen*).

»ersten süßen Schlaf der Nacht«: Dieses Zitat entstammt Shelleys Gedicht *The Indian Serenade* (»I Arise from Dreams of Thee / In the first sweet sleep of night«).

»In the Fall of '16«:
Im Herbst 1916 eines kühlen Nachmittags
Sah ich Caroline im weißen Licht des Monds
Ein Orchester spielte – Bingo-Bango –
Und dazu tanzten wir den Tango
Und als wir fertig waren, klatschten alle Beifall
Für ihr hübsches Gesicht und meine neuen Kleider …

Das Haus des Schriftstellers (*Author's House*, 1936; *Esquire*, 6, Juli 1936)

Thomas Kracklin: Fitzgerald spielt mit diesem fiktiven Namen auf eine wahre Begebenheit an; die *Saturday Evening Post* hatte ihm tatsächlich einen Leserbrief weitergeleitet, dessen Schreiberin sich nach ihrem Halbbruder erkundigte; Fitzgerald antwortete ihr und hielt sie einige Briefe lang zum Besten, bevor er sie aufklärte.

Nachmittag eines Schriftstellers (*Afternoon of an Author*, 1936; *Esquire*, 6, August 1936)

Stonewall Jacksons letzte Worte: Thomas J. »Stonewall« Jackson wurde im nächtlichen Gefecht vom 2. auf den 3. Mai 1863 irrtümlich von seinen eigenen Leuten unter Beschuss genommen, als er von einem Erkundungsritt zurückkehrte. Eine Woche später erlag er den Folgen seiner Verwundung. Robert E. Lee hatte den Oberbefehl über die Streitkräfte der Konföderation aus Pflichtgefühl übernommen, nicht aus Neigung, denn er war weder Befürworter der Sklaverei noch der Sezession, und nach der Kapitulation zog er sich in ein Gelehrtenleben zurück. Ulysses »Simpson« Grant, der Lee eine würdige Kapitulation ermöglicht hatte, wurde als Präsident der USA von unseriösen Beratern und korrupten Ministern kompromittiert und zuletzt von einem »Geschäftspartner« zu betrügerischen Spekulationen verleitet und ruiniert. Auf den Rat seines Freundes Mark Twain (der durch Grants Empfehlung ebenfalls alles Geld verloren hatte) verfasste Grant in seinem letzten Lebensjahr im Wissen um den baldigen Tod seine Memoiren, damit seine Familie im Fall eines Verkaufserfolgs davon profitieren möge. Der Erfolg der Publikation war überwältigend.

Man Mountain Dean: Frank Simmons Leavitt, Berufsringer und Filmschauspieler.

Die Mutter eines Schriftstellers (*An Author's Mother*, 1936; *Esquire*, 6, September 1936)

Alice und Phoebe Cary *bis* Edna Ferber: Die lyrischen Schwestern Cary sind bekannt als fleißige Verfasserinnen von Gedichten und Geschichten für junge Leserinnen mit sentimentaler Schlagseite. Maria Augusta Ward, Nichte Matthew Arnolds, nutzte ihre (nach ihrer Heirat unter dem *nom de plume* Mrs. Humphry Ward verfassten) Romane als Vehikel viktorianischer Moralvorstellungen und religiöser Glaubenslehren; sie war Mitbegründerin der Bewegung gegen das Frauenwahlrecht. Edna Ferber schrieb Romane über amerikanische Frauenschicksale, die oft Vorlagen für Verfilmungen waren. Alle genannten Autorinnen gehören nicht gerade zu Fitzgeralds literarischem Kanon.

Früher Erfolg (*Early Success*, 1937; *American Cavalcade*, 1, Oktober 1937)

Dieser Roman: Fitzgeralds erster und erst postum als Fragment veröffentlichter Roman *The Romantic Egotist*.

Dutch Mount: Thomas Ernest »Dutch« Mount, Studienfreund Fitzgeralds aus Princeton, der sich zu jener Zeit mit pseudonym verfassten Westernheftchen über Wasser hielt.

F. P. A.: Franklin P. Adams, Kolumnist der *New York World*.

Meine Generation (*My Generation*, 1939; *Esquire*, 70, Oktober 1968)

Im Jahr 1918: Diese Anekdote erzählt Fitzgerald in »Nachmittag eines Schriftstellers«.

Buster-Brown-Kragen: Buster Brown aus dem gleichnamigen Comic ist ein altmodisch gekleideter kleiner Junge, daher der übergroße Kragen, den Fitzgerald erwähnt.

Cerveras Flotte: Im Spanisch-Amerikanischen Krieg

wurde Pascual Cervera mit seiner Flotte von den Amerikanern vernichtend geschlagen.

Valley Forge: So heißt das Lager, in dem George Washington im Amerikanischen Unabhängigkeitskrieg mit seiner Armee im Winter 1777–78 kampierte.

Andrew Jackson bis Lewis und Clark: Andrew Jackson (Spitzname »Old Hickory«) war der siebte Präsident der Vereinigten Staaten; Daniel Webster war Außenminister der Vereinigten Staaten und wiederholt erfolgloser Präsidentschaftskandidat; Robert Fulton ist ein amerikanischer Ingenieur, Eli Whitney ein amerikanischer Erfinder, und Meriwether Lewis und William Clark haben im Auftrag Thomas Jeffersons den zu ihrer Zeit unerforschten Kontinent bis zum Pazifik erkundet.

Winfield Scott: Der altgediente und bewährte Militär und Diplomat war einer der wenigen, die zu Beginn des Amerikanischen Bürgerkriegs nicht mit einem kurzen, schnell zu gewinnenden Krieg rechneten; trotz seiner Herkunft aus den Südstaaten war er überzeugter Anhänger der Union; als Oberbefehlshaber ihrer Streitkräfte entwarf er einen »Anakonda« genannten Feldzug, bei dem der Süden umklammert werden sollte. Zuerst belacht, wurde der Plan später in die Tat umgesetzt. Der Winfield Scott von Fitzgerald unterstellte Kummer über das Gemetzel von Bull Run (oder Manassas), der ersten größeren Schlacht zwischen Union und Konföderierten im Sommer 1861 mit schweren Verlusten für beide Seiten, wäre der Kummer über die Kurzsichtigkeit und Verblendung der Hurrapatrioten.

Fitzboomski: Das ist keine Verballhornung des Namens von F. Scott Fitzgerald, sondern der Name einer Comicfigur mit anarchistischen Neigungen, erfunden von Walter Bradford.

Hack McGraw, Tommy Hitchcock: Curtis Whittlesey McGraw, Sohn des Verlagsgründers von McGraw-Hill, trat die Nachfolge seines Vaters an. Thomas Hitchcock jr. war Flieger im Ersten Weltkrieg und wurde von den Deutschen abgeschossen; nach seiner abenteuerlichen Flucht gelang es ihm, sich auf nächtlichen Gewaltmärschen in die Schweiz durchzuschlagen. Fitzgerald fragt sich, warum dieser erstklassige Polospieler sich für Harvard und nicht für Princeton entschied.

Mädchen in Polynesien: Die missionarischen Eiferer, die auf Hawaii Sackkleider und Hemdblusen verteilten, nimmt Fitzgerald schon in dem Artikel »Phantasie – und verschiedene Mütter« aufs Korn.

Dempsey und Tunney: »Bei den beiden Kämpfen um die Weltmeisterschaft zwischen Jack Dempsey und Gene Tunney war Dempsey für mich Achill und Tunney Hektor. (...) In der metaphysischen Vorstellung, im unzerstörbaren Bild, in der immanenten Wahrheit ist Dempsey der *unentwegte Sieger*, Tunney hingegen der Dummkopf, der brave Junge, der Klassenbeste«, schreibt Alberto Savinio und verdreht unbekümmert den eigentlichen Sachverhalt: Dempsey verlor beide Titelkämpfe gegen Tunney.

Hemingway berichtete von den Massakern in Smyrna: Smyrna (heute Izmir) wurde zu Beginn des Griechisch-Türkischen Krieges 1919 von den Griechen erobert und 1922 von den Türken zurückerobert, wobei fast die ganze Stadt zerstört wurde und die nichttürkischen Bewohner, die nicht rechtzeitig flohen, erschlagen wurden.

Donald Peattie: Ein seinerzeit populärer amerikanischer Botaniker und Naturforscher mit zahlreichen Veröffentlichungen.

Bill Tilden: Der bekannte Tennisspieler gewann 1920 als erster Amerikaner das Turnier von Wimbledon.

John Peale Bishop ist in dem Text »Princeton« erwähnt; er wurde Dichter und Journalist; Elliott Springs veröffentlichte ein Buch über den Luftkrieg des Ersten Weltkriegs; John Biggs war wie John Peale Bishop ein besonders enger Studienfreund Fitzgeralds und wurde später Anwalt und Richter und Romancier; Hamilton Fish Armstrong wurde ein einflussreicher Diplomat.

Der Sumpf und *Der Oktopus*: Die Verfasser dieser gesellschaftskritischen Romane sind Upton Sinclair und Frank Norris.

manifest destiny: Die Vorstellung eines gewissermaßen von Gott vorherbestimmten Geschicks und Auftrags der Vereinigten Staaten war das ganze 19. Jahrhundert hindurch die Rechtfertigung dafür, dass man sich die gesamte Fläche bis zum Pazifik aneignete und als Nation der Auserwählten die Ureinwohner rigoros vertrieb und ausmerzte.

Sir Edward Grey: Der britische Außenminister, Initiator der Entente Cordiale zwischen Frankreich und Großbritannien, sprach diese berühmt gewordenen Worte am Vorabend des Kriegsausbruchs.

Willa Cather: Das Zitat entstammt ihrem Roman *Meine Antonia*.

*Bitte beachten Sie
auch die folgenden Seiten*

Neuedition
der Romane und Erzählungen
von F. Scott Fitzgerald

Er war Ernest Hemingways Vorbild. Dashiell Hammett, Raymond Chandler, Gertrude Stein und T. S. Eliot lasen ihn mit Begeisterung. Und heute ist er der Lieblingsautor so unterschiedlicher Persönlichkeiten wie Doris Dörrie, Joey Goebel und Haruki Murakami.

»Einen Unsterblichen gilt es wiederzuentdecken: F. Scott Fitzgerald, der Magier unter den amerikanischen Erzählern.« *Rheinische Post, Düsseldorf*

»Die Diogenes-Ausgabe setzt Maßstäbe. Der definitive deutsche Fitzgerald für lange Zeit.« *Die Welt, Berlin*

Die Romane:

(Fünf Bände in Kassette, auch als
Einzelausgaben sowie im Taschenbuch)

Diesseits vom Paradies

Aus dem Amerikanischen
von Martina Tichy und Bettina Blumenberg
Mit einem Nachwort von Manfred Papst

Amory Blaine ist begabt und privilegiert. Von der Mutter hat er die Überzeugung, zu Höherem geboren zu sein. Er studiert in Princeton, und nach etlichen Flirts begegnet er Rosalind, seiner ersten großen Liebe. Als sie ihn für einen anderen verlässt, zerschellen Amorys jugendliche Ideale. Was bleibt, ist der Alkohol – aber trotz aller Trauer und Enttäuschung auch die Erkenntnis, dass das Leben, so pathetisch und lächerlich es oft scheint, doch lebenswert ist: nicht jenseits, sondern diesseits vom Paradies.

Auch als Diogenes Hörbuch erschienen,
gelesen von Burghart Klaußner

Die Schönen und Verdammten

Deutsch von Hans-Christian Oeser
Mit einem Nachwort von Manfred Papst

Ihr Leben ist eine einzige Party, sie trinken und tanzen die Nächte durch. Gloria und Anthony sind ein Traumpaar – sie sind jung, schön, verschwenderisch... und verdammt. Bald schon müssen sie aus Geldnot New York verlassen. Unter dem weiten Himmel von Connecticut holt sie die Langeweile ein, und alles endet in einem fürchterlichen Kater. Gloria und Anthony – zwei Liebende, die »galant zur Hölle fahren«.

»Fitzgeralds oft unterschätzter zweiter Roman – die erschütternde Chronik eines Niedergangs.«
Manfred Papst in seinem Nachwort

Auch als Diogenes Hörbuch erschienen,
gelesen von Gert Heidenreich

Der große Gatsby

Deutsch von Bettina Abarbanell
Mit einem Nachwort von Paul Ingendaay

New York 1922. Auf seinem Anwesen in Long Island gibt Jay Gatsby sagenhafte Feste. Er hofft, mit seinem neuerworbenen Reichtum, mit Swing und Champagner seine verlorene Liebe zurückzugewinnen. Zu spät merkt er, dass er sich von einer romantischen Illusion hat verführen lassen.
Gatsby wurde zum Sinnbild des amerikanischen Traums und von dessen Scheitern, zum Inbegriff von Aufstieg und Fall.

»Ich glaube, damit hat die amerikanische Literatur den ersten Schritt über Henry James hinaus gemacht.«
T. S. Eliot

Auch als Diogenes Hörbuch erschienen,
gelesen von Gert Heidenreich

Zärtlich ist die Nacht

Deutsch von Renate Orth-Guttmann
Mit einem Nachwort von Heinrich Detering

Dick und Nicole Diver führen das Leben kultivierter Expatriates an der französischen Riviera. In ihrer Villa gehen Künstler und andere Exzentriker ein und aus, darunter auch die hübsche Schauspielerin Rosemary. Jung und ehrgeizig, hat sie sich in den Kopf gesetzt, den Herrn des Hauses zu verführen. Allerdings weiß sie nicht, worauf sie sich dabei einlässt – welche Geheimnisse der Psychiater und seine zarte Frau verbergen.

»Der schönste Roman über das Scheitern der Liebe.«
Die Zeit, Hamburg

Auch als Diogenes Hörbuch erschienen,
gelesen von Burghart Klaußner

Die Liebe des letzten Tycoon
Ein Western

Deutsch von Renate Orth-Guttmann
Mit einem Nachwort von Verena Lueken

Er ist der letzte Hollywood-Produzent, der Mittelmaß und Klischees nicht duldet: Monroe Stahr verbringt Tag und Nacht damit, die Arbeit an seinen Filmen zu überwachen. Als ein Gewitter nachts die Kulisse für eine Burma-Szene unter Wasser setzt, ist er sofort zur Stelle – und entdeckt dabei zwei Frauen, die sich unerlaubt auf das Gelände geschlichen haben. Eine davon ist Kathleen Moore – deren natürlicher Charme Monroe Stahr vom ersten Augenblick an in den Bann zieht.

»Der erste Roman, der das ›System Hollywood‹ erforschte und beschrieb. Inklusive einer schmetterlingszarten Liebesgeschichte von perfekter Schönheit.«
Barbara Rett / Die Presse, Wien

Auch als Diogenes Hörbuch erschienen,
gelesen von Anna Thalbach

Die Erzählungen:

(Vier Bände in Kassette, auch als
Einzelausgaben sowie im Taschenbuch)

Winterträume

Herausgegeben von Silvia Zanovello. Deutsch von Bettina Abarbanell,
Dirk van Gunsteren, Christa Hotz, Alexander Schmitz,
Christa Schuenke, Walter Schürenberg und Melanie Walz
Mit einem Nachwort von Manfred Papst

Geschichten aus der ersten Hälfte der Roaring Twenties (1920–1924) über Liebe, Geld und Erfolg – und über die Vergänglichkeit des Glücks.

»Fitzgerald ist ein Schriftsteller, wie er der Gegenwart fehlt. Seine Prosa trägt mit jedem Satz das Gewicht der Welt, und es wirkt wie die leichteste Übung überhaupt. Jetzt, spätestens, kann man ihn wiederentdecken, diesen Schreiber, der Buchstaben setzte wie Musiker Noten und mit seinen Figuren durch das Jazz Age tanzte, durch den Boom und den Crash, von den Weiten des Mittleren Westens bis an die Côte d'Azur und schließlich sogar bis an den Rand des Wahnsinns.« *Georg Diez / Die Zeit, Hamburg*

»F. Scott Fitzgerald unterhält uns mit leichter Hand und zeigt uns doch die Risse und Abgründe im American Way of Life.« *Manfred Papst im Nachwort*

Daraus die Erzählungen ›Winterträume‹ und ›Ein Diamant – so groß wie das Ritz‹ auch als Diogenes Hörbücher erschienen, gelesen von Friedhelm Ptok resp. Gert Heidenreich

Die letzte Schöne des Südens

Herausgegeben von Silvia Zanovello
Deutsch von Bettina Abarbanell, Anna Cramer-Klett,
Dirk van Gunsteren, Christa Hotz,
Alexander Schmitz, Walter Schürenberg und Melanie Walz
Mit einem Nachwort von Paul Ingendaay

In den Jahren 1925–1929 verdiente Fitzgerald mit seinen Short Stories so viel wie kein Schriftsteller je zuvor

– bis der Börsencrash den goldenen Jahren ein Ende setzte. Was bleibt, ist die Erinnerung an glamouröse Zeiten und bittersüße Melancholie.

»Diese Erzählungen altern nicht, weil ihre Sprache nicht altert; und sie können nicht aus der Mode kommen, weil sie von der Macht der Erinnerung und der Sehnsucht nach Schönheit handeln.«
Paul Ingendaay in seinem Nachwort

Wiedersehen mit Babylon

Herausgegeben von Silvia Zanovello
Deutsch von Bettina Abarbanell, Christa Hotz,
Renate Orth-Guttmann, Alexander Schmitz, Christa Schuenke,
Walter Schürenberg und Melanie Walz
Mit einem Nachwort von Daniel Kampa

Geschichten aus den Jahren 1930–1934, über Gewinn und Verlust – über das Leben in Zeiten der Krise.

»Seine Stories sind ganz unmittelbar packend, rührend, bezaubernd, beunruhigend.«
Heinrich Vornweg / Tages-Anzeiger, Zürich

»Engel sind die eleganteren Menschen. Aber wer hoch steigt, wird tief fallen. Niemand zeigte das so schön wie F. Scott Fitzgerald.«
Peter Michalzik / Frankfurter Rundschau

Der letzte Kuss

Herausgegeben von Silvia Zanovello
Deutsch von Christa Hotz, Renate Orth-Guttmann, Harry Rowohlt,
Alexander Schmitz, Walter Schürenberg und Melanie Walz
Mit einem Nachwort von Verena Lueken

In den fünf Jahren vor seinem Tod 1940 geht dem einst so erfolgsverwöhnten Schriftsteller nichts mehr leicht von der Hand. Alkohol, Geld- und familiäre Probleme treiben Fitzgerald nach Hollywood. Dort lebt er als Außenseiter – und schafft doch noch einmal eine Reihe unvergesslicher Geschichten über die nicht mehr so glänzende Glanzzeit Hollywoods.

»Man wird über Fitzgerald noch reden, wenn die Namen der meisten seiner schreibenden Zeitgenossen verblichen sind.« *Gertrude Stein*

Außerdem lieferbar:

Der seltsame Fall des Benjamin Button
Erzählung. Deutsch von Christa Schuenke

Ein seltsames Baby ist zur Welt gekommen: kein süßer kleiner Fratz, der seine Eltern beglückt, sondern ein alter Mann mit Bart. Sein Name: Benjamin Button. Ein schweres Schicksal ist ihm vorherbestimmt: Er durchläuft das Leben rückwärts – und wird von Tag zu Tag jünger. Als Benjamin schließlich im Alter von fünfzig Jahren die zwanzig Jahre jüngere Hildegarde kennenlernt, steht für ihn, der sein Leben lang nie geliebt wurde, alles auf dem Spiel.

Verfilmt von David Fincher, Hauptdarsteller: Brad Pitt, Cate Blanchett, Tilda Swinton.

Auch als Diogenes Hörbuch erschienen,
gelesen von Gert Heidenreich

Drei Stunden zwischen zwei Flügen
und andere Meistererzählungen
Ausgewählt und mit einem Nachwort von Daniel Kampa
Deutsch von Bettina Abarbanell, Renate Orth-Guttmann,
Walter E. Richartz und Walter Schürenberg

Geschichten aus den Roaring Twenties, als das Trinken und Tanzen kein Ende hatte, skandalöse junge Frauen ihr Haar kurz trugen und nur eines im Sinn hatten: den Männern den Kopf zu verdrehen.

Acht Meistererzählungen
auch als Diogenes Hörbuch erschienen,
gelesen von Helene Grass, Volker Hanisch,
Hannelore Hoger, Dietmar Mues,
Friedhelm Ptok und Ernst Schröder

Junger Mann aus reichem Haus

Erzählungen
Deutsch von Bettina Abarbanell und Walter Schürenberg
Mit einem Vorwort von John Updike

John Updikes Lieblingsstories: *Junger Mann aus reichem Haus* spielt in New York, *Die Hochzeitsparty* in Paris, *Die letzte Schöne des Südens* in Tarleton, Texas, doch eines ist den drei hier versammelten Geschichten gemeinsam: Es geht darin um das Geld und die Liebe – und den Verlust von beidem.

»Fitzgerald erzählt von Moral, ohne moralisch zu sein. Er besingt die Liebe, ohne an sie zu glauben. Und er weiß, dass die Beschreibung eines glänzenden, schwarzen Kotflügels mehr über die sinnlose Schönheit des Lebens verraten kann als ein seitenlanger, halbgebildeter *Zauberberg*-Dialog.« *Maxim Biller*

Früher Erfolg

Essays. Über Geld und Liebe,
Jugend und Karriere, Schreiben und Trinken
Deutsch von Melanie Walz, Bettina Abarbanell
und Renate Orth-Guttmann

Der Autor des *Großen Gatsby* über sich und andere: über seine Erfolge und Miseren, über das Leben mit Zelda und über Schriftstellerfreunde wie Ernest Hemingway. Fünfundzwanzig mal launige, mal schwermütige Betrachtungen, die F. Scott Fitzgerald selbst als »ungemein persönlich« bezeichnete.

»Ob die Fitzgeralds in New York sind, aufs umliegende Land fliehen oder in Villen an der Riviera günstig, aber doch wie Gott in Frankreich zu leben versuchen – stets begleiten wir ihre Abenteuer gespannt und amüsiert. Eindrücklich sind Fitzgeralds Erinnerungen ans Jazz-Zeitalter, aufschlussreich die Reflexionen über die frühen Kränkungen in Princeton und die Fallstricke des Erfolgs.«
Manfred Papst / NZZ am Sonntag, Zürich

»F. Scott Fitzgerald war der Größte unter uns allen.«
Ernest Hemingway

Liebe in der Nacht

und andere Lovestorys. Ausgewählt
von Silvia Zanovello. Deutsch von
Bettina Abarbanell, pociao, Christa Schuenke
und Melanie Walz

Wie kein anderer vermag F. Scott Fitzgerald Stimmungen heraufzubeschwören, die den Leser verzaubern. Jede dieser Liebesgeschichten hat ihr eigenes Flair, ob sie sich nun auf einem ausgelassenen Maskenball oder einer eleganten Yacht anbahnt, unter der heißen Sonne der Südstaaten oder dem falschen Mond einer Hollywoodkulisse.

»F. Scott Fitzgerald hat wunderbare Erzählungen über die ganz großen Gefühle geschrieben.«
Rolf Hürzeler / kulturtipp, Zürich

Zelda Fitzgerald
Ein Walzer für mich

Roman

Aus dem Amerikanischen von pociao

Sie lebte den amerikanischen Traum und zerbrach daran – hier ist Zelda Fitzgeralds autobiographischer Roman.

»Sie war die Amy Winehouse der Zwanziger«, so Elmar Krekeler in der *Welt* – ihr Name wurde zum Inbegriff einer ganzen Generation. Zelda war die Frau an der Seite des gefeierten Autors F. Scott Fitzgerald, bei jeder Party dabei – eine Schönheit mit Bubikopf und Charleston-Kleid, Muse und Vorbild für etliche Romanfiguren ihres Mannes. Doch die »Frau von« zu sein genügte ihr nicht. Ihre Ehe, so glamourös sie schien, war für sie eine Festung – Sicherheit und Gefängnis zugleich. Um sich daraus zu befreien, arbeitete Zelda an einer eigenen Karriere: als Tänzerin und später als Schriftstellerin.

Ein Walzer für mich ist die Geschichte der jungen Alabama, die neben einem berühmten Künstler ihren eigenen Lebensweg sucht: mit ihm nach Europa reist, turbulente Monate in Italien und an der Côte d'Azur verbringt und sich in einen französischen Offizier verguckt. Ihre große Leidenschaft gilt jedoch dem Ballett. Denn wie keine andere Kunstform enthält der Tanz das Versprechen von Schwerelosigkeit und Freiheit.

Ein Walzer für mich darf jetzt wieder ganz neu gelesen werden: als Zeitdokument, als anrührende Autobiographie und als sinnlicher Roman – in frischer, poetischer Neuübersetzung.